民俗之韵 阅读之乐

幼儿民俗图阅读活动的研究与实践

茅琴美◎主编

广西师范大学出版社
·桂林·

编委会

（以下排名按姓氏笔画为序）

主　编

茅琴美

编　委

王晓红　沈　翠　吴蔡堃　张　艳

金筱隽　祝晓隽　俞　航　黄　伦

序

美国著名教育家、心理学家布鲁纳曾在回顾和反思自己的亲身经历时说："不顾教育过程的政治、经济和社会文化来论述教育理论的心理学家和教育家，是自甘浅薄的，势必在社会上和教室里受到蔑视。"布鲁纳在经历教育改革的失败后，认识到教育是社会生态系统的一部分，脱离政治、经济、文化、社会等背景去谈教育问题，终究是片面的，其意义是有限的。

时至今日，对中华优秀传统文化传承的关注和重视，已然成为我国教育界的共识，这是社会发展的必然。学前教育也不例外。

民族的复兴，国家的崛起，必须建立在人民共同的价值观、共同的信仰之上。中华优秀传统文化积淀着中华民族最深沉的精神追求，凝聚着我国人民普遍认同和广泛接受并适应时代需要的思想品格、道德规范。新时代中国特色的社会主义应该弘扬的是社会主义核心价值观，而它的价值基础就是中华优秀传统文化。

教育的根本目的是培养人，在我国，是培养社会主义的建设者和接班人。与其他教育一样，学前教育也是培养人的社会活动。培养人的过程，不仅仅要尊重个体的发展，还要将个体的发展纳入社会的要求。我国现代教育家陈鹤琴指出，"活教育"的目的是教育孩子学会"做人、做中国人、做现代中国人"。陈鹤琴先生认同的教育，就是要培养儿童成为认同、传承和弘扬中华文化的、能与现代社会接轨的中国人。

幼儿园教育是终身教育的基础。作为社会的一个组成部分，幼儿园教育不仅反映了一个国家的文化，更要大力辅助该国家文化的持久传承和更新深化。我国的幼儿园教育理所当然地应该将中华优秀传统文化的各种要素融入幼儿园教育的各个方面，特别是将"立德树人"作为幼儿园教育的根本任务。

基于这样的思考，天虹幼儿园在教育实践中以“立足于民俗文化早期阅读”为抓手，充分挖掘中华优秀传统文化中出现的图符、图案、图画书的教育意义，通过文化熏陶，帮助幼儿感受与欣赏中华优秀传统文化之美，引导幼儿领略中华优秀传统文化的精神，陶冶幼儿良好的性情，认同中华传统美德，为形成健全的人格打好基础。

而今，天虹幼儿园在全体教师的实践和探索下撰写了有关研究内容，并以《民俗之韵　阅读之乐》为题汇编成册，我认为这是很有价值的，这是天虹幼儿园教师们辛苦努力和务本求实的结果。我翻阅了该成果的书稿，我认为该幼儿园的教师具备了扎实的科研能力和丰富的教育实践经验。

我期待这本书能为我国的幼儿教育工作者提供参考和借鉴，能激发更多幼儿教育工作者传承中华优秀传统文化的热情。

华东师范大学学前与特殊教育学院　教授

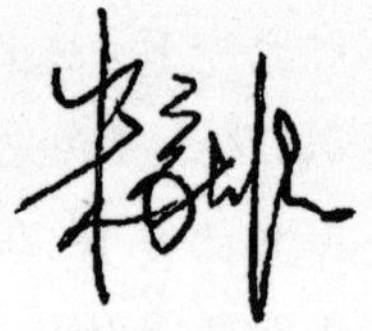

前　言

现实中具有生命力和持久性的学校教育改革，往往是在平衡“创新”与“守旧”时不忘价值坚守。这种坚守，不仅是对前人智慧的传承和发展，更是对办学历史的担当和尊重。天虹幼儿园从创办伊始选择以陈鹤琴“活教育”思想为引领，摸索到以幼儿民俗文化早期阅读课程为突破，再深化到以幼儿民俗图阅读活动为特色的发展道路，天虹人始终着力于办园理念和办园文化的传承、坚守与创新，让日常教育教学实践不断赋予幼儿园的持续进步以真实的意义和力量。

当然，真实的学校变革必须围绕新时代教育的根本问题——培养什么人、怎样培养人、为谁培养人，这亦是学前教育改革的基本内涵与发展导向。如今的稚嫩幼子，即是未来担当民族复兴大任的时代新人。因此，扎根中国大地，办好学前教育，努力让每一个幼儿得到中华优秀传统文化的浸润与滋养，理应成为幼儿园的责任与使命。

事实上，我国著名教育家陈鹤琴先生的“活教育”理论早就提出，教育的目的即在于教会孩子“做人，做中国人，做现代中国人”，“我们的教育亦要用手把中国固有的好的文化、好的艺术保存之，发扬光大之，这才是我们的责任”。时至今日，随着《完善中华优秀传统文化教育指导纲要》《关于实施中华优秀传统文化传承发展工程的意见》等文件的颁布，在“童蒙养正”的幼儿时期开展中华优秀传统文化教育，也已成为学前教育领域的共识。

目前，幼儿园或多或少都开展过形式多样的中华传统优秀文化教育活动。然而，在这热闹的背后，困惑依然不少：博大精深的中华文化与历史积淀，该如何在幼儿园落地？幼儿园究竟应该选择传统文化瑰宝的哪些内容，又该以怎样的方式来启蒙幼儿？对于这些问题，天虹幼儿园近年来一直在茅琴美园长的带领下努力用实践行动作答。从2012年区级重点课题《构建幼儿民俗文化早期阅读课程的实践研究》，到2015年区级重点课题《开展幼儿民俗图阅读活动的实践研究》，研究与实践不断聚焦、深化，民俗文化日渐成为天虹的一个传统教育特色。

几年来，天虹的教师们倾尽心力投入到民俗文化、民俗图的课题研究与教学实践中，经过坚持不懈的探索，和不断的讨论、交流、分享，做出了许多大胆的尝试与努力，于是就有了《民俗之韵　阅读之乐》这一集体智慧的结晶。

全书内容共分三个部分：

"'读之悟'经验篇"是关于幼儿民俗图阅读研究的内涵和实践。主要研究成员都是拥有丰富实践经验和扎实理论基础的幼儿教育一线工作者，因此这部分研究体现了一定的理论基础和可喜的实践智慧。从某种意义上说，它能帮助广大幼教工作者全面客观地理解开展幼儿民俗图阅读活动的内涵和意义，提升相关认识，从中思考并领会解决教育实践问题的策略和要义，优化教与学的过程，从而真正促进幼儿成长。

"'读之获'课例篇"汇集了大量各年龄段幼儿优质的民俗图阅读集体活动设计。这些教学实践课例从不同的角度展现课程开发与实施的基本样式，将研究过程完整清晰地重现并呈现给大家，不仅具有一定的教学示范性、启发性和指导性，也可以从中窥见老师们的实践智慧。

"'读之享'案例篇"收录了教师们在幼儿民俗图阅读活动实践研究过程中撰写的各类反思和案例。一篇篇翔实的记录，从字里行间凸显出老师们在研究过程中自外而内的点滴感悟、内心对话，以及自内而外的智慧触发、行为转化。正是这些教师自身内外以及彼此之间的对话，快速促成了一些新手教师逐渐成熟、成熟教师走向研究型发展之路。我相信，这些精彩案例也能带给大家启示，从中找到共鸣，完善思考，获得"我思故我在"的愉悦感。

总之，这本书记录了幼儿园一线教育工作者真实、扎实、务实的研究历程，凸显了行动在场的实践研究特点，呈现了全面丰富的实践经验，传承了源远流长的中华优秀传统文化，非常值得学前教育一线同行们一读。

作为天虹幼儿园的创办者，我对天虹自然有着不同一般的亲近感，对本书自然有着不同一般的自豪感。因此，我真诚地期待，热衷于深耕中华传统文化的天虹人，能够一如既往地徜徉在中国民俗文化的海洋里，为孩子们精心采撷一串串深埋在民俗文化海底的珍珠，让现代儿童听得到历史和时代的回响！

上海市特级园长

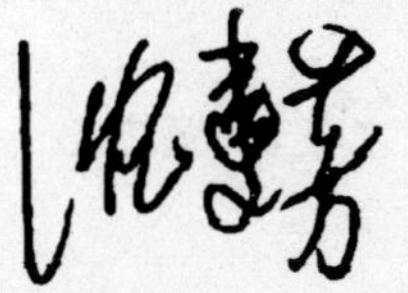

目录

研究报告

“读之悟”经验篇

“读之获”课例篇

“读之享”案例篇

传统文化教育活动

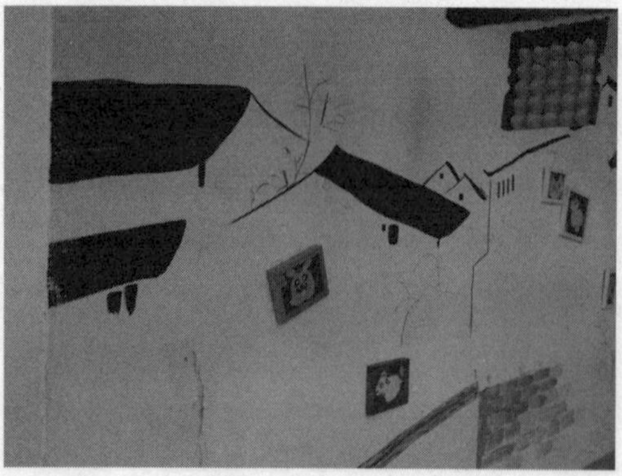

传统文化特色环创

研究报告

读图之美，润童之心

——开展幼儿民俗图阅读活动的实践研究①

茅琴美

一、问题提出

(一) 关键概念界定

本课题主要有三个主要概念：民俗，民俗图，幼儿民俗图阅读活动。

1. 民俗

民俗又称民间文化，是指一个民族或一个社会群体在长期的生产实践和社会生活中逐渐形成并世代相传、较为稳定的文化事项，可以简单概括为民间流行的风尚、习俗。

2. 民俗图

民俗图是民俗中具有典型性、代表性和生活化的，伴随着民间文化出现的图案、图符、图画等。民俗图拥有五大特性：地域性、传承性、广泛性、辨识度、有寓意。如春节中的窗花、年画、灯笼、中国结等，或以这些为内容的图片，或来源于绘本的图画或实物等都是民俗图的素材。

3. 幼儿民俗图阅读活动

在幼儿发展目标制定、研究内容选择的基础上，精选大量含有中国传统民

---

① 该报告为2015年区级重点课题“开展幼儿民俗图阅读活动的实践研究”的主要成果。主要研究成员为：王晓红、黄伦、胡晓、吕萍、祝晓隽、金筱隽、沈翠、张艳、吴蔡堃、周丽琴、俞航、陆文珺等。

俗文化内容或元素，或中国特有的图案、图符、图画资源的阅读内容，通过多途径开展民俗图阅读活动，引导幼儿体验情感表达、心理变化，凸显民俗文化的适宜性，让孩子享受阅读的同时，获得更多的中国优秀传统文化的滋养。

(二) 研究依据

1. 基于中国传统文化传承的需求

中国民俗文化是中国传统文化的一部分，它反映了中国人在日常生活中所表现的“仁”“义”“礼”“智”“信”的内涵，也是最适宜在学前阶段根植于幼儿心中的文化素养。加强优秀传统文化教育，是构建文化传承体系，推动文化传承创新的重要途径。从幼儿园开始加强优秀传统文化教育，对于培养继承者和弘扬者，建设社会主义先进文化具有基础作用。然而当下许多教学的教材却忽视了民俗生活化、日常化和随机化的价值，所以我们想借助幼儿民俗图阅读研究，为传承民风习俗创造条件。

开展幼儿民俗图阅读活动，可以帮助幼儿获得传统图案、图符、图画书中所传递的价值观，促进幼儿社会性、情感、人格等方面的成长，也可以让幼儿感受中国传统文化，了解中国风土人情，懂得一些基本道理，增强民族认同感和自豪感。

2. 基于幼儿阅读能力发展的需求

阅读是学习的基础，人的阅读能力往往影响他的学业成就，同时也是这个人未来从事各项工作的基本条件。研究发现，人的主要阅读能力是在3～8岁之间形成的。《3～6岁儿童学习与发展指南》指出：应在生活情境和阅读活动中引导幼儿自然而然地产生对文字的兴趣。学前阶段是幼儿获得阅读能力的关键期，优秀民俗图案、图符和图画书的图文并重、相辅共存的故事架构方式，非常符合学前儿童阅读，其高度的文学性和艺术性，对培养孩子的观察、想象、创造和情感态度等，有良好的促进作用。在学前阶段早期阅读教育实践中，我们除了以阅读为载体帮助幼儿获得认知、情感等方面的发展外，更重要的是发展幼儿的阅读能力。

3. 基于幼儿园特色课程建设的需求

一所幼儿园的特色课程犹如幼儿园的发展名片，带有的品牌烙印使幼儿园在全面发展的基础上有特色发展。我园自2011年9月开办以来，在规范课程管理和提升课程质量上不断前行，针对 2012 年立项的第一轮区级重点课题“构建幼儿民俗文化早期阅读课程的实践研究”，我们已经初步构建了以民俗文化早期阅读为特色的课程，对传统节日、神话故事、民间传说、生活故事、传统国粹等进行了系统的梳理，我们根据内容以及对应的年龄段将民俗文化早期阅读内容有机融入小中大班相应的主题学习中，这样的选择和编排为我园民俗图阅读的实践研究奠定了基础。

因此，本研究正是以丰富的传统民俗文化图资源为素材，以早期阅读活动为主要载体，进行基于民俗文化图的阅读实践研究，以进一步拓展和深化我园园本特色课程的研究与实践。

二、国内外研究现状分析

(一) 民俗文化教育得到基础教育的重视

通过情报调查和分析，我们发现不管是学术理论层面，还是一线教育实践层面，当前基础教育阶段越来越重视中国传统民俗文化教育。加强中华优秀传统文化教育，是培育和践行社会主义核心价值观，落实立德树人根本任务的重要基础。国家主席习近平同志说过：“博大精深的中华优秀传统文化是我们在世界文化激荡中站稳脚跟的根基。我们应该学古诗文经典，把中华民族优秀传统文化不断传承下去。”这充分说明了当今社会对中国传统文化的重视和弘扬。

(二) 民俗文化教育研究在幼儿园阶段逐步开展研究与实践

纵观最近几年国内研究的动态，发现有许多幼儿园会结合本园实际开发民俗文化教育资源，进行园本课程的研究与实践。如某幼儿园“将民俗文化中影响和规范人们的精神民俗、物质民俗、社会民俗、岁时民俗与礼仪民俗中适合幼儿发展的内容挑选出来开展教育活动”。其民俗文化课程实施途径主要包括民俗文化环境熏陶、民俗文化集体教学活动、民俗传统节日活动、民俗文化活动区、渗透性民俗文化教育活动、幼儿园民俗文化月活动、民俗教育宣传进社区等形式。此外，也有不少幼儿园选择其中一项内容或一种方式开展民俗文化教育，如中国传统节日教育、民俗二十四节气教育、民俗文化游戏化课程、民间游戏研究实践等，鲜有以阅读素材为内容载体，以阅读活动为主要途径的传统民俗文化教育。我园曾经开展过民俗文化早期阅读课程的研究实践，在传统节日、生活故事、民间传说、神话故事、传统国粹等民俗文化内容领域进行了具体阅读资源的选择，并结合主题活动，创设民俗文化环境，开展教育教学活动等，以不断推进民俗文化早期阅读教育。

(三) 早期阅读教育研究成果丰富，为本课题研究提供理论与实践指导

通过文献分析，我们发现目前关于幼儿早期阅读教育的研究比较丰富，也取得了比较成熟的研究成果。我们深刻认识到，选择适宜的早期阅读内容和阅读素材，并给予适宜的支持和指导，对幼儿的阅读兴趣与习惯的培养、阅读理解能力的发展有重要意义。同时关于早期阅读的研究经验和成果，也将成为我园选择适宜的民俗图阅读资源、组织开展幼儿民俗图阅读活动的方法论基础。

三、 研究概况

(一) 研究目标

我们在已有民俗文化早期阅读课程研究基础上，进一步探索和研究民俗图阅读的幼儿培养目标、活动内容、多样化途径、指导方法等。培养幼儿的阅读兴趣与能力，增进幼儿对祖国民俗文化的了解，激发幼儿的民族意识与民族自豪感，提高教师早期阅读教学能力，促进我园民俗文化早期阅读课程实践不断深入和发展。

(二) 研究内容

1. 开展民俗图阅读活动的幼儿基本学情分析

我们采用家长问卷、教师座谈等形式，了解当前幼儿接触民俗图的途径、对民俗图的兴趣、当前幼儿民俗图阅读活动开展情况。

2. 幼儿民俗图阅读活动目标研究

综合幼儿阅读活动目标、有关民俗教育内容要求，制定幼儿民俗图阅读活动总目标、分年龄阶段目标。

3. 幼儿民俗图阅读活动内容的研究

幼儿民俗图阅读活动分阶段开展：第一阶段，研究民俗图的主要特点；第二阶段，以民俗图的特点为依据，发动教师、家长筛选适合幼儿的民俗图阅读内

容，并构建幼儿民俗图阅读内容体系；第三阶段，实现幼儿民俗图阅读内容与主题活动的融合。

4. 幼儿民俗图阅读活动途径研究

根据幼儿园课程实施特点，结合幼儿民俗图阅读内容，拟通过环境创设、借助绘本、美术活动渗透、幼儿园节日大活动渗透、家园互动等多途径开展。

5. 幼儿民俗图阅读活动指导方法的研究

主要通过观课评课、教师案例分析来总结和提炼幼儿民俗图阅读活动指导的方法，如问题情景法、添加画面法、戏剧表演法、质疑教学法等。

(三) 研究方法

本研究以行动研究为主，兼有现场观察法、经验总结法、文献研究法等。

1. 行动研究法

在民俗图阅读教育活动的开展过程中进行行动研究。围绕“活动设计——活动开展——活动研讨——活动修改”的程序循环活动，围绕民俗图阅读活动目标的设计、内容的编排和民俗文化价值的挖掘、活动中阅读形式及指导策略等问题进行研讨，并将研讨后的成果运用到实践中，重新进入从活动设计到实施的循环，并形成民俗图阅读教学活动课例。

2. 现场观察法

在阅读活动中观察幼儿的阅读学习，选取幼儿进行个案追踪，记录观察表并对幼儿阅读能力发展情况进行分析。

3. 经验总结法

在民俗图阅读教学实践中注重积累资料，并不断归纳和梳理，总结提炼出普遍、有效的阅读指导方法等。

4. 文献研究法

查阅相关的幼儿园早期阅读理论及实践研究文献资料，了解幼儿园早期阅读研究情况，从而发现早期阅读课程中可资借鉴的方面。

(四) 研究过程

1. 第一阶段（2015 年 9 月～2016 年 1 月）：立项准备阶段

本阶段包括两个方面的工作：一是成立课题研究项目组，对我园前期课题

"构建幼儿民俗文化早期阅读课程的实践研究"进行系统的总结和反思，寻找新的课题生长点，以促进我园民俗文化早期阅读课程实践的持续、深入发展。二是开展有关早期阅读的文献研究，做相关的早期阅读课程现状调查和分析，建立课题研究框架并撰写研究方案。

2. 第二阶段（2016年2月～2018年8月）：行动研究阶段

首先，在民俗文化早期阅读课程内容基础上进一步筛选适宜幼儿年龄段的、内容贴合幼儿生活经验的民俗图阅读材料，探索运用多元途径开展民俗图阅读教育的实践。其次，在集体阅读活动中以"活动设计——活动开展——活动研讨——活动修改"的程序开展行动研究，围绕民俗图阅读活动的目标、活动设计、阅读指导方法等进行研究。第三，在研究的过程中不断积累过程性资料，及时梳理、提炼研究经验，整理阶段性成果。

3. 第三阶段（2018年9月～2018年12月）：总结思考阶段

整理课题研究资料，形成研究成果，撰写课题总结报告。

四、研究实施

（一）调查了解幼儿民俗图阅读现状

在课题开展的第一学年，我们进行了家长问卷调查和幼儿测试，并进行了详细的记录和数据统计，对最后统计数据进行了科学的分析，了解家长及幼儿的现状，挖掘原因，为今后有针对性的实践提供依据。

我们采用问卷法和文献法对园内3～6岁幼儿家庭的亲子民俗图阅读现状进行调查。在全园小班、中班、大班的三个年级组9个班级中随机发放问卷，共向家长发放问卷90份（小、中、大年级组各30份），回收问卷90份，回收率为100%。问卷由主要承担幼儿教育的家长填写，调查采用不记名的方式，要求如实、认真填写。问卷包括两大部分，第一部分是孩子与家长的基本情况，如孩子的性别、年龄及班级，父母双方的文化程度等；第二部分是主体部分，由12道单选题、7道多选题和2道开放性问题组成，内容涉及幼儿与家长对亲子民俗图阅读的态度、亲子民俗图阅读的指导策略等。

1. 研究结果和分析

（1）亲子民俗图阅读的态度。

表1　幼儿对民俗图阅读的态度

问题 1:当您给幼儿讲民俗类的故事时,他(她)的表现是	选项人数	占总调查人数比率
A. 很喜欢听	32	36%
B. 比较喜欢听	53	58%
C. 不喜欢听	5	6%
问题 2:在未经家长提醒的前提下,幼儿对民俗图画书的阅读表现为	**选项人数**	**占总调查人数比率**
A. 主动找自己喜欢的民俗图画书看	78	87%
B. 有时看民俗图画书,有时玩玩具或看动画片等	12	13%
C. 从来不看民俗图画书	0	0

表1调查结果表明,大部分幼儿喜欢阅读民俗类的故事,仅有6%的幼儿对民俗图画书阅读不感兴趣。尽管现在电视、电脑、手机、iPad等现代化产品对幼儿的吸引力很大,但是阅读图画书和听故事还是幼儿认识世界的主要途径,深受幼儿的喜爱。

表2　家长对民俗图阅读的态度

问题 1:您对民俗图阅读感兴趣程度	选项人数	占总调查人数比率
A. 很感兴趣	75	83%
B. 比较感兴趣	12	14%
C. 不感兴趣	3	3%
问题 2:您是否愿意了解更多的民俗图阅读内容	**选项人数**	**占总调查人数比率**
A. 很愿意	42	47%
B. 比较愿意	27	30%
C. 不愿意	21	23%

表2调查结果表明,家长对民俗图阅读的态度是比较喜人的,只有3%的家长对民俗图阅读不感兴趣,有23%的家长表示不愿意更多地了解民俗图阅读的内容。家长对民俗图阅读的态度可以反映出幼儿家庭对阅读活动的重视程度。

表 3　幼儿对民俗图阅读的态度和家长对民俗图阅读的态度的关系

	幼儿对民俗图阅读的态度	家长对民俗图阅读的态度
相关系数	1.000	0.280
显著性水平 P	0.000	

(注:幼儿对民俗图阅读的态度的相关系数为 1.000,家长对民俗图阅读的态度相关系数是 0.280;显著性水平 P 是根据假设将两者的概率进行比较得出 0.000。测试结果一般是以 $0.01 \leqslant P < 0.05$ 为显著,$P < 0.01$ 为非常显著。)

从幼儿对民俗图阅读的态度和家长对民俗图阅读的态度之间的关系可以看出两者呈显著相关系数,即幼儿喜欢民俗图阅读的程度随家长的喜欢程度升高而升高。家长和幼儿一起阅读民俗图画书,家长对民俗图阅读活动感兴趣能激发幼儿对民俗图画书的兴趣,更加喜好阅读此类的图画书。反之,则会影响幼儿在民俗图阅读方面的阅读兴趣。

(2) 亲子民俗图阅读的条件。

表 4　亲子民俗图阅读的条件

问题 1:在家中,您的孩子看民俗图画书或听民俗故事一周有(　)次	选项人数	占总调查人数比率
A. 1～5 次	38	42%
B. 5 次以上	52	58%
C. 没有	0	0
问题 2:您的孩子拥有(　)本幼儿民俗图画书	**选项人数**	**占总调查人数比率**
A. 5 本以下	6	7%
B. 5～10 本	8	9%
C. 10 本以上	76	84%

表 4 调查结果表明,有 58%的家长在家都创设了民俗图画书的阅读环境,有 58%的家长能做到每天和幼儿讲讲民俗类的故事或民俗图画书,有 84%的幼儿家里有超过 10 本以上的民俗图画书,幼儿对朗朗上口的民间神话、民俗故事等十分熟悉。家长从幼儿熟悉的故事内容着手提供民俗图画书的做法是值得推广的。

(3) 亲子民俗图阅读的方式。

调查表明,只有 7%的家长经常和幼儿一起阅读民俗图画书,64%的家长因为各种原因只能做到偶尔和孩子一起阅读民俗图画书,19%的孩子是自己阅读民俗图画书的。38%的幼儿会经常求助于成人，45%的幼儿会偶尔请求成人的帮助，这个数据可能和家长陪伴幼儿阅读的数值较低有关。在亲子民俗图阅读的方式中，有69%的家长选择“共同观察画面内容，再讲述民俗绘本”的方式，有24%的家长选择使用提问的方式，引导幼儿观察画面再讲述民俗图画书的故事。

(4) 亲子民俗图阅读的内容。

78%的家长认为“中国民俗中的传统节日”适合小班阶段的亲子民俗图阅读，78%的家长认为“中国民俗中的传统节日”和“具有民俗特色的图画故事”适合中班阶段的亲子民俗图阅读，约53%的家长认为“主题活动所涉及的民俗故事”可以作为各年龄段的亲子民俗图阅读内容。家长们对“中国民俗国粹”是否可以作为各年龄段的亲子民俗图阅读内容存在较大的争议，约86%的家长认为其只能作为大班的亲子民俗图阅读内容，只有10%的家长认为其可作为小班的亲子民俗图阅读内容。

(5) 亲子民俗图阅读的价值。

在亲子民俗图阅读价值取向的多选题测试中，我们按选择人数百分比的排序如下：①有助于养成良好的阅读习惯和培养阅读兴趣(96%)；②有助于增强孩子对中国传统习俗的了解(91%)；③帮助孩子对民俗文化进行了解(90%)；④有助于增进亲子感情，丰富孩子的情感体验(82%)；⑤有助于培养幼儿的民族自豪感(66%)；⑥有助于孩子前识字能力的发展(60%)；⑦有助于培养孩子的审美、想象、自我管理能力等(43%)。由此可见，我园幼儿家长更关注亲子民俗图阅读对幼儿阅读习惯和兴趣的价值，而其促进幼儿观察、想象、理解、推理等学习能力的价值趋向未得到大多数家长的认可。

2. 调查结论与策略应对

从幼儿家庭的亲子民俗图阅读现状的调查分析来看，家长对民俗图阅读抱有积极的态度；大部分家长肯定早期阅读，特别是民俗图阅读的教育作用，愿意和幼儿园共同进行以“民俗图阅读”为内容的亲子阅读活动；家长在阅读过程中能够关注到不同年龄段幼儿的阅读选材点，并且愿意积极为亲子民俗图阅读创设条件。不足的是，家长在亲子民俗图阅读方面的经验比较薄弱，对亲子民俗图阅读的价值理解不够，在进行亲子民俗图阅读活动时缺乏方法。

根据现状我们也提出了相关的策略，如定期为家长提供民俗文化早期阅读教育信息，为家长提供民俗文化早期阅读方面的专题讲座，开展亲子民俗早期阅读活动，以年级组的方式推出如“我爱国学”“古诗荟萃迎新春”等民俗专题亲子系列活动，提高家长对幼儿民俗图阅读教育的关注度，配合幼儿园开展民俗文化早期阅读的大活动。

(二) 确定民俗图阅读幼儿发展目标

结合《幼儿园教育指导纲要》和二期课改要求，分析民俗文化发展现状和教育趋势，我们完善了幼儿园民俗文化早期阅读课程目标：

(1) 增进幼儿对中国传统文化的了解，激发幼儿的民族意识和民族自豪感。

(2) 帮助幼儿积累观察、比较的经验，提高幼儿对民俗图的解读兴趣和理解能力。

(3) 鼓励幼儿大胆表现喜欢的中国民俗故事，发展幼儿对中国传统文化的传承能力和创新意识。

(4) 督促幼儿养成每日阅读的好习惯，愿意积极分享阅读的经验，利用多种表达方式传播中国传统文化。

(5) 构建家园共育的民俗文化课程，培养“做人，做中国人，做现代中国人”的教育理念和正确的教育行为。

需强调的是，在课程目标构建中，民俗图阅读幼儿发展目标和民俗文化教育目标是并重的，与知识能力、情感态度、方法习惯等目标兼顾。为了让课程目标更具可操作性，我们根据各年龄段幼儿的阅读兴趣和能力发展现状，从兴趣、理解、表达三个维度制定了不同年龄段民俗图阅读幼儿发展目标。（见表 5、表 6、表 7）

表 5　民俗图阅读幼儿发展目标——萌发兴趣

小班	中班	大班
1. 主动要求成人讲民俗故事、阅读民俗图书。 2. 喜欢和成人一起阅读民俗图、图画书，愿意说说阅读后的各种感受。 3. 能轻轻取放图书，知道将看完的图书放回原处。	1. 反复看自己喜欢的民俗图符、图片、图画书。 2. 喜欢阅读民俗类图书，对出现的民俗符号、标志感兴趣，知道它们表示一定的意义。 3. 懂得爱护图书，愿意和同伴一起整理阅读区的图书和材料。	1. 专注阅读图书，喜欢在比较中感受多元文化。 2. 对民俗类图书中的文字符号感兴趣，知道文字表示一定的意义，对书中出现的文字产生研究辨识的兴趣。 3. 爱护自己和他人的图书，会修补破损的图书。

表 6　民俗图阅读幼儿发展目标——初步理解

小班	中班	大班
1. 能在老师提示下看单页单幅的画面，能根据画面说出图中有什么，发生了什么事等。 2. 能理解民俗图画书上的文字和画面是对应的，是用来表达画面意义的。	1. 能将左右、前后画面联系起来看，完成民俗故事重要情节的理解和讲述。 2. 关注绘本中出现的民俗图片、图符、图画，并解读画面中出现的重要图符，理解相关的意义。 3. 能随着民俗图画书内容的展开产生喜悦、担忧等情绪反应，体会作品所表达的情绪情感。	1. 能将故事分段阅读并完整理解，知道民俗故事传递的美好情感，并能大胆表达自己的理解。 2. 能理解符号和文字的关系，能将一段话用一幅图表现，也能将一幅图用一段话表述。 3. 能初步感受民俗类文学作品的美。

表 7　民俗图阅读幼儿发展目标——善于表达

小班	中班	大班
1. 喜欢用涂涂画画的方式装饰民俗作品，表达一定的意思。 2. 愿意用简单的词和句说说民俗故事中的内容，感受绘本中传递的真善美。	1. 愿意用图画和符号表达自己的愿望和想法。 2. 能用较完整的句子讲述民俗故事的内容，尝试用自己喜欢的方式表现故事中重要的情节与内容。 3. 愿意定期与熟悉的伙伴交流阅读感受，喜欢在故事情景中讨论与民俗文化相关的图书。	1. 愿意用图画和符号表现事物或故事。 2. 愿意改编或创编图书，运用各种民俗图表现自己想要传递的美好情感。 3. 喜欢接受多元文化，愿意在讨论中感受不同文化的美好，并愿意用不同方式展现自己对各种文化的理解。

(三) 梳理构建民俗图阅读活动内容

我园的民俗图阅读活动是通过大量含有中国传统民俗文化内容或元素，或中国特有的图案、图符、图画书资源的阅读，引导幼儿体验情感表达、心理变化，凸显民俗文化的适宜性，让孩子享受阅读的同时获得更多的中国优秀传统文化的滋养。

1. 研究民俗图的显著特点

在前期研究的基础上，我们进行大量图片的收集、整理，通过进一步梳理和研究，发现民俗图拥有五大特性。（见图 1）

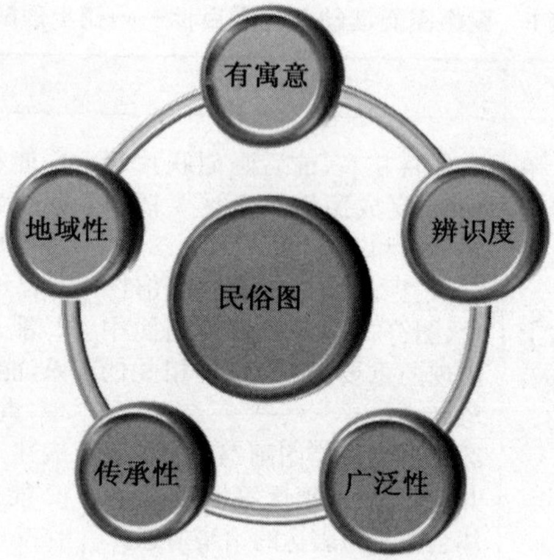

图 1　民俗图的五大特性

(1) 地域性。

民俗又称民间文化，是指一个民族在长期的社会生活中逐渐形成并世代相传、较为稳定的文化事项，可以简单概括为民间流行的风尚、习俗。中国作为一个具有悠久历史民俗传统的国家，各类民俗文化代代传承又有不同的地域地点。例如，脸谱的妆容不仅仅限于京剧表演，越剧、黄梅戏、评剧、川剧等很多地方剧种都有自己的妆容。窗花分为南北不同风格，南方以“精致”为美，特点是玲珑剔透；北方以朴实生动为美，特点是天真浑厚。因此，民俗图的地域性很强。

(2) 传承性。

民俗在发展过程中具有世代相袭的特点，是一脉相承、根深蒂固、源远流长的习俗。良俗以其合理性赢得广泛承认，代代相传，陋俗也会因其保守传承至今。在教育教学中，我们会有选择地讲述，如在清明节引导文明祭扫活动，用扫墓、插柳、做青团等回避烧纸钱等消极活动，放大清明节对已逝亲人的怀念和感恩之情，并带领幼儿开展踏青、放风筝等欢乐的活动；在端午节我们有意识地回避屈原以死殉国的做法，引导幼儿通过讨论体会屈原的爱国爱民情怀，了解端午节的由来等。

(3) 广泛性。

中华民族有着五千年悠久的历史，在历史的长河中，祖先为后人留下了大量的图案、图符，如灯笼、绣花鞋、香炉、折扇等，这些物品上都有不同的图案、图符、图画，普及率非常高。各地的民俗图案、图符丰富多彩，载体多样，不同地域、不同民族的民俗文化不尽相同，充分显示了民俗图存在的广泛。

（4）辨识度。

民俗图具有辨识度高，一看就能被人理解、知晓的特点。如龙的标志是一种符号，一种寓意，一种血肉相连的情感，“龙的子孙”“龙的传人”这些称谓令人激动、奋发、自豪，大家一看就知道是中国的象征，它的辨识度很高。

（5）有寓意。

中国各地的民俗民风差异很大，但在吉祥方面的追求却是相同的。例如，红色体现最多的是吉祥、喜庆题材；纹样能反映不同时期的风俗习惯，香炉两边是对称的纹样，纹样富有寓意；苹果、祥云等利用文字、图案通过某些自然物象的寓意或谐音来表达美好愿望。

2. 构建幼儿民俗图阅读内容体系

通过收集、梳理素材，我们发现民俗图范围比较广，涵盖的图符和图案形式较多，如祥云、窗花、大红袄、蓝印花布、旗袍的盘扣等都具有特殊含义。于是我们对民俗图进行分类，将内容更加细化、清晰。经过课题组对民俗图的解析，我们将民俗图阅读体系分为七大类，分别为日用品和饰品、标志、戏曲、手工艺、传统节日、建筑以及服饰。（见图 2）

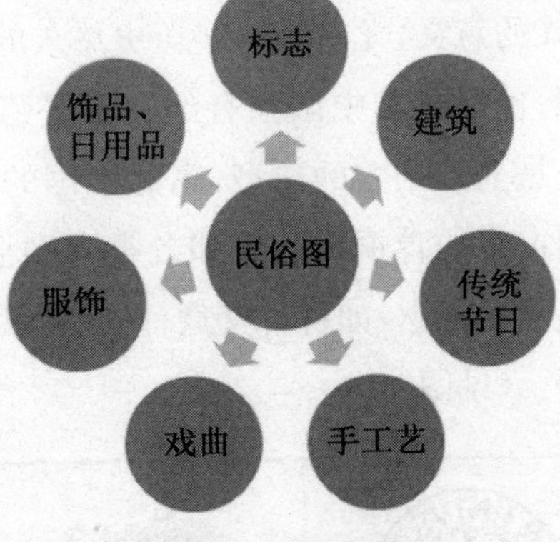

图 2　七类民俗图阅读体系内容

（1）日用品和饰品。

日用品和饰品的分类主要包括灯笼、扇子等物品，它们根据不同的民俗活动会有不同的装饰图案，有不同的寓意。如红灯笼象征着阖家团圆、事业兴旺、红红火火，表达着幸福、光明、活力、圆满与富贵；“福”字代表了长寿、富贵、无病、子孙满堂，寄托了人们对幸福生活的无限向往和美好祝愿；大红花轿一般装饰华丽，以红色来显示喜庆吉利，代表喜庆与吉祥；龙凤图案富有阴阳和谐、婚恋美满、求吉祈福的寓意，成为传统婚姻喜庆美满的象征。（图 3）

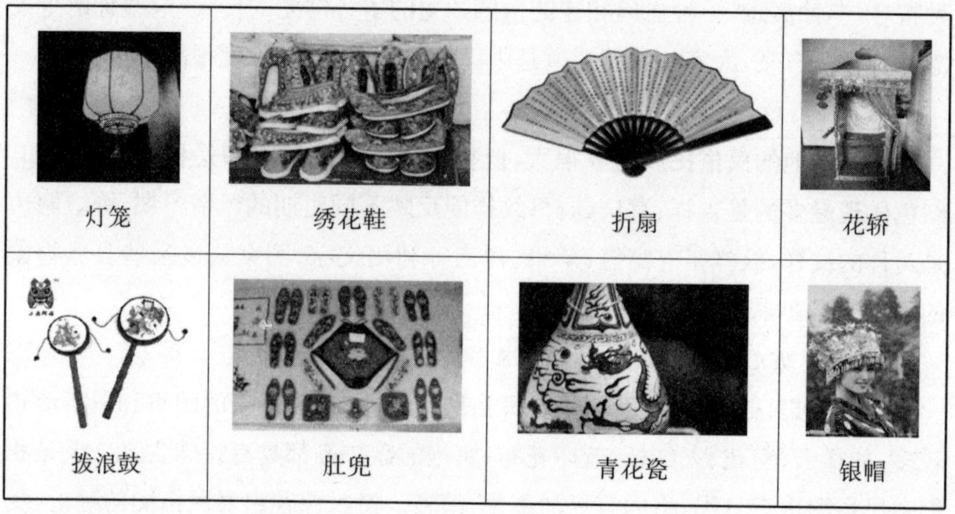

图 3　日用品和饰品

（2）标志。

标志出现在孩子们的身边，最常见的有校徽等学校的标志，也是校园精神的代表，往往蕴含了特殊的意义，尤其是一些历史悠久的名校，不但在设计上融合本校特点和文化内涵，也深藏着中国独有的文化底蕴。还有各类场馆标志，如上海博物馆整幢建筑是上圆下方的造型，寓意中国的传统说法“天圆地方”，整幢建筑就如一尊中国古代的青铜器。又如各类大型活动、城市的标志，还有生活中的各个角落都蕴藏着标志，如各种交通标志、生活设施标志等，孩子们对这些标志都能一眼识别。（见图 4）

续图

世博会标志	奥运会标志	中国文化遗产标志	上海地铁标志

图 4　各类标志

（3）戏曲。

戏曲中的图主要分为脸谱、皮影戏和乐器。脸谱主要集中在北方，京剧中的生旦净末丑，不同脸谱代表着不同的性格。皮影戏起源于祭祀，它的传承已经渐渐扩散到国外。马头琴起源于一个蒙古人的故事，它的寓意是草原上牧民奔放的性格，也是国家非物质文化遗产。不同的地域都有不同类型的鼓，其中北京的大鼓，它的鼓边一般都凹凸不平，鼓声具有气势磅礴的特点，流传至今也有一些演变。古琴也有很多种类，不同种类演绎的曲目也是不同的，而古琴的起源也是祭祀，渐渐流入典礼，随后进入民间。不一样的琴会挂着不同的穗，不同的穗也有不同的寓意。（见图 5）

 脸谱	 皮影	 马头琴	 鼓
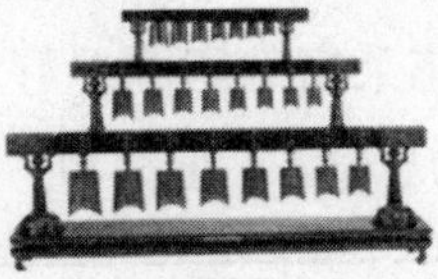 编钟	 古琴	 号角	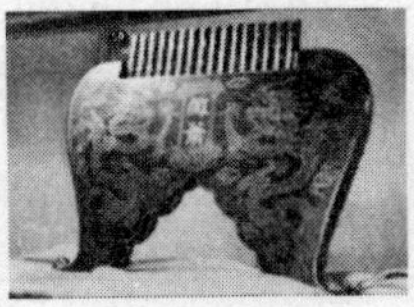 箫

图 5　戏曲中的民俗元素

（4）手工艺。

手工艺的内容比较贴近孩子们的生活，图案蕴含祝福、吉祥的含义，如“福”

字倒挂寓意福到，鱼取谐音“年年有余”等；玉如意上的图案大多也是福到的寓意；雕刻艺术品中莲花纹象征“纯洁”，寓意“吉祥”，海涛纹代表海涛叠起、气势磅礴的景象，所以手工艺品上的图案寓意较多是关于祝愿、祈福的。（见图 6）

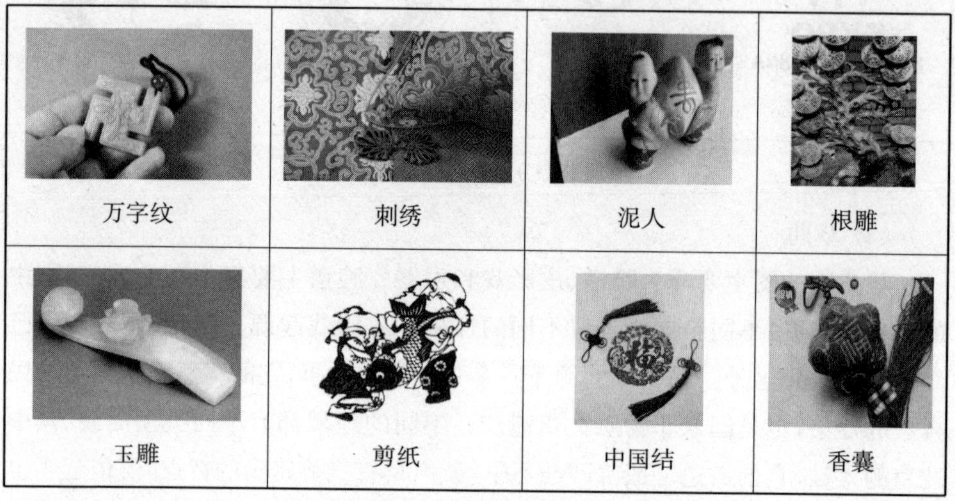

图 6　手工艺品图案

（5）传统节日。

中国有很多传统节日，每个节日都有不同的习俗，每件节日物品本身或物品上都有不同的图案、图符、图画，如春节家家户户会贴上窗花，它不仅烘托了喜庆的节日气氛，也为人们带来了美的享受，集装饰性、欣赏性和实用性于一体；长辈会给孩子发红包，民间认为给孩子压岁钱意味着当恶鬼妖魔或“年”去伤害孩子时，孩子可以用这些钱“贿赂”它们而化凶为吉，近代则演变为红纸包一百文铜钱赐给晚辈，寓意“长命百岁”。又如中秋节吃月饼的习俗，当时心灵手巧的饼师，把嫦娥奔月的神话故事作为食品艺术图案印在月饼上，使月饼成为更受人民青睐的中秋佳节的必备食品。月饼上的祥云、花朵寓意团圆美好，反映了人们对家人团聚的美好愿望，也是对亲朋好友深深的思念。（见图 7）

续图

月饼　重阳糕　粽子　红包

图 7　传统节日中的民俗元素

（6）建筑。

中国传统建筑可分为六大派别：徽派建筑的特点是青瓦白墙；苏派建筑的特点是脊角高翘的屋顶，江南风韵的门楼；闽派建筑的特点是土楼防御；京派建筑的特点则是对称分布，寓意吉祥如意，代表是四合院；晋派建筑的代表是窑洞，与皮影戏、剪纸等有关联；川派建筑的特点是吊脚楼。明清时期，不管是豪门望族还是平民百姓家的窗户，都用“卍”字窗花装饰门窗，取万象更新、幸福美满之意。（见图 8）

青瓦白墙　木雕　脊角高翘的屋顶　土楼

四合院　窑洞　吊脚楼　万字符门楹

图 8　建筑中的民俗元素

（7）服饰。

中国传统的服饰被誉为中国国粹和中国服饰的代表，是中华民族乃至人类社会创造的宝贵财富。如唐装是中国服饰中的一种款式，特征有交领、系带、领结等，图案以团花状为首选，由牡丹、梅、兰、竹、菊等分别表现，也有福、禄、寿、双喜等文字图案，表示吉祥如意，如龙凤呈祥、龙飞凤舞等纹样，还有鹤鹿同春、喜鹊登梅、凤戏牡丹等图案，不仅隐喻着图腾崇拜，而且抒发着“龙的传人”的真诚情感；旗袍特征有右衽大襟装的开襟或半开襟形式，立领盘钮、摆侧开衩等，图案为传统的中国纹饰双鱼、富贵花、梅花等，还有以中国水墨画手法描绘的花卉图案等。（见图 9）

唐装

旗袍

戏曲服饰

凤冠霞帔

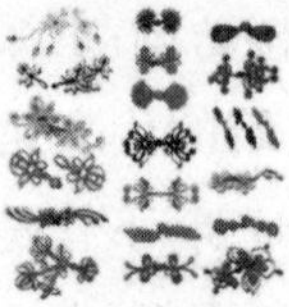
盘花扣

蓝印花布

盖头

民族服饰

图 9　服饰中的民俗元素

3. 民俗图阅读活动内容与主题活动融合

通过收集、筛选和分类，我们将民俗图阅读的图界定为图符、图案、图画、图画书，并将内容渗透到语言活动、美术活动、科学活动、音乐活动、节日活动以及家长工作等各个领域。在遵循课程研究目标和研究内容的前提下，综合考虑联系实际及办园特色，以上海市二期课改教参的主题活动为载体，梳理民俗图阅读序列，分析民俗图的特点，使主题活动的内容不仅体现课程的要求，还与我园的民俗图阅读内容相互融合。（见表 8、表 9、表 10）

表 8　小班民俗图阅读活动内容与主题活动融合

主题名称	民俗图类型	阅读活动所用绘本	拓展活动
小宝宝	手工艺	《好乖乖》《孔融让梨》《摇到外婆桥》《拉大锯》	表演游戏：《孔融让梨》《摇到外婆桥》《拉大锯》
新年好	节日、饰品	《春节的故事》	涂色：灯笼
动物花花衣	手工艺、饰品	《咕咚来了》《动物园》《老虎学艺》《小蝌蚪找妈妈》《狼来了》	表演游戏：《狼来了》 水墨动画欣赏：《小蝌蚪找妈妈》

表 9　中班民俗图阅读活动内容与主题活动融合

主题名称	民俗图类型	阅读活动所用绘本	拓展活动
在秋天里	饰品、服饰	《兔儿爷》《嫦娥奔月》《愚公移山》《山行》	古诗诵读:《水调歌头》 民族舞蹈:《采果子舞》
好吃的食物	节日、手工艺、饰品	《跟着姥姥去遛弯儿》《冰糖葫芦,谁买》《粽子里的故事》《冬至节》	民俗活动:包粽子、包饺子 律动:香喷喷的饺子 民俗表演:《叫卖小调》
寒冷的冬天	饰品、手工艺、服饰、节日	《纸马》《灶王爷》《农夫救蛇》《年》	民乐:《喜洋洋》 民俗装饰:剪窗花
玩具总动员	饰品、手工艺	《聚宝盆》《福奶奶的神奇笸箩》《女娲造人》《悟空,乖》	民俗装饰:聚宝盆装饰 民俗舞蹈:《绸带舞》 民俗工艺:《小泥人》
在动物园里	手工艺、服饰、戏曲	《老虎外婆》《耗子大爷在家吗?》《小蝌蚪找妈妈》《盲人摸象》《老鼠嫁女》《鹬蚌相争》《小兔的问题》《大闹天宫》《猴子捞月》	国画:《可爱的企鹅》《小熊猫》 民俗表演:《大闹天宫》《鹬蚌相争》
火辣辣的夏天	节日、饰品、手工艺	《夸父逐日》《后羿射日》《七夕节的故事》	水墨画:《下雨了!》 绘画:《油纸伞》

表 10　大班民俗图阅读活动内容与主题活动融合

主题名称	民俗图类型	阅读活动所用绘本	拓展活动
我是中国人	手工艺、戏曲、饰品、节日、服饰	《年的故事》《岳母刺字》《京剧猫·长坂坡》《迷戏》《十二生肖的故事》《元宵姑娘》《小青花》《司马光砸缸》《滴墨成苍》《那达慕大会》	剪纸:连体灯笼 民乐民舞:《赛马》《喜洋洋》《新疆集体舞》 民俗装饰:京剧脸谱画、装饰青花瓷盘子 表演游戏:《老鼠娶新娘》等
我自己	手工艺、饰品	《泥将军》《神奇虎头帽》《小小虎头鞋》《八仙过海》	民俗工艺:《泥娃娃》 儿歌:《泥娃娃》 表演游戏:《八仙过海》
我们的城市	手工艺、戏曲、饰品、节日、服饰、建筑	《进城》《水牛儿》《荷花镇的早市》《老北京传说》《铁门胡同》《故宫》《长城》《巧匠鲁班》	剪纸:房子、汽车 国画:《江南小镇》

续表

主题名称	民俗图类型	阅读活动所用绘本	拓展活动
春夏和秋冬	节日、装饰品、建筑	《神笔马良》《团圆》《漏》《梅雨怪》《十月歌》《冬至节》《咕噜咕噜，涮锅子》《花娘谷》《春晓》《冰糖葫芦，谁买》《咏柳》	剪纸：雪花 国画：《雪花》 民俗装饰：绽放的花朵（油泥装饰空瓶子、贝壳） 国画：《花》 民乐：《金蛇狂舞》
动物大世界	戏曲、手工艺	《京剧猫·武松打虎》《老鼠，老鼠》《九尾猫》《乌鸦喝水》《小乌鸦爱妈妈》《曹冲称象》《仁慈的九色鹿》	剪纸：老鼠 民俗表演：《小狗抬花轿》 科学实验：《曹冲称象》
我要上小学	手工艺、戏曲、建筑	《小石狮》《三个小和尚》《磨杵成针》《熟能生巧》《马兰花与大野猫》《从百草园到三味书屋》	民俗装饰：鱼儿抢救队（刮蜡） 民俗表演：《三个小和尚》 游戏：《马兰花》

(四) 多途径实施民俗图阅读活动

在课题研究与实践中，我们非常注重幼儿学习的整体性，在幼儿对民俗图阅读认知的基础上，渗透开展多领域、多形式的延伸活动，巩固和深化幼儿对民俗图的认识和理解，以更好地拉近幼儿和民俗的距离，让幼儿走近民俗，走进民俗传统文化。

1. 在多维环境中烘托民俗图阅读氛围

实践中我们发现，幼儿园丰富的墙面环境及语言区环境、温馨的阅读环境、丰富的视听环境，直接刺激幼儿的感官、丰富幼儿的认知、提升幼儿的阅读和表达能力，对于提高幼儿民俗图阅读的兴趣，增强其民俗图阅读的理解能力具有积极意义。

(1) 公共环境凸显民俗图阅读特色，烘托氛围。

幼儿园的公共环境创设，如门厅、走廊、公共墙饰，不仅起到美化环境、渲染民俗气氛的作用，而且是幼儿熟悉民俗的好场所。我们结合民俗图阅读实践研究内容，通过创设具有民俗特色的幼儿园门厅、公共走廊、专用活动室环境、班级民俗特色墙等，将中国特有的民俗文化、风俗礼仪、人文习俗等融入幼儿园的环境创设中，在幼儿园注入浓厚的中华民俗传统氛围。走进幼儿园，便可以看到根据民俗主题而不断更替的门厅民俗展，如“民俗乒乓亲子制作”“十二生肖的故事”“上海老房子”“石库门”“欢乐中国年”等主题门厅环境，这些具有民俗文化特色的环境布置，增强了幼儿做一名上海人的自豪感；还有幼儿园诵读廊、民间游戏廊、剪纸工艺廊等，让幼儿在民俗文学和民间艺术的氛围中感受到美的熏陶，激发幼儿做中国人的自豪感和使命感。幼儿可在这样的公共环境中边走、边看、边欣赏，可以和家长、教师一起欣赏，也可以和小伙伴一起交流，慢慢了解中国传统文化。

(2) 班级环境聚焦民俗图阅读内涵，引导学习。

班级是幼儿学习生活的主要场所，我们根据幼儿的兴趣，将具有民俗特色的艺术品、饰品、乐器等布置在教室中，让幼儿在日常生活中耳濡目染，对民俗图产生敏感性，提高对民俗图的欣赏能力，积累民俗图阅读的经验。比如，将富有江南特色的蓝印花布裁剪成桌布铺在桌子上，幼儿在桌旁操作材料时随时可以欣赏、观察、发现蓝印花布上的图案花纹，感受它的美。对于中大班幼儿，则可通过在墙饰和活动区域中自然地呈现民俗图(如带有中国“卍”字窗花装饰的个别化区域介绍牌、有中国苏派门楼造型的角色游戏门洞等)，激发他们对民俗图的兴趣。还可在各个活动区中提供介绍民俗图的“工具书”，引导大班幼儿通过阅读符号或图例，自主完成相关游戏和操作活动，体验民俗图阅读带来的成功乐趣。在班级环境创设中渗透民俗图元素，能帮助幼儿发现生活中具有民俗特色的事物，并乐于观察、学习、理解，将民俗图的阅读经验与生活经验相链接。

(3) 专用阅读室提供多元民俗图阅读内容，共享资源。

我们在幼儿园底楼的大厅里设立了一个亲子民俗书吧，每月都会向家长推荐几本适合亲子阅读的民俗绘本书。离园前，家长能带着孩子坐在这里一起看看民俗绘本，聊聊民俗的那些事。我园还有专用阅读室，提供适合不同年龄段幼儿阅读的民俗图书，有故事、传说、神话、寓言、成语类等读物。阅读室成了幼儿园最温馨、最舒心的地方，孩子们可以在温馨的阅读室里一起阅读，及时分享阅读后的感受。另外，家长给幼儿新买的民俗图阅读绘本也可以在“图书漂流角”中进行传阅，漂流的绘本会留下每个借阅孩子的签名，优秀的图书会在“好书推荐栏”里向大家推荐。

(4) 视听环境丰富民俗图阅读方式，增强互动。

除了创设传统的阅读环境之外，我们还运用了现代化的电教手段(录音、录像、投影仪、电视等），为幼儿创设了丰富的视听环境。在阅读室里，除了阅读区域，还有一个小小视听角，孩子们在这里戴上耳机，拿上一本图书，就可以边阅读边专注地听故事，既安静又享受，是孩子们非常愿意去的地方。另外，我们还在每班设立了幼儿园的“民俗故事加油站”，定期播放精选的民俗故事、童谣、诗词等。同时，结合每班的特色语言活动，让幼儿在“加油站”中大胆地表达表现，增强了幼儿语言表达的自信。

(5) 收集资料拓展民俗图阅读形式，注重体验。

结合我们梳理的民俗图内容体系，根据七个方面的内容，我们设计适宜的活动形式，开展民俗图阅读活动。比如，大班开展建筑体系的阅读活动，结合“我是中国人”主题活动，让幼儿在旅游中收集中国各种建筑式样的照片，带到幼儿园和同伴一起分享，发现在中国传统建筑中的民俗图，解读其寓意，欣赏它的美。又如，我们通过参观，让幼儿寻找生活中运用民俗图的标志，解读标志中运用了哪些图案，运用这一图案的用意是什么，来提高幼儿阅读的经验与能力。

2. 在民俗绘本教学活动中挖掘民俗图阅读内涵

为了更好地落实课程目标，我们加强了民俗图阅读集体教学活动有效性的研究，对活动的解读、设计、实施、反思、调整有了更多的想法和经验。

(1) 绘本素材解读阶段。

民俗绘本不同于其他绘本，它强调从故事内容到绘本画面都要传递中国民俗风情和传统文化。因此，在解读民俗绘本时，我们首先要读清绘本的图、读懂绘本的文、读好绘本图文结合的故事，其次要思考故事传递的中国传统文化，分析当前年龄段幼儿需要获得的民俗文化以及在阅读中可能遇到的困难和需要的支持、帮助。例如，在设计“女娲造人”活动时，我们首先认真阅读了绘本中的相关画页，发现最吸引孩子的就是女娲造人的相关画面，孩子们会被女娲造出的各种泥人深深吸引，并展开自发讨论。绘本文字所弘扬的中国人的优秀品质在这段情节中表现得淋漓尽致，生动易懂。因此，我们便确定了阅读此绘本时需要重点关注的情节，省去了一些其他内容。

在此基础上，我们分析了故事所反映的中国人的优秀品质：勤劳智慧，热爱生命，相信劳动改善生活的观念。而对于中大班孩子而言，要真正理解这些就必须给他们提供具体感受、大胆创作的机会，于是我们确定了“女娲造人”的教学目标:①欣赏故事画面,尝试用捏、团、搓、压的塑形方法表现人物的基本特征。②在说说、捏捏的过程中,感受每个人都是不一样的。

(2) 活动方案设计阶段。

在细致解读了民俗绘本素材,确立了活动适合的教学目标后,我们便可进入设计方案阶段。这阶段强调以学定教,更多地从不同年龄段幼儿学习的特点和认知的需要出发,围绕目标设计相关的环节和提问。

① 关注目标、环节、提问的适宜性。在设计"女娲造人"活动方案时,我们围绕两条目标,设计了"欣赏故事,知晓源起—大胆创作,感受精彩—小议收获,完整阅读"三个环节,这样的设计充分尊重了中大班幼儿具体形象的思维特点,满足了他们在动手操作中获得认知经验的需要。

② 强调情趣体验,实现传递真善美的教学追求。在"女娲造人"的活动中,教师改编了故事的文字以更好地表述故事内容并突出重点情节,选择了动听的背景音乐渲染绘本情感的体验,制作了有趣的课件激发幼儿的创作兴趣,提供了合适的艺术表现材料与工具,推动了幼儿的创造和表现,最终使得活动设计饱满有效。

③ 鼓励孩子独立自主地完成阅读,体验阅读的快乐。通过艺术活动在先、阅读活动随后的特殊设计,孩子们对绘本阅读产生了自发自然的兴趣,对理解绘本故事情节有了比较大的信心,推动了阅读活动设计中自主性原则的充分实现。

(3) 实践反思调整阶段。

任何教学活动最初的设计方案都是教师对幼儿学习的预估,投石问路最终才能更好地完善活动。在设计"花娘谷"这一活动时,教师带着初步设计的方案走近幼儿,通过实践,教师在评课中这样说:

① 本次活动中,老师的语言渲染能力是极为重要的一大元素。建议老师在活动前,要加深对作品的体验和理解,反复诵读作品,把握绘本的情感基调,用抑扬顿挫、声情并茂的语言,用能传情达意、富有感染力的肢体动作,激发幼儿欣赏的兴趣,渲染故事意境的同时,也把孩子带入到美丽的花娘谷中。

② 在解读"祝寿礼"图片时,可以采用情景表演的形式,老师扮演爷爷,幼儿来送祝福。在表演中,幼儿能够结合自己的生活经验,加深对故事的理解,在表演的过程中再创造。这种体验会给他们留下极为深刻的印象。

③ 四幅图的解读不要面面俱到，可以根据现场幼儿的回应，有针对地选择两张图片进行解读，老师在活动前要预设回应，延伸幼儿的经验。

通过实践，教师能更全面地看待设计，找到助推幼儿理解民俗绘本的有效方法，也真正实现课程由师生共同构建的理想追求。

3. 在美术教育中渗透民俗图阅读要求

我们通过民俗图阅读活动中的美术教育活动，让幼儿体验传统美术的不同表现方法，陶冶情感、感受传统绘本文化之美，从而提高幼儿的美术技能和审美能力，激发幼儿创造性思维的发展。

(1) 选用绘本故事，整合美术资源。

选用绘本故事的难点是要确保在选择的民俗绘本中含有美术元素，画面能突出民俗特征，美术表现的方法符合幼儿最近发展区，绘本阅读和美术表现能有效地结合在一起。在翻阅了大量的中华传统绘本之后，我们发现绘本中有生动的形象、丰富的色彩、唯美的画风、巧妙的构图，还有多样的表现方法等，这些有趣的画面能引发幼儿阅读的乐趣。

民俗绘本有很强的文化特质，具有各种传统美术元素，并在造型、色彩、构图上充分体现。如绘本《小蝌蚪找妈妈》，整个绘本的画风借鉴了国画的技巧与意境，运用独特的层染技法，创造出充满东方艺术特色的画面；绘本《桃花鱼婆婆》的画面表现则模仿湘西苗族的蜡染和苗绣形式，画面中浓厚的苗族元素给孩子们以新鲜感，还能培养孩子们的思辨能力，使他们的想象力得到充分发挥；绘本《尾生与金鱼》的画面以中国传统水墨画风与现代技法交织而成，不仅能培养幼儿的审美导向，还能增强幼儿对传统文化的了解和认同。

民俗绘本的故事寓意虽然比较深，离幼儿的生活也比较远，但画面本身具有美术活动的特质，我们可以从中选取适宜幼儿的内容进行分析、解读，作为美术活动的导入和串联。如《滴墨成苍》《女娲造人》《吴道子画驴》等传统绘本，都具有美术“习作”表现的故事情节和多种美术“创作”的方式，这些故事都蕴含着独特的传统文化价值。

(2) 借用绘本故事，强化美术表现。

在收集一些传统绘本时，我们认为，民俗绘本中的中国元素通常是以剪纸、拓印、水墨、泥塑等具有传统艺术表现方式来呈现的，绘本中往往会有不断重复出现的回纹、如意纹、龙纹等纹样；在绘本的用色上以对比、协调为特色的表现方式凸显中国特点。《小雨后》就通过墨的浓淡来表现画面的神韵，在浓淡间实现超然的艺术境界。另外，运用中国传统颜色突出中华传统元素的原创绘本也有许多。如在《欢乐中国年》中，红色作为一种颜色，具有中国属性，成为一种民族的标志，它的含义远远超出了色彩本身的自然属性，体现了吉祥、喜庆、热闹的象征意义。

在开展美术活动教学时，我们用不同的表现方法来帮助幼儿理解故事。如《女娲造人》让幼儿知道泥塑是中国传统的民间艺术，并尝试制作小泥人。《小蝌蚪找妈妈》表现了中国水墨的意境美，幼儿了解传统水墨绘画的表现形式后，体验用手指、棉签等工具对自己的绘画内容进行构建。《年》的用色主要运用了强烈的红黑对比，让幼儿在欣赏对比中感受中国民俗色彩的鲜艳及寓意。《漏》用水墨画的形式演绎了一个经典的民间故事，故事中老太婆说的一个“漏”字，让做贼心虚的老虎和小偷对“漏”产生了恐惧。绘本中稚拙的形象、浓淡相宜的水墨变化以及夸张的表现形式，激发幼儿不断地猜想“漏”是什么。我们鼓励幼儿用笔大胆地画出自己心目中的“漏”，于是画“漏”成了幼儿的随性涂鸦，可以自由创想、自由表现。

传统绘本中的多元艺术风格，水彩、剪贴、拓印、抽象、写实等，深深地吸引着幼儿。我们从绘本多元的艺术风格入手，引导幼儿充分欣赏、感受不同的艺术美，体验不同艺术创作活动的乐趣，这样做会使幼儿更加喜欢美术活动。

(3) 巧用绘本故事，设计教学环节。

民俗绘本中的人物、事物、情节的变化，会让幼儿产生阅读和表现的兴趣。我们巧用故事中的人物和情节，采用各种教学手段设计教学环节，把美术知识运用到故事情节中，和孩子们一起融入精心设计的民俗绘本教学中去。

在《滴墨成苍》的教学设计中，我们借助绘本中的情节设计活动，围绕“听故事看绘本”“分析情节进行添画”“解决问题进行延伸”这三个环节展开。在第一环节，老师讲述故事：“古代的时候，曹操得到一把名扇，他想请画家在上面画画，可是画家们都不敢去画，后来画家杨修毛遂自荐。但作画过程中发生了意外，只见杨修误把一滴墨滴到扇面上，这时候大家都非常害怕，不知如何是好。”老师借助绘本中各种人物“害怕”的表情，创造了一个比较紧张的氛围，使幼儿们都有为杨修捏一把汗的感觉。在第二环节，老师和幼儿们一起为杨修想办法，让他们借形想象，尝试用添画的方法现场作画。在第三环节，老师展示了杨修解决问题的好办法，并鼓励幼儿继续进行想象。在这个活动设计中，孩子们一边听故事观察画面，一边用画笔表现，活动环节的设计与绘本情节紧密结合，孩子们既学习运用了美术知识技能，也感受到了墨滴变化和借形想象的美术表现乐趣。

(4) 依托绘本角色，激发想象能力。

培养儿童想象力的一个重要起点在于绘本的图画，因为图画能够将文字形象化。幼儿如果只看文字是无法进行想象的，但是在阅读画面时可以进行想象，将画面与现实联系起来。

在绘本故事中，人物形象和拟人化的动物形象个个充满活力，能让幼儿以全新的视角去认识周围的世界。在教孩子进行借形想象的添画时，传统故事《滴墨成苍》是个很好的媒介。故事画面中人物的形象被表现得淋漓尽致，曹操的威严、杨修的睿智、其他画家的胆小等通过人物表情和动作一一展现，这给了孩子们很大的视觉冲击。故事内容诙谐幽默、情节跌宕起伏，作品简单易学，贴近幼儿的视角。依托绘本的介入，教学活动的氛围异常活跃，每个环节都让幼儿通过画面的阅读和观察，了解不同时候不同人物的情感，猜测故事的情节发展，又可以根据故事内容，通过开放性问题激发幼儿联想、创造，从不同角度、途径探索问题的不同答案。如教师提问："杨修看到'墨滴'会怎么想？如果是你，你会怎么做？"让幼儿大胆表达自己的想法。同时还可以用绘画材料在扇子造型底板上把一个个圆圆的墨滴，变成小花、太阳、小人儿等。从美术活动的角度来说，借形想象的添画活动很受幼儿欢迎，它取材于幼儿身边的事物，既能满足他们富于想象的特点，又有利于他们直观理解和表现。

(5) 感受绘本情感，丰富幼儿体验。

阅读民俗绘本对于语言表达能力尚处于发展阶段的幼儿而言，既是吸取信息的过程，又是已有经验的再现。阅读图画不但能使幼儿感到快乐，其中的故事内容与旧有经验相似，会启发幼儿再现经验，还可以让孩子从图画中习得绘本中的颜色、数量和相近的事物等进行比较的方法。

在教学活动中，我们选择绘本中有价值的画面进行联想迁移，为美术活动增添色彩、渗透爱的教育。如绘本《女娲造人》是一个关于人类起源的上古神话故事，充满了人们对生命起源的探索和认知。故事从文化角度呈现了女娲造物、造人的一段过程，也和传统春节初一到初六的"六畜"节日相关。故事又呼应了每个幼儿都会问的问题："我从哪里来？第一个人是怎么出现的？"教师选用了女娲造人的一幅画面，让幼儿讨论回忆成长的点滴过程；和幼儿一起捏捏小泥人，感受生命的启蒙。这充满想象力的故事带给幼儿的不仅是对传统故事的了解，还有对自我的初步认知和对万物起源的启蒙思考。

又如《重阳节的故事》，主要讲述了重阳节这一中国传统节日的由来，它通过一个流传已久的故事，不仅让孩子们了解了重阳节，还能让幼儿感受主人公桓景不惧困难、勇往直前的顽强精神。我们在重阳节到来之际，带孩子们到生活中去体验，一起插茱萸、登高望远等，还组织孩子们进行画菊花、做重阳糕、折高塔等美工活动。对此，他们倍感新奇与兴奋，情绪也被调动起来了，在看一看、听一听、说一说、做一做中，深切感受中国传统文化节日的内涵。这种动静结合、情景交融的活动形式不仅能使幼儿直接地感受绘本中的语言美、情景美，同时也使幼儿体验绘本中所表达出的意境，激发幼儿对中国传统节日的美好情感，萌发民族自豪感。

4. 在各种大活动中凸显民俗图阅读元素

在我园的民俗图阅读实践研究中，以民俗节庆活动渗透民俗图阅读活动是非常重要的一部分，能让幼儿在感受民俗节庆文化的同时体验民俗图阅读的乐趣，从而具有传承中国传统文化的能力和创新意识。

（1）借助传统节庆活动。

传统民俗节日渗透了地方性的民俗文化，如喜气洋洋的春节，张灯结彩的元宵节，怀乡祭祖的清明节，纪念屈原的端午节……这些节日具有鲜明的民族特色和地方特色，与幼儿的生活息息相关。在传统节日来临前夕，教师将特色鲜明的饰物、图片布置在教室中，幼儿主动观察环境中细微的变化，饰物的形态。为什么要摆放这些物品？它们有什么用？以问题来激发幼儿的好奇心，更加直观地感受节日特点，推动民俗图阅读的研究。

比如，端午节到来时，我们开展了"粽叶飘香话端午"的园内大活动，班级的环境创设中陈列了幼儿收集的与端午节有关的物品，悬挂艾草、粽子、鸭蛋、香囊等。在主题活动中，首先通过民俗绘本《端午节的故事》导入，让幼儿了解端午节的来历。其次从绘本中挖掘与端午节有关的物品。例如，孩子们通过观察香囊的形状、花纹、上面系挂的流苏等，了解这些形状、流苏所代表的寓意。又如，元宵节也是我国传统的节日之一，民间正月十五闹元宵已有悠久的历史，它伴随人们迎来春天，是把节日习俗体现得最为彻底和典型的传统节日。因此，在元宵节前，我们开展了以“欢聚元宵，感受民俗”为主题的大活动，让幼儿参加听故事、知历史、看花灯、做花灯、搓汤圆、吃汤圆、猜灯谜等民间活动，在玩乐之中将传统文化继承和发扬下去。

此外，我们根据节庆活动的周期性和循环性的特点，设计的每一个节庆活动都有新的内容与内涵，整体呈现螺旋式上升的趋势。

(2) 组织专题性大活动。

在幼儿园现有教材中，我们发现民俗传统活动的内容较少，所以在我园的民俗图阅读活动实践中，如何让幼儿获得民俗图阅读的快乐，是我们最关注的话题。为此我们通过专题性的大活动来推进幼儿对民俗活动的兴趣。

① 古诗诵读活动。春节是中国的传统节日，为了让孩子们感受新年浓厚的节日气氛，弘扬中华民族博大精深的传统文化，传承国学经典，结合我园民俗图阅读的研究，每学年我们都会在第一学期末开展“古诗荟萃迎新年”系列活动，通过师生共同吟诵古诗、用图阅读的方式理解古诗，并在寒假期间邀请家长和孩子一起选古诗、学古诗、背古诗，享受亲子共度的快乐。接着，在第二学期开学迎新周活动中开展“古诗荟萃迎新年”的比赛活动，选出各个年级组的“天虹古诗宝宝”。这个活动激发了孩子们参与活动的积极性，锻炼了孩子们的胆量，积淀了传统文化学识，使他们能在优美的语言陶冶中自主发展，以达到激发天性、文化育人、点亮彩虹童年的办学理念。

② “我爱国学”活动。根据我园课题研究以及园本特色，创建良好的校园文化，营造浓郁的读书氛围，每年春天的时候都会举行全园“我爱国学”比赛。我们根据幼儿年龄段的特点，即小班幼儿感知能力强、中班幼儿理解能力增强、大班幼儿自主创造能力提高的特点，将比赛形式定为小班朗诵一首古诗、中班讲述一个民间故事、大班讲述成语故事。活动形式为“班级海选—年级组比赛—全园展示”，活动让每一个孩子都参与其中，每一个家庭都积极准备，通过国学经典诵读活动将传统文化撒播到孩子们的心田，使他们能在国学的陶冶中自主发展，健康成长！

③ 民俗歌舞、绘本剧活动。为了更好地让幼儿理解民俗绘本故事内容，将我园民俗图阅读的理念更好地贯彻，我们编排了一些民俗歌舞和绘本剧，如童话剧《司马光砸缸》，我们通过道具上图符的还原、服饰的选择、传统的礼仪、幼

儿对故事理解之后的演绎等多方面向大家展示了我园民俗图阅读的研究特色。又如歌舞剧《童谣里的小动物》，将上海童谣通过多组表演串联起来，通过模拟小动物跳舞、上海方言说唱等的形式来展现上海文化。

5. 在家园携手中巩固、拓展民俗图阅读经验

在实践研究过程中，我们不仅在幼儿园开展各种形式的民俗图阅读活动，还重视开展家园共育，发动和运用家长的资源，和孩子一起了解民俗图阅读，从而让他们爱上阅读。

我们邀请家长共同参加或者策划一些民俗图阅读活动。如每学期开展“妈妈故事团”活动，妈妈们寻找民俗绘本，将制作香袋、包粽子、做饺子、包春卷、捏糖人、搓汤圆、写中国字等文化内容带进幼儿园；每个班级的“民俗墙”上的图片或民俗图阅读素材都是由教师、家长和孩子共同搜集布置并定期更新的；各个家庭自主购买的民俗阅读图画书放在幼儿园图书漂流区进行漂流；家长结合节庆活动开展以图文的方式记录相关节庆的习俗，节日要做的事情等，通过亲子制作、收集、讨论和记录的过程，让幼儿了解每个节日的风俗习惯……

我们根据家长对民俗文化尚不熟悉的问题，开展了“走进民俗、走近幼儿”的家长培训。通过讲座、交流互动的方式，帮助家长学会选择合适的民俗绘本进行亲子阅读。我们还邀请爷爷、奶奶来幼儿园对“80后”家长开设“民俗讲堂”，丰富年轻家长有关中华风俗、民间游戏和民俗文化的知识。

同时，我们联合街道、社区开展民俗图阅读的拓展活动。我们将幼儿习得的古诗、歌舞和本领等，借助街道社区的舞台开展“走出去”的活动，邀请家长参与拓展活动的准备、排练和演出环节，让家长了解幼儿园正在开展的民俗图阅读活动，让结合亲子活动渗透的民俗图阅读实践活动显得更具有影响力。有家长、社区、街道的参与，不仅提升了我们实施民俗图阅读教学实践的知名度，也为我们继续开展民俗图阅读的实践研究增添了动力。

(五) 探索幼儿民俗图阅读活动的指导方法

我们认为民俗图阅读与一般早期阅读或者绘本阅读是有区别的，比如民俗图阅读对象可能有大量的非连续性的、非故事性的图画或者图符，孩子在阅读这些内容时有何特点？教师是否也需要有针对性的、适宜的指导方法？针对这些问题我们开展实践研究，进而总结出一些独特的指导方法。

1. 构建问题情景，激发幼儿猎奇心理

在共同阅读的过程中，对话是最为直接、最为显见的互动方式，而对话一般都源于师生发起的问题。可见，提高师生共读的效能，就必须关注问题情景的构建。如何设计出“好问题”，引导幼儿关注民俗图，并思考图所表达的故事情节，以及从中传递的民俗文化，对教师来说非常重要。

在集体活动中，我们会先解读不同民俗图的特点，以及民俗图的寓意，通过设计提问，帮助幼儿进行观察解读。根据活动需要，问题情境可以设置在活动开始部分，比如在“老鼠娶新娘”活动开始时，提供花轿的图片供幼儿观察，“这是什么”“花轿是什么时候使用的”“花轿漂亮的红色以及美丽的花纹代表着什么呢”，通过这一系列提问，激发幼儿对花轿使用者的猜测，以及对“娶新娘”这个活动的兴趣。

这也可以在活动的解决重难点的环节中运用，比如“荷花镇的早市”这一活动，需要幼儿去感受荷花镇的“热闹”，于是在知道了荷花镇的地理位置、荷花镇早市全景后，通过“早市入口为什么要挂上红红的灯笼”“戏台上这些穿着漂亮戏服的人在干什么”等问题，让幼儿逐步感受热闹的色彩、热闹的声音、热闹的气氛。

此外，也可以作为活动延伸，设置问题任务，引发幼儿继续阅读的兴趣。如《团圆》故事最后，教师通过提问“你知道过年还有哪些风俗习惯吗”，鼓励幼儿去寻找更多的关于年的元素，将这些元素对应到中国传统节日中，让“年”这个概念在幼儿脑海中更具象。

构建各类有趣的问题情景，无疑能有效引发幼儿解读民俗图的兴趣，推动幼儿更有效地开展阅读活动。

2. 添加画面内容，丰富幼儿观察民俗图的收获

实践中我们发现：虽然在民俗绘本中能寻找到许多可阅读的民俗图，但是绘本作家在创作时往往更多考虑的是艺术性，对于 3～6 岁孩童阅读的需要考虑得相对较少，因此，一些民俗图具有典型性、地域性，但同一画面中可阅读的内容不够丰富。此外，由于中国五千年的文化积累，传统表达方式讲求“悟道”，因此，一些民俗绘本中的画面若脱离文字解析便难以直接读懂，一定程度上影响了孩子们的阅读兴趣。针对这样的情况，我们对一些民俗绘本中的民俗图进行了画面添加，以满足幼儿阅读的需要，从而加强孩子阅读的兴趣。

例如，在开展集体阅读民俗绘本《小青花》时，我们发现小青花跟着小花猫游历祖国山水的情节很难在绘本画面中感受到，画家只用了俯瞰的视角，画了一组具有中国特色的建筑来表现祖国的美，这样的表达对于成人而言是能感受到美的，但对于缺少经验的幼儿来说，就过于简单虚幻了。因此，教师们围绕绘本图的四大元素“形、神、意、境”收集了大量与绘本画面风格相似的各类民俗图，诠释了祖国山水楼桥的各种美。由于丰富了绘本民俗图的画面内容，幼儿的阅读兴趣明显增强，交流的欲望得到了提高，表述也变得丰富了。

可见，补充民俗图的画面内容，有利于提高幼儿的阅读理解能力。

3. 利用戏剧表演，外化幼儿情感体验

在幼儿阶段，孩子的兴趣往往和他们的充分体验有直接关系，如果能够支持孩子获得多种感官的体验，那就更能激发孩子的学习兴趣。我们知道，在传统图书阅读活动中，幼儿最重要的信息获取渠道是视觉感受，长时间单一通道的体验，一定会影响孩子的兴趣激发和维持。于是，我们试图突破这样的学习模式，在增加听、说感受的基础上，我们还大胆尝试了戏剧表演活动，运用多元感官体验的方式，帮助孩子们获得充分的民俗图内容体验，并更生动地表达他们对民俗图的理解。

在绘本《泥将军》这本书中有一组图片值得细读，它们描绘了制作“泥将军”的重要工序，而这一段故事情节讲述了“泥将军”因为害怕烈火考验而躲到一边，为之后情节的发展埋下了伏笔。这一切恰恰又被一边的黑猫全都看在了眼里，这样一段情节，如果仅仅看看说说，其实会显得比较无趣，因为孩子们对“泥将军”制作的工序了解并不多，也无法通过讲述感受到煅烧这一过程的重要性。由于幼小孩子语言表述的能力有限，纯粹的描述角色对话无法体现这一段情节，于是我们想到了运用表演来丰富幼儿对这组民俗图的理解和感受。

活动中，我们邀请孩子们来演小黑猫与泥将军，当孩子们意识到自己所要扮演的角色时，他们就会更加仔细地观察这组画面，从而发现画中更多的细节和线索。如一个男孩在观察图片时，指着火窑对老师说：“老师，小猫一定也很害怕，火那么大，都要冲进窑洞里了！”边上一个孩子立刻应和道：“所以你看，它躲在木桶上啊，这样又能看到‘泥将军’的每一个动作，又不用担心被火烫到。”这番讨论后，教师再看孩子的表演时惊喜地发现：孩子居然还能特别注意语气语调，边说边往后躲着，非常生动！不仅如此，孩子们还自发查找了关于景德镇火窑的相关知识，主动拓展了阅读的内容。

可见，幼儿阅读民俗图的能力在戏剧表演中得到了明显提高。

4. 尝试质疑教学，鼓励幼儿发现问题

在传统教学中，教师和幼儿的对话往往呈现出比较单一的模式，几乎所有的质疑机会都赋予了教师，幼儿往往只是因被问而做出各种反应的人。这样的一种学习模式使一部分孩子学习的热情不高，注意力容易涣散。在阅读民俗绘本的研究中，我们尝试运用了“质疑教学”的指导方法，鼓励幼儿在教师发问前，先提出各自的问题，鼓励他们通过反复细致地读图来寻找共同讨论的话题，这一方法在实践中收到了非常好的效果。

阅读民俗绘本《咕噜咕噜，涮锅子》时，每一幅画面都洋溢着浓浓的民俗味，大量可阅读的民俗图跃然纸上，为此，我们邀请孩子们在完整阅读了绘本后，尝试提出自己看不懂的问题。孩子们立刻踊跃表达了各自的想法：

“老师，这个火锅的锅很好看，和我们现在的不一样，中间为什么有个烟囱呢？”

“老师，北京的火锅里面也放蛋饺的嘛，我看见了！他们还会放什么啊？”

“你们看，这一天肯定是过年，第一页的门上都贴着春联，还有年画！你们知道年画上画的是谁？”

“为什么老爷爷家门前要放一对石狮子呢？”

…………

这些发现都源于孩子认真的观察，而观察的动机就是为大家找到更多有趣的问题，可见，当孩子拥有了更大程度的自主权时，他们就能越发投入地学习了。

5. 修改画面和文字，增强图文联系

绘本是图文结合的文学作品，它之所以深受不同年龄段人们的喜欢，主要是因为任何人都能在细细阅读中寻找到自己感兴趣的画面，并从文字中读到画面里、画面外大量的文化信息，从而丰富内心体验，唤醒更多的美好情感。当然，由于绘本表达的特殊性，一些绘本中出现的图片往往和相关文字有着互相补充的作用，仅读文或者看图都无法完全领悟这个画面的内涵。对于低幼儿童来说，这的确是一种挑战。

我们在研究过程中发现，一些民俗图在阅读理解时必须借助一定的生活经验和认知基础，而幼儿对这一类的经验知识了解得并不多，为阅读理解带来了更大的难度，影响了对一些故事的整体感受。有了这一认识，我们加强了对图文关系的解析和处理，对一些重点阅读的民俗图进行了教学中的必要处理。

例如，阅读民俗绘本《小石狮》时，其中一幅图描绘了小石狮在人们心目中的重要意义。这幅图上画了一个巨大的石狮形象，但文字却描述石狮其实只有一个拳头那么大，我们意识到，对于这样的表达方式，幼儿一定无法理解并感受小石狮给予人们的巨大的精神力量。为此，我们在与幼儿共读时，大胆尝试处理了这幅民俗图的图文。我们运用 PPT 缩放功能，展现了画面中的大石狮缩小为实际大小，一个拳头般大的模样，同时将绘本后面出现的一幅老爷爷手捧石狮的画面增添到这一幅中，进一步补充画面的内容，在此基础上，我们还修改了原故事的文字，针对画面中出现的内容，将文字改得更加具体且容易被幼儿理解，最终帮助孩子们更好地阅读并理解了这幅民俗图。

再如阅读绘本《小青花》时，在描绘祖国山河的环节时，我们选用添加了大量民俗图，其中一些是极美的中国水墨画，但是对于交替出现的现实与艺术风格不同的画面，幼儿未必能在比较中感受到水墨画的诗意，反而会因此忽略对这类民俗图的关注。考虑到这一点后，我们特意在这一段师生共读时加入了文字的描述，用“祖国的山真美啊！有的……有的……还有的……看也看不够啊，看也看不够”这样的诗句串联了所有的图片。之后实践对比发现：加入这一描述的确吸引了幼儿对民俗图的关注，并增进了他们的理解与感受。

可见，增强图文联系对激发幼儿阅读民俗图的确有着非常积极的作用。

6. 设计阅读游戏，强调文化体验

游戏是孩子的天性，一直以来，我们都在努力探索着游戏化教学的各种方法，因为我们深知，以学定教才能收获最好的教学效能。因此，在开展民俗集体阅读时，我们也会积极运用设计游戏的方式，来激发幼儿解读民俗图的兴趣。

例如，阅读《从百草园到三味书屋》这篇散文题材的绘本时，我们发现，孩子们在阅读了描绘三味书屋生活的一组图片后，不仅没有理解作者对那段生活的记叙，而且还对老师的形象、学堂的生活产生了一定的质疑，分析原因后我们意识到，时代背景的不同，两个时期教育理念和教育行为有了巨大的变化，因此如何帮助孩子们理解当时儿童的学习生活，对自己将要经历的学习生活产生向往，是这个活动的重点和难点。于是，我们想到了游戏教学的策略。

在一组图片中，我们选择了一幅师爷考问学生的画面，引导幼儿细致观察。之后我们模拟当时情景加入了“背上画字猜谜”的游戏。孩子们在互相画数字、猜数字的过程中体会到了画面中三味书屋里的孩子们被老师考问的特殊心情和生动情景,更重要的是感受到了学习探索的乐趣。于是"尊师重教""三人行必有我师"等种种文化感知与认识就自然而然地渗透在了解读民俗图、阅读民俗绘本的美好过程中了。这一经历再次验证了,教学中的真游戏一定能表达幼儿对民俗图阅读的热爱与感受。

经过大量的实践探索,我们的研究渐入佳境,教师们对利用民俗绘本推进幼儿对传统文化认知的研究有了更坚定的信念,也形成了这些幼儿民俗图阅读活动的指导方法。

五、 成效与展望

(一) 研究成效

在课题研究过程中,我们不断完善《幼儿园民俗文化早期阅读课程方案》,促进了阅读习惯的养成和幼儿自主阅读能力的发展以及幼儿对民俗文化的认识,培育了幼儿的民族情感,也促进了园内教师专业素养的提升。

1. 幼儿成长

(1) 幼儿读图习惯和阅读能力逐步提高。

皮亚杰理论强调教育的目的不是增加儿童的知识,而是为儿童设置充满智慧、刺激的环境,让幼儿主动学习。我们通过各种活动激发幼儿学习民俗图阅读的兴趣,让幼儿在进行民俗图阅读活动的同时,理解、内化、转变为自己的行为,从而提高幼儿的认知阅读能力。

通过民俗图阅读活动,幼儿的倾听能力、理解能力、语言表达能力增强了,词汇量逐渐丰富,能比较规范地运用语言来表述图书内容,实现了图像符号与语言符号的成功转换。在阅读教学活动中,加强幼儿对图书画面的观察和理解。引导幼儿充分观察讨论画面内容和细节,再出示相应的书面文字;引导幼儿加强画面与文字的联系,在口头语言与书面语言之间熟练转化;引导幼儿观察图书的结构,关注图书页码,了解故事是随着页码的递进连续发展的,从而使幼儿逐渐养成逐页阅读的习惯。

在实践中,我们加强对幼儿阅读能力和阅读习惯方面的培养,经过持久的努力,现在孩子们观察画面更加细致,在倾听与自主观察画面之间也能做到协调,幼儿读图能力和习惯有了明显的进步,为今后的终身学习奠定了良好的基础。

(2) 幼儿传统文化情感和良好品格逐渐养成。

我们以“润物细无声”的方式把中华传统美德“礼、信、仁、勤、智、孝”渗入到民俗图阅读活动中去。小班的“礼”,旨在通过有趣的故事,帮助孩子养成良好的行为习惯,做个有礼貌、讲文明的好孩子;中班的“仁”,正所谓“仁者有爱”,希望通过温暖有爱的小故事,在孩子幼小的心田种下一颗仁善、友爱的种子,帮助他们成长为有爱心、懂感恩的中国儿童;大班的“智”,通过有趣的故事,帮助孩子养成勤于思考、善于解决问题的思维习惯,培养孩子遇到问题沉着冷静、不慌乱的心态。

通过课题研究,让幼儿在阅读中逐步了解中国传统文化,体验其中蕴含的最本真、最温暖的文化情感,传承和践行谦让、智慧、勇敢、孝顺的美好品德,从小掌握做人处事的基本技能,养成分享、礼孝、感恩等良好品质。

(3) 幼儿对传统民俗文化的了解和认同不断增强。

我们根据中国传统文化的内容特点,从幼儿身心发展的特点和认知规律出发,选取了当下幼儿迫切需要并易于接受的内容,让幼儿从小班到大班三年六个学期循序渐进地学习。在课题研究过程中,老师们以传统节日为契机或者结合主题活动开展了民俗图阅读教育活动,再加上幼儿园、班级丰富的民俗文化环境氛围的熏陶,孩子们不仅对中国传统民俗文化有了很大的兴趣和热情,而且也慢慢加深了对传统民俗文化的了解和认同。

我们通过读诗文、听故事、学技艺等不同形式开展丰富多彩的活动。在每一次活动后,我们都可以看到孩子们仍然对活动的内容津津乐道,在自由活动时间还会不断找出该民俗图画书翻阅;经常会有孩子在自主阅读某些民俗图画书后请求老师把故事讲给大家听,可以感受到孩子们对中国一些传统文化中人物的喜爱和认同;有小朋友因为在幼儿园接触了中国传统神话故事,在家也同样买了一套中国传统神话故事图画书;也有小朋友在睡觉前请求老师讲民俗故事;也会看到有小朋友用《仁慈的九色鹿》的故事来教育同伴要遵守诺言,做个诚实守信的人。孩子们通过阅读一些家喻户晓的民间故事如《精卫填海》《愚公移山》《女娲补天》等,增强了集体主义意识和战胜困难、坚韧不拔的勇气等。幼儿通过阅读民俗图阅读材料,在情感上产生共鸣,获得美的感受,领悟到事物中的是非、正误、美丑,知道什么是应该做的、什么是不该做的,逐步养成辨别是非的好习惯，这对于以后的道德意识、德育教育以及人格发展的养成都具有极大的意义。

2. 教师发展

我们非常注重鼓励和调动全园教师积极参与到课题研究活动和开展课例实践中去，通过"课例实践—研讨—反思—实践"的循环过程，教师课程研究与实践能力也有了很大的提高。以《老鼠嫁女》为例，我们进行民俗图阅读教学的一课三研，经过"年轻教师第一研—保教主任第二研—全体青年教师第三研"的"滚雪球"式的螺旋研讨过程，教师们对民俗图阅读教学活动的设计与组织理解更加深入，实施效果也有了大幅提升。此外，课题实践活动对教师操作行为提出了更高的要求，需要教师根据幼儿的年龄特点，将幼儿学习语言要求、阅读能力和习惯的培养等整合到民俗早期阅读活动中去。经过三年的课题实践，我们惊喜地发现，教师的课程资源整合能力，分析教材、驾驭课堂、对幼儿自主阅读的指导能力有了明显进步。

课题组成员及教师在参与民俗图阅读的实践研究过程中，在一次次的民俗图阅读教育教学案例的"实践—研讨—改进"的过程中，在搜集民俗图阅读素材、创设民俗图阅读环境的过程中，不断学习、碰撞、反思和改进，对幼儿的年龄特点的把握、对民俗图阅读的认识和指导能力、案例撰写能力等都有了很大提升。

同时，我们也非常重视教师研究思维和能力的培养，指导教师在实践中及时总结研究经验，沉淀研究成果。三年中，教师们积累了丰硕的研究成果，先后有 29 篇关于民俗阅读的经验论文发表于《浦东教育研究》《浦东教育》《当代教育家》《幼教 365》《组建课程研究联盟、深化园本课程建设》《行走在活教育的路上》等书籍和期刊上；有 13 名教师参与到与广西师范大学出版社合作编写的教参《国韵童风》(中班)项目中。从 2017 年起，幼儿园承担了区级教师继续教育培训课程"开展幼儿园民俗文化早期阅读活动的实践研究"40 课时的培训任务，每年培训来自全区的 40 名教师。2018 年 12 月，茅琴美学前工作坊"民俗文化早期阅读教育"申报成功，将在 3 年内带教来自浦东新区的 15 位优秀青年教师……这些成果既是教师们成长的见证，同时也为他们进一步投身于幼儿园科研工作注入了新的动力。

3. 园本课程建设

作为陈鹤琴"活教育"思想研究基地园，我园一直致力于"活教育"园本课程的开发与实践，通过持久的课题研究与实践，我园的园本课程得到不断的补充和完善，为我园民俗文化早期阅读课程实施提供了参考和指导。近三年来，我们以民俗图阅读的研究为切入点，对民俗图阅读的实施途径、组织和指导方法等进行了深入的研究与实践，进一步深化了园本课程的研究与实践，凸显了我园园本课程特色。

立足课程，关注幼儿发展，让幼儿在民俗图阅读的世界里游戏、吟唱、表达，以多样的途径和丰富的手段帮助幼儿领悟民俗图阅读所传达的语境、心境，感受民俗图阅读带来的童心、童趣、童味，并将民俗图阅读活动渗透环境、生活、运动、学习、游戏等不同教育领域，从而促进幼儿生活能力、品德养成、认知阅读、民俗情趣等方面的发展。

(二) 研究展望

1. 幼儿兴趣和能力的关系

民俗图阅读活动目前以研究教学活动为主，且主要在日常生活中培养和改善幼儿的前阅读、前识字和前书写的能力或技能。这些改善均需要关注孩子的主观感受与兴趣，这也是今后民俗图阅读活动还需进一步着力研究的方向，即在充分满足幼儿兴趣和需求的基础上，增强幼儿策略使用的意识和敏感性，发展基本的观察、思维以及讲述的技能。最终在民俗图阅读中，使幼儿萌生并稳固兴趣，获得情感的丰富、语言的发展、思维的碰撞以及学习品质的优化，以达到兴趣和能力的统一。

2. 教师传承和创新的关系

课程深入有效的实施有赖于教师较强的业务水平和实践能力，而我园年轻教师较多，青年教师们不管是对园本课程的理解能力，还是具体的课程实施能力，都有待进一步提升。如何优化教师专业，深度理解幼儿教育以及对象的特殊性，以合适的方式与孩子进行有质量的互动，这是我们需要思考的问题。总之，教师在传承和创新民俗图阅读的教学上缺少方法和经验，在师幼互动、有效支持策略方面需要在下一课题中进行深入研究。

六、结语

经过一个阶段的研究，课题研究团队、一线教师在激情投入与实践打磨中获得了专业成长，更令人欣喜的是民俗图阅读的实践研究使孩子们的自信心、想象力、情感体验以及语言组织能力、逻辑表达能力得到了发展。然而，这项研究实践时间还不够长，还有很多问题值得深入探究，我们期望得到更多幼教工作者的指导与支持，使课题研究的质量不断提升，也期望这项研究的成果能在一定层面上得以推广、应用。

参考文献：

1. 江岚.从五省市课程文本中的故事材料看我国幼儿园课程的文化倾向[J].幼儿教育(教育科学)，2008(1)，4—9.

2. 李林慧.早期阅读教育活动中的师幼互动分析——浅谈教育活动评价计分系统(CLASS)的运用[J].幼儿教育(教育教学)，2010(10)：24—26.

3. 刘宝根.早期阅读活动的组织策略[J].幼儿教育(教育教学)，2010(10)：22—23.

4. 辛宏伟.早期阅读活动中教师的互动反馈策略[J].幼儿教育(教育教学)，2010(10)：20—21.

5. 张明红.精加工策略在幼儿园早期阅读中的运用[D].华东师范大学，2006.

6. 朱家雄.国际视野下的学前教育[M].上海：华东师范大学出版社，2007.

7. 周兢.早期阅读发展与教育研究[M].北京：教育科学出版社，2007.

8. 周兢.幼儿园早期阅读教育研究的新进展——由汉语儿童早期阅读研究反思早期阅读教育问题[J].幼儿教育(教育科学)，2009(12)：14—18.

9. 周兢.关于幼儿园早期阅读教育活动的思考[J].幼儿教育(教育教学)，2009(12)：15—17.

10. 周兢.幼儿园早期阅读课程[M].南京：南京师范大学出版社，2009.

11. 朱家雄，裴小倩.变化的社会文化，变化的幼儿教育[J].幼儿教育，2004(1)：6—7.

12. 秦强.幼儿园绘本教学研究——以上海市三所幼儿园为例[D].上海师范大学，2013.

13. 赵海燕.学前教育民俗文化课程研究[D].西南大学，2012(2).

14. 赵海燕，徐跃东.学前教育民俗文化课程的内涵、价值及内容选择[J].黑龙江民族丛刊，2015.

15. 张卫民，曾虹，詹霞.基于民俗文化传承的幼儿园环境创设[J].学期教育研究，2011(6).

16. 葛晓英.本土文化教育园本课程的建构与探索[J].学前教育研究，2011(9).

17. 李永婷.民俗文化的教育价值研究[D].山东师范大学，2014.

18. 李宪勇.学前教育民俗文化课程资源的开发与利用[J].山东英才学院学报，2013(1).

“读之悟”经验篇

《开展幼儿民俗图阅读活动的实践研究》文献综述

茅琴美

学前阶段是幼儿获得阅读能力的关键期，优秀民俗图、图符和图画书具有的图文并重、相辅共存的故事架构方式，非常符合学前儿童阅读，其高度的文学性和艺术性，对培养孩子的观察、想象、创造和情感态度等，有着潜移默化的影响。在学前阶段早期阅读教育实践中，我们除了以阅读为载体帮助幼儿获得认知、情感等方面的发展外，更重要的是发展幼儿的阅读能力。因此，我园进行“开展幼儿民俗图阅读活动的实践研究”的课题研究，来实现早期阅读活动与传统民俗文化教育的有效对接。

一、开展民俗图阅读活动是幼儿园传统民俗文化教育的突破

(一) 实施传统民俗文化教育的重要意义和实践价值

习近平同志说过：“博大精深的中华优秀传统文化是我们在世界文化激荡中站稳脚跟的根基”“……我们应该学古诗文经典，把中华民族优秀传统文化不断传承下去。”中国传统文化源远流长，民俗图、图符、图画书里面蕴含了丰富的哲理，是取不竭、用不尽的宝藏。我们可以用孩子乐于接受的形式与孩子分享，在故事中发展幼儿独立、自主的性格，了解一些粗浅道理，学做人，学做现代中国人，从而增强幼儿的民族认同感、民族自豪感。

（二）幼儿园传统民俗文化教育的主要内容和途径具有局限性

纵观最近几年国内研究的动态，我们发现，有许多幼儿园和相关机构开展了幼儿民俗文化教育活动的研究，也取得了一些成果，但大多集中在主题活动、环境创设、节日活动、家园互动等方面，鲜有以阅读素材为内容载体，以阅读活动为主要途径的传统民俗文化教育。通过运用中国国家知识基础设施（简称中国知网）的学术趋势功能，我们对相关研究进行了检索，发现以幼儿园开展民俗教育研究的学术论文比较多，而以民俗图阅读研究活动发表的学术论文几乎没有，而且关于幼儿早期阅读的研究点多集中在绘本阅读和图画书阅读上面，民俗和图阅读相结合的研究资料几乎找不到。从这个意义上讲，基于本土文化开展幼儿民俗图阅读活动的研究具有前瞻性。

（三）实现民俗教育活动和图阅读活动融合的研究带来的挑战

民俗教育活动和图阅读活动融合的研究能从弘扬民族文化的角度进一步丰富幼儿园早期阅读课程研究，但也给我们带来了挑战。在本课题研究中，我们将深入探讨以下三个方面：一是通过文献研究梳理出幼儿园民俗图阅读活动的目标、实施途径、组织方法和策略以及师幼互动的相关理论依据，在行动研究中对这些理论进行实践转化，在实践中不断演绎和创新，最终形成有效的实践策略和经验；二是加强对教师的民俗图画书、图片、图符等解读分析的能力，开展早期阅读教学活动的设计组织能力等的相关培训，提高教师的早期阅读教育教学能力以及亲子共读指导能力；三是参照幼儿早期阅读能力发展的关键经验指标，在行动研究中探索幼儿民俗图阅读能力发展的评价指标等。这些都需要在未来的研究中予以解决。

通过文献分析，我们发现目前关于幼儿早期阅读教育的研究比较丰富，也取得了比较成熟的研究成果。我们深刻认识到，选择适宜的早期阅读内容和阅读素材，并给予适宜的支持和指导，对幼儿的阅读兴趣与习惯的培养、阅读理解能力的发展具有十分重要的意义。同时关于早期阅读的研究经验和成果，也将成为我园选择适宜的民俗图阅读资源、组织开展幼儿民俗图阅读活动的方法论基础。

二、开展幼儿民俗图阅读活动研究与实践的可行性分析

（一）图画、图符、书籍等成为传统民俗文化传承的重要载体之一

幼儿民俗图阅读活动是通过大量的以中国传统民俗文化内容或元素，或中

国特有的图案、图符、图画资源为主要内容的阅读，引导幼儿感受同样的情感表达、心理变化，凸显民俗文化的适宜性，让孩子享受阅读的同时，获得更多的中国优秀传统文化的滋养。学前阶段是幼儿获得阅读能力的关键期，优秀民俗图、图符和图画书对培养孩子的观察、想象、创造和情感态度等，有着潜移默化的影响。因此，阅读、欣赏等已经是我们认识、了解、学习中国传统民俗文化的重要途径之一。

(二) 存在大量适合幼儿阅读的相关民俗图资源

民俗图阅读活动对幼儿来说，就是一个与图片沟通、对话、交流的过程，是调动自己已有的知识经验理解图片故事并从中获取信息丰富自己体验的过程，也是一个看图、读图、理解图、讲述图的过程。我们的生活中充满了各种传统民俗图符、图画、图画书资源，如在民间艺术纹样中，我们常常看到某一纹样，如回纹、如意纹、龙纹等有规律的重复，这样的重复带来一种秩序感和空间感，使人产生审美愉悦。又如常见的吉祥符号、喜字符号、传统年画、中国绘本等，使人感受到中国特有的民俗文化的存在。在民俗图阅读资源的搜索和分析中，我们也发现了一大批适合幼儿园孩子阅读和欣赏的富含传统民俗元素的图画书资源，如《中国传统节日故事》《绘本中华故事》《最美童年：最经典中国民间故事》等系列。基于此，我们认为民俗图阅读活动可以成为我园进行传统民俗文化教育的重要载体，拟通过开展民俗图阅读活动来促进幼儿阅读兴趣与社会性情感的发展。

三、 基于早期阅读活动开展民俗图阅读研究的实践价值

(一) 早期阅读活动对幼儿的认知和发展具有重要促进意义

幼儿阶段是一个人社会性、情感、人格形成的重要时期，《幼儿园教育指导纲要(试行)》中这样描述有关幼儿社会领域的发展目标：“爱父母长辈、老师和同伴，爱集体、爱家乡、爱祖国。”开展民俗图阅读活动，我们可以帮助儿童获得图画、图符、图画书中所传递的价值，促进儿童社会性、情感、人格等方面的成长，让孩子感受中国传统文化，了解中国风土人情，懂得一些基本道理。

(二) 幼儿早期阅读的年龄特点与核心经验为民俗图阅读资源的筛选提供了参考

华东师范大学学前教育与特殊教育学院周兢教授指出，在幼儿园一日活动中，幼儿可以在图画书中学习阅读，在游戏活动中学习阅读，在生活中学习阅读，阅读活动融入幼儿课程学习的各个环节。与此同时，研究也已经证明，图画书阅读是幼儿园早期阅读教育活动的主要内容，是专门的早期阅读教育活动的重要载体。我们研究的幼儿民俗图阅读活动是兼容“前阅读”和“表达”的一种特殊语言艺术活动。因此，根据幼儿的年龄特点选择高质量的幼儿园早期阅读资源，为幼儿提供与图画书书面语言信息进行充分互动的环境，使他们有机会对在日常生活中获得的零碎阅读经验进行提炼和深化，产生对汉语书面语言信息的敏感性，并逐步理解书面语言规则，是幼儿园专门的早期阅读教育的主要内容。

我园在前期研究成果，即构建幼儿民俗文化早期阅读课程的实践研究过程中，选择了大量的富含中国传统民俗文化、适合幼儿阅读的图符、图画和图画书，并对传统节日、神话故事、民间传说、生活故事、传统国粹等进行了系统的梳理，并且我们根据内容以及适应的年龄段将民俗图画有机融入小中大班相应的主题学习中。这些以往课题研究阅读内容的选择和编排为我园开展幼儿民俗图阅读活动的实践研究提供了丰富的资源基础。

已有的这些研究让我们对幼儿园早期阅读教育理论和实践有了更科学、深刻的认识，也为我们开展民俗图阅读实践提供了有益的借鉴和启发。但是，我们仍需要结合我园民俗文化教育的要求，基于自身民俗文化早期阅读课程资源以及我园教师、幼儿等特有的基础和条件，在实践中检查、验证这些理论，并通过进一步拓展梳理民俗图阅读活动的素材，不断探索、研究和总结有效的民俗图阅读教育途径和方法策略，将之有效地转化为民俗图阅读教育实践。

如何在阅读教学中规范教学用语

——以大班民俗图阅读教学实践为例

胡　晓

规范是明文规定或约定俗成的标准，是一种指引和约束。规范用语包括教师的言语、动作和表情所表达的意义。民俗阅读教学中的教师规范用语是在幼儿园民俗阅读集体教学活动这一特定的语境下，教师针对幼儿所出现的问题，进行有意向的言语反应。我们以民俗图阅读教学实践为例，分析教师规范用语的常见问题，总结教师在用语规范方面的经验，以期促进教学的有效性。

一、 教学中规范用语的常见问题

(一) 提问用语不当，教学环节拖沓

教学目标是教师组织教学用语的核心，可以说教师用语中涉及的语言、动作、表情等都是为完成教学目标服务的。因此，教师在落实教学目标的施教过程中要有效组织自己的每一句教学用语。

如在《仁慈的九色鹿》教学实践中，教师所预设的通过解读画面猜测猎人的工作的提问："这人是谁？猎人是干什么的"？"这人是谁"的提问过于宽泛，造成幼儿的回答五花八门，教师出现跟随幼儿话语的问题，偏离教学目标预设，造成教学环节拖沓。

教学中，执教教师预设了对图片中“猎人”的关键提问，也在施教的环节中随机增加了辅助性的相关提问，并注意了提问的由浅入深，循序渐进地引导幼儿回答，即教师在教学预设和施教的过程中，能够设计出对应教学目标和教学重难点的“问题链”，为幼儿回答问题提供了适宜的语言“支架”。但是，教师在预设问题时，对幼儿的回应缺乏足够的思考，出现教师对幼儿的现场回应不缜密的问题，表现为“收不回来”或者“不知怎么办”的用语不当问题。活动过程中，师幼互动实录如下。

师：这人是谁？

幼：后羿。

师：还有谁有不同的想法？

幼：古代的人。

…………

教学现场，教师围绕幼儿的回答，始终没能及时引向教学所需的内容，即讲述“这是猎人，他是在森林里靠抓小动物谋生的”。教师对教学中幼儿语不达意的现象视而不见，并没有进一步对幼儿的回答进行有效的梳理。因此，教师在执教的环节中要对自己所要讲述的内容，和希望幼儿能够表达的内容十分明确，如果遇到幼儿有不理解的内容或表述有问题时，就要赶紧“叫停”，重新梳理幼儿对问题等关键内容的理解，以帮助幼儿弄清教师语句中的意义，进一步落实教学目标。

其二，教学提问用语要紧紧围绕教学环节中的教育价值有重点地推进。如“老鼠嫁女”活动，教师结合大班“动物大世界”主题活动，将《老鼠嫁女》的民俗故事有意识地渗透其中，让幼儿在阅读中感受中国语言之美，体味中国彩绘艺术之美。教师通过深入解读绘本，挖掘教材的价值点，巧妙地寻找到了切入点，抓住了绘本中心思想及其精髓，设计了活动目标：①理解故事，了解民间婚礼的风俗习惯。②体会人人都有长处与短处，愿意欣赏别人的优点。围绕教学目标，教师开始教学实践。活动中的教师提问用语如下。

师：这么漂亮的是谁呀？她坐着轿子有可能干什么去？

幼1：是新娘子，是漂亮的老鼠新娘，是坐着轿子结婚的新娘子。

幼2：老鼠新娘要结婚啦……

这时教师预设的嫁娶场景和热闹的鞭炮声，一下子就调动了幼儿观察的兴趣，幼儿自由地畅谈对封面的感觉，展开丰富的联想。教师的提问让幼儿猜想故事情节、观察绘本中特征鲜明的人物及其表情，引导幼儿去挖掘它们背后蕴藏的教育意义。接下来的提问让幼儿了解故事内容，知道故事进程。

师：老鼠村长要把女儿嫁给一个怎样的人？

幼：厉害的人。

师：故事里怎么说的？

幼：神气的人。

师：怎样才算是神气？神气的样子是怎样的？

幼 1：力气大的人。

幼 2：长得大的。

幼 3：有本领的。

幼 4：像爸爸一样的。

师：有力气、高大、有本领，和爸爸一样帅气的都是神气的。老鼠爸爸遇到了谁？结果怎样？

幼 1：墙。

幼 2：风。

幼 3：遇到了云。

师：是啊，墙、云、风都有各自的本领。你们有自己最强的地方吗？

幼 1：我吃饭好。

幼 2：我会画大老虎，还会画很多很多的小动物。

幼 3：我耳朵很灵的，老师说的话我都能听到。

幼儿根据教师的提问能大胆地结合自己的生活经验表达自己对问题的理解和想法，表述自己的理由，较好地完成了教学目标二。教师根据幼儿的回答不断接续完成教学目标所需的语言，进行提炼和挖掘。

师：如果你是老鼠村长，你要选什么样的女婿？

幼 1：我要选本领大的做女婿。

幼 2：我要选不怕猫、胆量大、能够保护老鼠新娘的女婿。

师：你要是新娘，你要找怎样的新郎？

幼 1：我要找一个比太阳、比风都强大的做新郎。

幼 2:我要找一个比爸爸还要强大的人做新郎,我不找风,不找太阳,也不找墙。

幼 3:我的本领很多,我会画画、会做手工、会帮助爸爸妈妈做家务。

师:除了夸自己,还可以夸夸身边的好朋友。

幼 5:费费的强项是在妈妈做饼干的时候,帮助妈妈在饼干上装饰花样。

活动中,教师的每一次提问与回应,不断提升幼儿对长处和短处的认识,在积极有效的语言互动中,让幼儿真正理解每个人都有自己的长处和短处,激发了幼儿取长补短、互相帮助、不断让自己更强大的情感。优质的教学活动应该是教师在精心预设提问时,更要充分预设好回应,善于挖掘幼儿的回答用语中的契机,不断规范教学用语,帮助幼儿提升已有经验,进而再抛出提问。活动中,教师对目标二的执行力很到位。教师通过预设的问题,不但使幼儿充分理解了故事中人人都有长处与短处,学会欣赏周围的人,善于发现别人身上的长处,而且还让幼儿结合生活经验举例加以表述每个人的长处与短处,愿意欣赏别人的优点。第二条目标在教师自然而然的言语中达成了。但对于目标一"理解故事,了解民间婚礼的风俗习惯"则出现了偏离,没有完全落实到位,幼儿只是了解了坐花轿、吹唢呐、有新娘子就是结婚。因此,这时就需要教师进行反思,一方面适时调整教学目标,另一方面对教学中的教师用语进行重新梳理,进一步挖掘中国嫁娶等民俗的拓展。我觉得可以将目标调整为:根据故事情节,了解老鼠村长挑选女婿的过程。

提问和回应的用语是促进师幼互动有效性的重要方法之一,我们要紧扣教学目标,要考虑目标的达成度,以及考虑如何充分发挥和调动幼儿的内因作用,有目的地引导和鼓励幼儿发现问题、提出问题、解决问题,进一步提高师幼言语互动的有效性。

(二) 过渡用语过多,教学价值游离

在教学过程中,教师在教授新的教学内容之前,有目的、有计划地使用一些教学用语,起到承上启下、自然过渡的作用。也称为过渡语言。由于教师在执教的过程中对每个幼儿的教学现场反应常常了解不足,会出现过渡语重复、绕圈子、遗漏等情况,造成教学价值游离、教学节奏失控的情况。我们所说的教学过渡语是在教学各环节间起到穿针引线作用的规范用语,也包括提

醒幼儿注意、激发幼儿思维的规范用语，还有为引发幼儿的探索意识而使用的规范用语。

在“三个小和尚”的第一次教学中，教师从共同阅读到自主阅读的过渡用语过多，造成幼儿自主阅读需要解决问题的时间过长，教学价值游离。“三个小和尚”第二个环节的共同阅读前，教师预设了一系列引导幼儿进行自主阅读的提问，通过这些提问体现教师的主导作用。

师：你能看懂后面发生了什么吗？过了几天，谁来了？又发生了什么事情？高和尚把水喝完了以后，他是怎么做的？一个和尚挑水喝，是很辛苦很孤单的，后来他们是怎么做的？两个人是怎么去抬水的？为什么要换位置？

我们观察发现，12 个幼儿在共同阅读中都使用逐页阅读的方法进行阅读。对教师在过渡到自主阅读前所提出的 7 个阅读问题，有 5 个幼儿能做到选择其中的 1～2 个问题，再次进行细致阅读。有 5 个幼儿在阅读完一遍后就开始表达自己对后半段故事的理解和认识。

我们认为，教师采用提问题的方法将共同阅读向自主阅读过渡，目的是想引导幼儿有目的地观察画面，再让幼儿根据画面传递的信息预测读本内容的发展，接着展示下一页，证实幼儿的预测，并继续观察故事的发展。用问题来过渡，从教师的角度来看可以增强故事的连贯性，让幼儿不仅关注到画面，还注意到了页与页之间的关联。另外，执教教师在活动前认真分析了绘本主线，即一个和尚不愿意挑水，两个和尚抬水出现矛盾，以及三个和尚谁都不愿意挑水的线索。于是，教师设计“谁来了？他在干吗？他为什么不愿意挑水？”等和绘本情节发展有关联的问题。其目的在于引导幼儿观察绘本画面的细节，并根据线索进行猜想。但是，在教学现场的幼儿并没有按照教师的指令进行有序阅读。教师为了完成一个又一个的问题，在高控的教学节奏中反复让幼儿多次阅读，出现了为了回答问题而阅读的情况。在此过程中，教师的过渡语过多，没能有效落实教学目标。

(三) 小结用语缺乏逻辑性

教师的任务之一是传授各种知识，培养幼儿全面的素质。教师用语不仅要体现学科的严谨性，还要体现思维的逻辑性。阅读活动虽然属于语言领域，但十分注重环节间的小结，尤其是上下环节间小结的递进性和逻辑性。以“粽子里的故事"民俗教学活动为例,一部分师幼互动实录如下。

师:谁来了?它会对老奶奶说什么?

幼1:兔子。

幼2:老奶奶好。

幼3:小兔子来了。

幼4:说奶奶。

师:小兔子会对老奶奶说什么?

幼5:老奶奶好。

幼6:一起玩吧!

教师根据预设的教学目标"尝试说说老奶奶不会说话后发生的故事"来设计关键问题。例如,你看到了什么?谁吃到了粽子?小松鼠、小狐狸吃了老奶奶的粽子后,会讲故事了吗?它们为什么都不会?

虽然,教师分析出了关键问点,也在教学环节中设计了相关的提问,并注意了提问的由浅入深,循序渐进,以及问题对教学目标和教学重难点的辅助关系,构成了一个指向明确的"问题链",为幼儿提供了适宜的"支架"。但是,教师在实施教学活动的过程中,对幼儿的回答出现"复述""跟随"等现象,造成每个小结都缺乏逻辑性的问题。

教学实践中,我们发现幼儿教师在实施教学的过程中,存在诸多规范用语不当、随意、泛化等不规范的问题。我们认为,规范用语不仅仅是指教学中师幼简单的问答和对话形式,更体现教师的教育观、儿童观和世界观,是基于共同话题的思维碰撞、语言交流的师幼对话的正确模式。教师规范用语的过程体现的不仅是知识的传授,更有师幼间的民主、平等、公平的交流合作关系,以及对幼儿获得知识、发展能力的引导。教师规范用语的目的在于推动教学目标的达成,关注幼儿在活动中的言行态度、情感需求,并通过适宜的语言对其进行调整。

二、对教学中规范用语的建议

(一)规范用语要注意激励性

科尔伯格认为,前习俗道德期的儿童(4～10岁)处于外在控制时期。其理论使我们认识到要关注阅读提问对幼儿行为结果的暗示作用,特别是教师肯定幼儿的反馈性语言需要进一步丰富。教师要尽量结合民俗绘本中的教学情景，使用适宜的激励性语言，激发幼儿和教师产生类似的共鸣，加深幼儿对教学内容的理解，培养他们良好的自信心。

(二) 规范用语要注意情境性

教师教学是一种语言的交流过程。教师的教学用语不仅要做到言简意赅，清晰明确，生动形象，重点突出，更要注意教学用语是否符合活动的情境特征。教师要站在幼儿的角度，对能引发幼儿进行可持续活动的言语行为加以关注和引导，激发幼儿有效地投入活动。

(三) 规范用语要注意灵活性

语言教学中，教师要创设一个能使幼儿想说、敢说、能说和会说，并能得到积极支持和应答的语言环境。另外，每个幼儿成长的环境和条件是不一样的，当幼儿对教师的用语做出有偏差的解读时，教师就要机智地调整自己的表达，让更多的幼儿了解教师的意图，更好地落实教学目标。

(四) 规范用语要注意可理解性

语言学家克拉申曾指出，教师提供给幼儿的语言信息应该在幼儿的"最近发展区"内，既要高于幼儿已有的语言发展水平，又必须是幼儿所能理解的言语信息。教师的教学是通过语言来逐渐落实的，有的教师会使用诸如"这个""那个"之类的代词来提问，结果幼儿不能理解教师问题中的"这个""那个"到底是什么意思，会出现答非所问的现象。因此，教师的教学用语要符合幼儿可理解的范围，超出幼儿理解水平的语言是没有意义的。

三、结语

在学前阶段的阅读教学实践中，教师的规范用语不仅对活动目标的达成有重要影响，而且直接影响幼儿言语表达和思维的发展。

教师面对幼儿天马行空、精彩纷呈的发言，要学着围绕教学目标，学会现场判断和取舍，削枝强干，对幼儿的不同回答采用不同的回应言语，体现师幼互动的质量和价值。这要求教师在活动前要对幼儿有充分的了解，在活动中充分预设；另一方面，教师要意识到幼儿是一个独立的个体，充满智慧和发展的潜能。教师要在尊重幼儿的儿童观、教育观的作用下，建立“规范用语”的教学意识，在一种宽松、民主、愉快的学习氛围中进行教学，促进师幼互动的有效性。

思维导图在民俗图阅读教学中的有效应用

黄　伦

民俗图阅读活动正如火如荼地在我园开展，如何才能引导幼儿深入阅读，理解民俗故事，从中培养幼儿的思维能力？幼儿对民俗绘本画面中所包含的信息是否能够感知并观察，从中提取自己所需的信息？在“黄敏君学前教育名师基地”培训期间，我接触到一个指导阅读活动的“神器”——思维导图，于是我将它拿来运用于我园的民俗图阅读教学中，通过一段时间的探究和尝试，我发现相对于常规的阅读教学方式，思维导图更能将思维可视化，帮助幼儿理解故事图式。使用思维导图的教学方式能明显提高幼儿阅读故事的完整性，有利于提升幼儿对故事的专注力以及重构后续故事内容的能力；有利于幼儿民俗图阅读的综合能力的提升。

思维导图是风靡全球的思维工具，概括来说，思维导图就是起始于一个中心概念，以关键词和关键图像为中心触发点，朝着多个方向同时思考，大脑通过人的感官在图像、颜色、关键词和思想之间为创建联系而工作。本文结合一些案例来阐述思维导图在我园的民俗图阅读实践教学中是如何做到让“小图形”发挥出“大作用”来的。

一、思维导图将思维可视化，帮助幼儿展开想象的翅膀

思维导图最基本的模式是气泡图，气泡图能保证孩子思考的自由度和有效

性，不仅能让孩子的思维尽可能发散，还随时提醒他们一个规则——所有发散的气泡都需要和中心点相关。

我们以民俗绘本《盲人摸象》为例，这个民间故事的概要是，从前有四个盲人很想知道大象是什么样子，可他们看不见，只好用手摸。胖盲人先摸到了大象的牙齿。他说："我知道了，大象就像一个又大、又粗、又光滑的大萝卜。"高个子盲人摸到的是大象的耳朵。"不对，不对，大象明明是一把大蒲扇嘛！"他大叫起来。"你们净瞎说，大象只是根大柱子。"原来矮个子盲人摸到了大象的腿。而那位年老的盲人却嘟囔："唉，大象哪有那么大，它只不过是一根草绳。"原来他摸到的是大象的尾巴。四个盲人争吵不休，都说自己摸到的才是大象真正的样子。而实际上呢？他们一个也没说对。在最初的设计中，我们想通过"东南西北"的小玩具来代替思维导图，将四个盲人摸象的猜测结果通过游戏的形式进行记录，实践后发现，"东南西北"由于起始方向的不同，会产生不同的结果，孩子容易混淆。在课题组的共同研讨中，我们对思维导图进行了进一步的解读，发现单气泡图可以将相关的线索一一列举出来，通过孩子喜欢的画画形式记录，是孩子可以接受的一种方法。最后我们决定用思维导图，并确定选用最简单的单气泡图，用方便幼儿操作的便利贴来记录。

单气泡图记录的是和研究目标相关的线索信息，不一定要将过程记录下来，所以，孩子在活动中的学习重点就落在了观察、寻找与研究目标相关的信息，并运用单气泡图进行记录。

于是，我们的民俗图阅读的集体教学活动从问题"你看到的大象长得什么样"展开，在导入环节，教师出示了一幅气泡图，中心圆画有"大象"的图片，许多空白圆分散在中心圆的四周。然后请小朋友们根据已有的生活经验说出自己的想法：说到大象的耳朵，孩子们各有各的想象——"扇子""芭蕉叶""手掌"……说到大象的大腿，孩子们则有了"树干""柱子""烟囱"……的想象；当说到大象的尾巴时，有的说像辫子，有的说像绳子，还有的说像鞭子……当说到大象的牙齿时，不得不佩服孩子们的想象力——"像萝卜""像月亮""弯弯的尖刀"……各种想法层出不穷！于是，老师根据孩子们的想法，用简笔画的方式迅速地在旁边的空白圆里画出来，直观形象地给孩子们展示大象所具有的一些显著特征，为后面这个民间故事的展开埋下伏笔。（见图 1）

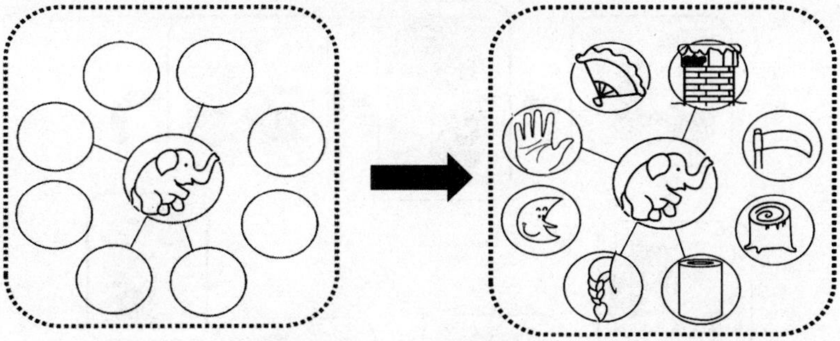

图1　气泡图

整理气泡图的环节加深了幼儿对民俗绘本《盲人摸象》故事内容的理解，明白了为什么四个盲人会对大象有种种不同的猜测，因为他们只摸到了大象的部分，而没有摸到全部。幼儿通过气泡图的记录方式，更加清晰地梳理出绘本的内容，理解了内在的含义。

二、 使用思维导图，有利于引导幼儿更为完整地理解民俗故事

气泡图可以帮助幼儿发散思维进行想象，流程图则解决了幼儿逻辑性的问题，它能够清楚地向孩子解释一个事件发生的前后顺序，如事情发生的时间、过程、步骤等，其中一个方框表示事情发展中的一个步骤，很多复杂烦琐的事情，通过一张简单的流程图化繁为简，正所谓"千言万语不如一张图"。流程图的呈现方式有直线型流程图、环状流程图、树状流程图几种。

我以民俗绘本《老鼠嫁女》为例，谈一谈环状流程图是如何发挥其有效价值的。这个民俗绘本故事取材于中国民间传说童谣，讲述了一只糊涂的鼠爸爸想嫁女儿，它决定谁最神气就把女儿嫁给谁的故事。它依次访问了太阳、乌云、大风、高墙和老鼠，每一次对话都让人觉得又可笑又可气。它浑然不知老鼠的天敌就是猫，竟然认为猫最神气，最后吹吹打打，把女儿送入了猫口。这本书文字简洁明了，图画形象生动，易于理解。一打开书，扑面而来的是浓浓的民俗风，能让孩子感受到中国人红红火火的传统嫁娶习俗。由于这个故事涉及的角色较多，角色之间的关系错综复杂，后一个角色与前一个角色有着必然的逻辑联系，所以巧妙地从中提取线索，运用环形流程图能把事情交代得很清楚。

整个故事的过程用思维导图的环形流程图的形式展现出来，孩子们一目了

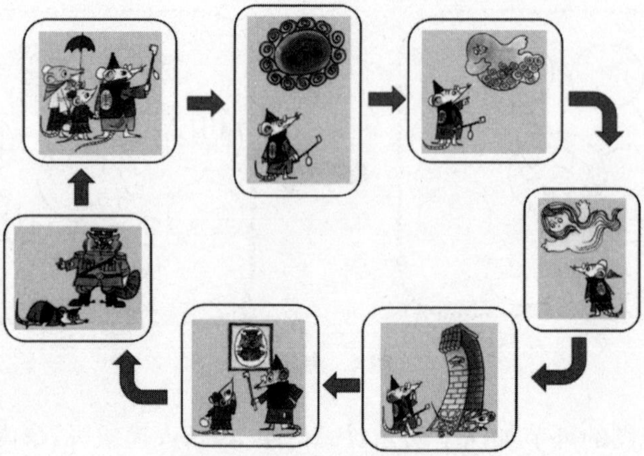

图 2　老鼠嫁女故事流程图

然，整体性非常强，而且各个角色之间的逻辑关系通过思维导图箭头符号的连接而变得异常紧凑，达到了物尽其用的效果。（见图 2）

三、 使用思维导图，有利于幼儿将思维可视化后进行协作和交流

以《国韵童风》一书中班下学期的“端午习俗”为例。端午节是中国六大民俗节日之一，因为是每年农历五月初五，所以又称为端阳节、五月节、五日节。民间庆祝节日的活动多种多样，赛龙舟、吃粽子、喝雄黄酒、挂艾草、系五彩丝、玩斗草等都是。我们旨在通过集体教学活动“端午习俗大搜罗”，让幼儿了解端午节的风俗和来历，感受端午节丰富的文化内涵；在各种活动中萌发对中国传统文化的兴趣，建立初步的民族自豪感。中班下学期的幼儿已有初步的合作交往能力，但是合作的经验和方法有待提升，所以想通过这个集体教学活动，让幼儿在已有经验的基础上，尝试和同伴一起完成任务，体会合作的快乐。

在活动之前，幼儿已有了一些初步的有关端午习俗的经验。比如，在个别化活动中，表演区有“端午节，划龙舟”的角色头饰、服装和道具；在语言区提供了端午节的相关图书；益智区提供了相关端午节习俗的拼图，如赛龙舟、做香囊、包粽子、斗草、挂艾草等，让幼儿在拼拼贴贴中感受中国传统节日的热闹与精彩；我们在手工区提供了彩纸，让幼儿根据步骤折彩纸粽子、龙船等；鼓励家长和孩子一起收集有关端午节风俗的图片、资料，向孩子讲述端午节的来历和风俗，并且和孩子一起完成端午习俗调查小问卷；布置了“端午节”的主题墙，有赛龙舟的热闹画面、端午节的元素（艾草、雄黄酒、香囊等），还有亲亲热热一家人包粽子、品尝粽子的照片等。

"万事俱备，只欠东风"，在此基础上开展的集体活动顺理成章地开始了……我们把"小组合作完成'端午习俗大搜罗'的气泡图"放在了第三环节。教师为每组提供了有关端午节习俗的空白气泡图、便利贴、彩笔等。合作前，教师提出要求：三人一组，先交流再协作，把端午习俗画下来贴在气泡里，看哪组贴得多，而且不重复。于是，孩子们忙开了……（见图 3）

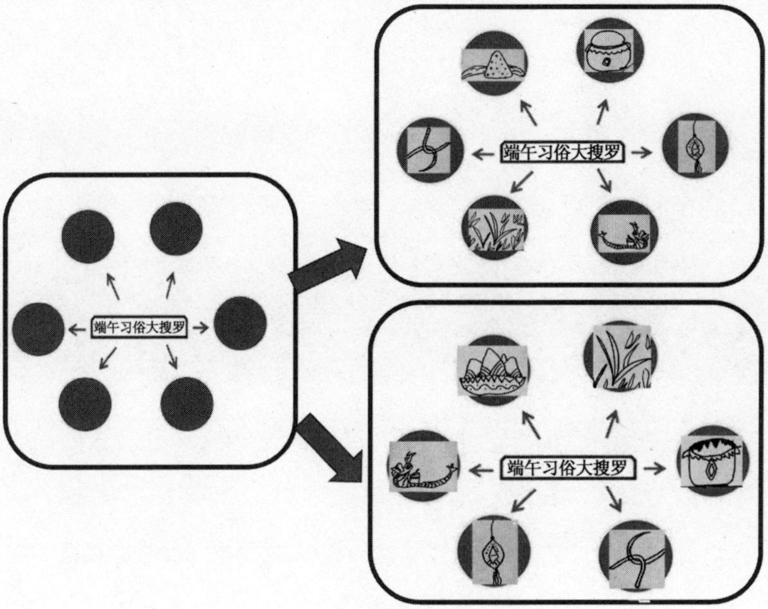

图 3　端午习俗大搜罗

由于孩子们前期已经积累了一定的经验，所以和同伴交流的时候就有话可说，有章可循，同时有了"画得不重复"的要求，他们在小组完成气泡图时既有分工，又有合作。有了思维导图呈现的直观化，他们对合作朋友已完成的作品一目了然，避免了重复的问题，大大地提高了协作的效率，提升了合作的效果。

其实，在思维导图的运用中，我们还可以鼓励幼儿用气泡图或流程图把自己理解的故事的情节、线索画下来，画的过程其实就是幼儿理顺自己的思路，从而更好地了解故事本身及其含义的过程。

虽然思维导图本身是从国外引入的，但是运用于民俗图阅读一样让我们得心应手。通过思维导图法带领幼儿参与民俗图阅读，我们真切地感受到一种像与绘本作者面对面交流的快乐！它不仅能够帮助孩子们更好地消化、理解图画书，而且还能够帮助他们进行多角度的思维训练，学会如何自我学习。

我们对思维导图法的尝试才刚刚开始，如何在我园探索的民俗图阅读集体教学活动中运用得游刃有余，我们还在不断前行的路上……

浅谈民俗绘本教学中教师的有效提问

——以中班民俗绘本阅读活动“桃园三结义”为例

王晓红

民俗绘本以图画作为载体，讲述着中华民族传统文化中那些最有神韵和活力、经久不衰的故事。为了幼儿能在阅读的过程中了解中国传统民俗文化，自我园开展民俗图阅读课题研究以来，我们就一直致力于对民俗绘本集体教学活动的研究。几年来，我们以民俗绘本阅读活动中的提问设计与实施作为切入点开展实践研究，引导幼儿主动从多角度、多方位思考问题，让幼儿真正地爱上阅读。在开展民俗绘本集体教学实践的过程中，我们发现提问存在几个误区，如提问过于频繁，提问随意性大，提问普及面低等。针对这些问题，我以中班民俗绘本教学活动“桃园三结义”为例，谈谈对于民俗绘本教学中教师有效提问的思考。

一、明确教学的目的，充分发挥提问的有效性

教师的提问在幼儿园的学习活动中是一种直接的师幼互动活动。提问的有效与否，直接影响幼儿对活动的兴趣和学习的积极性。在师幼互动中，我们围绕教学目的，用精心设计的问题去激发幼儿探索的欲望，帮助幼儿深入地探究和思考，使问题能真正有效促进幼儿各方面的发展。在中班民俗绘本教学活动“桃园三结义”中，我们设计了如下的提问。（见表 1）

表1　提问内容与设计意图

内容	活动过程中的提问	设计意图
导入活动主题	（1）故事里有这三个朋友，你们认识他们吗？ （2）你发现这三位朋友长得有什么特别不同的地方吗？	（1）认识绘本中的三个人物：张飞、关羽、刘备。 （2）了解他们的明显特征，对接下来将要发生的故事产生兴趣。
观察画面	（1）你从书里看到了什么？看懂了哪一页？ （2）看看发生了什么事？谁搬开了巨石拿走了肉？ （3）张飞会用什么办法和人比力气？ （4）关羽用什么办法和人比武？ （5）关羽生气吗？从哪里看出来的？ （6）他们打得厉害吗？从哪里看出来的？	引导幼儿观察画面，发现隐藏在画面中的细节，如画面中的场景、画面中三个人物的表情和动作等，帮助幼儿理解故事内容。
猜测情节体会人物内心感受	（1）张飞会用什么办法和人比力气？ （2）张飞为什么很生气？ （3）你们有什么办法让他们比出高低？ （4）刘备想了个什么办法？ （5）你们觉得谁能当老大，为什么？	引导幼儿积极思考，表达自己的理解和想法，促进幼儿发散性思维的提高，加深对故事的理解。

从表格中我们可以看到，教师设计的提问紧紧围绕幼儿生活经验、认知水平、兴趣点，以及教学目的展开，在活动开展的过程中，幼儿参与回答问题的积极性很高，师幼言语互动的氛围也很热烈。

二、 民俗绘本教学活动中教师有效性提问的策略

（一）有效的提问具有启发性，引领幼儿积极思考

设计提问要抓住教学内容的内在矛盾及其变化发展，为幼儿提供思考的机会，并能在提问中培养幼儿独立思考的能力，尽量少问非此即彼的问题。提问要让幼儿不但了解“是什么”，而且能发现“为什么”。同时，还要适当设计一些多思维指向、途径、结果的问题，强化幼儿的思维训练，培养他们的创造性思维能力。在民俗绘本《桃园三结义》教学活动中，我设计了一些具有启发性的问题，如“你们觉得谁能当老大，为什么”“你们有什么办法让他们比出高低”。猜测性、发散性的提问能激发幼儿的想象思维，幼儿的思维一下子活跃起来。在幼儿自主阅读后，请幼儿讲述“你看懂了哪一页，看懂了什么”。在这些问题的指引下，幼儿的思维能力得到了锻炼，都能发表自己不同的见解。

(二) 有效提问具有层次性，满足幼儿个体差异

教师要根据幼儿的年龄特点、经验发展水平与需要，由浅入深、从易到难、循序渐进地进行提问，让幼儿通过提问进行观察、分析、比较、判断，从而获得新的经验。首先，教师设置的问题要从幼儿的实际出发，虽然是同一年龄阶段的幼儿，但幼儿之间存在个体差异，教师要了解每个幼儿的不同特点、发展水平，有针对性地设计不同难易程度的问题，尽量使幼儿在回答时"跳一跳，都能摘到果子"。其次，问题设计要开放一些，使幼儿能从不同角度回答。这样，能力强的幼儿可从多方面讲，多讲一些；能力弱的孩子则可少讲一些。如在观察关羽搬开巨石拿走了肉的画面后提问"发生了什么事"。当幼儿回答不出问题时，教师又追问"是谁搬开巨石拿走了肉"，教师用辅助性提问调控引导，使幼儿拓展了思路。如我们发现能力较弱的幼儿在回答问题"张飞用什么方法和人比力气"时遇到了困难，此时，教师进一步追问"你会用什么方法和人比力气"，以此帮助幼儿迁移生活经验，使他们很快就答出了问题。

(三) 有效提问具有推理性，提高幼儿解决问题的能力

绘本《桃园三结义》以故事、人物情节为发展线索，为此我们设计了一些推理性提问，着重培养幼儿通过观察图画和认识画面中各种事物的变化与联系来推测故事情节的发展。如"刘备是怎么帮助他们成为好朋友的"。当故事发展到高潮时，教师设计假设性、创造性的提问，以发展幼儿的创造力，提高幼儿解决问题的能力。如在张飞、刘备、关羽准备一起结拜为兄弟时，提问"谁来当老大呢，你们有什么好办法"。这样，可以发展幼儿的创造力并提高幼儿解决问题的能力。若故事中蕴涵着道德评判标准，可以在读完故事后设计一些评价性提问，以挖掘图书中的教育价值。如"你喜欢故事中的哪一个人物，为什么"等。除此之外，教师要经常思考和探究如何设疑、如何激发和鼓励幼儿不断产生新问题，不断寻求解决问题的方法，以培养出好奇好问、思维活跃、具有自信心的孩子。

总而言之，阅读是幼儿个性化的行为，不应以教师的分析去代替幼儿在阅读中的实践与探索，我们以《桃园三结义》民俗绘本为例，通对了解幼儿的个性差异、明确教学目的、设计有效提问，使幼儿对民俗绘本产生了兴趣，在帮助幼儿更好地掌握知识和培养能力的同时，达到良好的教学效果。

利用民俗图阅读萌发幼儿前阅读兴趣的方法研究

沈　翠

绘本作为早期阅读的一种读物，被国际教育界公认为“是最适合幼儿阅读的图书”。作为有着悠久历史和传统美德的中国，我们有属于自己的民俗绘本，这些绘本内容对孩子来说具有典型的民族特色和传统文化意义。为此，我以“利用民俗图阅读萌发幼儿前阅读兴趣”为题进行实践研究，从中探讨适宜的方法与途径。

一、 环境创设中凸显民俗，激趣前阅读

《幼儿园教育指导纲要（试行）》中指出，环境是重要的教育资源，应通过环境的创设和利用，有效地促进幼儿的发展。我有针对性地创设前阅读环境，让幼儿与环境之间发生积极的相互作用，从而激发幼儿阅读的兴趣。

（一）细节环境凸显民俗内容

阅读的环境要舒适，符合幼儿年龄特点，让幼儿感到亲切。阅读区一定要有安静、宽敞、明亮、舒适的读书环境，这样才能发挥其阅读的功能。小班幼儿喜欢卡通形象和温馨的环境等，根据幼儿的年龄特点，结合民俗特点，悬挂一个个雕有镂空花纹的红色灯笼，灯笼下悬垂的流苏上挂的正是十二生肖的不同组合图片。小灯笼上的图片让孩子们知道了自己是属什么生肖的，并了解了有关

十二生肖的故事。这个小小的设计真正体现了环境育人的特点，从细微处吸引幼儿。

（二）“视听说”环境丰富阅读内容

阅读的环境和材料投放要注重多渠道满足幼儿的不同感官需求，鼓励幼儿大胆表现。阅读区中不仅要投放各种图书，还可以投放有声读物、点读笔、视频影像等。很多民俗绘本都配有广为流传的“动画片”，通过音频、视频等形式让小班幼儿更加直观地感受，从而引起幼儿的兴趣。如针对《三个小和尚》《小鲤鱼跳龙门》《小蝌蚪找妈妈》，我用点读笔制成有声读物，幼儿边点边听边翻阅图书进行阅读。同时，我们还制作了一个电视模型，通过动画片的形式播放，使得孩子在阅读后能够根据动画片进一步了解故事内容，让幼儿也能拿着书对照着一起看，从看、听到说，提高理解与表达能力。

（三）留白环境促进阅读表达

在民俗阅读活动中，给幼儿留有视觉和情绪上的空白。民俗图阅读的很多内容都有一定的情感体验，只有在稳定、宁静的情绪下才能真正体会到内在情感。如营造宁静、淡雅的环境，墙面无须过多的装饰，可留白。在保证光线、保证书源的适宜性前提下，几张舒适的椅子、沙发，配上几个清新淡雅的靠枕，几本或插或摆放在不同书架上的书即可。对于一些民俗元素突出的阅读内容，小班孩子看了后很难用语言完整地表述出来，我就提供一些涂鸦材料，使他们可以在白墙上尽情地“涂鸦”，把在阅读中感受到的情感、情节，通过一幅幅富有创意的“作品”表达出来，其中的美妙是任何成人都无法复制的，是教师的精心装饰无法企及的。

二、集体活动中多途径导入，营造前阅读

（一）依据角色，以游戏形式导入

每个民俗绘本故事中都有极具个性的角色，从其中一个或多个角色导入，调动幼儿阅读故事的积极性。3～6 岁幼儿的年龄特征是好动、好模仿，因此在活动中我们首先赋予幼儿适当的角色，即运用游戏等形式导入，以激发幼儿参与活动的兴趣。“曹冲称象”活动中让幼儿扮演古代人来称量物品的重量，通过

游戏操作、人物扮演等方式引起幼儿对故事的兴趣。又如“司马光砸缸”活动，在活动环节的设计上，以游戏为主线，各环节逐层递进，帮助幼儿理解、体验绘本。首先教师通过与幼儿回忆捉迷藏的游戏经验，并让幼儿去完成寻找藏在场景中的人物的任务，来了解故事的主人公，同时也通过观察发现“古代”与“现代”人物的不同特点，为后面故事的内容做铺垫。然后，通过自主阅读，深入理解故事内容，在整个环节中，根据小班幼儿好奇、好问、好动的特点，利用图书为幼儿营造一个有趣的游戏情境，并且通过教师自身的语言和情绪的调动，让幼儿有了一个“观察—寻找—成功”的体验过程。促使他们在不知不觉中主动地参与到阅读中去，以轻松、愉悦的方式培养儿童的阅读兴趣和能力。

(二) 根据情节，以故事标题导入

一般来说，故事的标题是一个很好的情节线索。在开始介绍时，先把这个故事的名称告诉幼儿，如果故事的名称在幼儿的语言中是不熟悉的，可以让幼儿依据自己的生活经验先举一个例子，以帮助幼儿理解。例如，在阅读《老虎学艺》时，先告诉幼儿这个故事的名字，然后集合幼儿的生活经验等进行追问：“老虎在干什么？他要到哪儿去？可能去干什么？”通过问题的层层引入，调动孩子阅读和预测故事情节的兴趣。通过展示和谈论故事的标题、封面来引入故事，引导幼儿充分观察封面，这样不仅可以加深幼儿对词语的理解，更能引起幼儿对阅读故事的兴趣。

(三) 依托画面，以故事封面导入

运用封面直接导入也是我们常用的一种方法。有的民俗绘本封面形象生动，独具一格，深深吸引着孩子，教师可以引导孩子观察绘本封面，并联系幼儿实际经验，展开一系列话题。“盲人摸象”的活动让孩子们知道需要从不同方面收集信息，并体验到信息分享所带来的益处。于是，我们引导幼儿通过封面上人物的不同动作、表现等猜测故事的主要内容，并通过模仿这些动作体验到底能不能“摸”出物品。幼儿在看看、说说中初步了解四位盲人从对大象的不同部位的抚摸中收集到了不同的信息，得到了迥然不同的结论，明白他们所获取的信息只是其中一部分，只有把这些信息充分地分享、有效地整合，才能识得大象的真正面目，从而充分调动幼儿继续阅读的兴趣。

三、 个别化活动中多材料投放，体验前阅读

(一) 提出疑问，引起兴趣

多种多样的阅读方式，能让阅读活动更加有趣。如在幼儿阅读前提出问题，或者在中间设置悬念，由老师先讲故事，到高潮时停住，让幼儿到图书中寻找答案，这时，幼儿往往迫不及待地打开书本仔细阅读，其主动性和积极性就被充分调动起来了。

(二) 材料操作，激发兴趣

操作也是幼儿喜欢的阅读形式之一，小班孩子对具体现象的事物特别感兴趣，为此，提供给他们便于操作的材料，能帮助他们更好地阅读。例如，在“司马光砸缸”活动中，我为幼儿创设了场景，有房子、石头、大树、花丛，孩子们在玩的过程中，回忆并体验了民俗阅读作品。又如“猴子捞月”活动中，围绕“猴子捞到月亮了吗”“猴子怎么捞月亮”等问题开展实验，提供水、碗、手电筒等材料，让幼儿不再在枯燥的翻书中寻找答案，而是通过自主的探索寻找故事中的答案，再通过书本阅读验证答案。

(三) 百语阅读，提升兴趣

幼儿的阅读不仅仅是用他的眼睛去看、去发现，还可以通过表达自我和彼此沟通的手段来阅读，包括动作、手势、姿态、表情、绘画等，瑞吉欧“百种语言”的教育理念指出，把文字、动作、图像、绘画、建筑、构造、雕像、皮影、戏剧、音乐等都作为儿童语言。因此，在阅读活动中，我们通过整合的阅读活动为幼儿创设操作的条件，启发和鼓励幼儿用“百种语言”来阅读。例如，表演游戏《狼来了》，让幼儿在与教师的互动中逐步了解故事含义，明白诚实的重要性。又如“鹬蚌相争”活动与自制图书结合，让幼儿了解不同的行为可以有不同的结果。

兴趣，是幼儿对阅读这一活动的“情感”依托；兴趣，是对幼儿进行早期阅读教育“润物无声”的前提。根据幼儿的身心特点采取丰富多样的方法，即从情景创设、阅读形式、语言激发等来培养幼儿阅读的兴趣，使幼儿的阅读能力在潜移默化中得到充分发展，取得润物无声却有“形”的效果。

在民俗图阅读活动中激发小班幼儿对传统文化的兴趣

金筱隽

陈鹤琴先生说:“孩子们来到人世后,应尽早为他们创造优良的阅读环境,领着他们踏上第一步台阶,使他们认识书籍、爱上书籍,从此步入书籍的海洋中,并且毕生视其为生命的伴侣和导师。”阅读习惯的养成不仅是为孩子今后的语文学习打下基础,更是对幼儿的观察、理解、想象、表达等各方面能力的发展起着重要作用,良好的阅读习惯将伴随幼儿一生的成长。

而民俗图的阅读不同于一般的绘本阅读,民俗图是民俗中具有典型性、代表性和生活化的,伴随着民间文化出现的图案、图符、图画。它是非连续性的、非故事性的图画或者图符。而民俗图正符合小班孩子的阅读特点,他们喜欢看色彩鲜艳、画面有趣、情节简单、人物生动的图画;同时,他们观察的目的性较弱,有意注意水平比较低,注意时间最多为5～10分钟,不能长时间地保持静态阅读。因此,我以民俗图阅读为抓手,让幼儿阅读含有中国传统民俗文化内容的图案、图符、图画,使他们在观察、欣赏、解读的同时,获得中国优秀传统文化的滋养,萌发对传统文化的兴趣。

一、 根据小班幼儿年龄特点,挖掘丰富的图阅读内容,激发幼儿阅读兴趣

通过幼儿园课题组的前期研究,发现“民俗图”具有地域性、传承性、广泛

性、辨识度高、富含寓意这五大特征，并且其应用范围较广，涵盖的图符和图案形式多样，与我们的日常生活有着紧密联系，它包括日用品和饰品、标志、戏曲、手工艺、传统节日、建筑、服饰等，因此，在选择民俗图阅读内容时，我针对小班幼儿的认知特点和生活经验，从民俗图体系中选取适合小班阅读的内容。比如，传统节日中秋节，我找来画有嫦娥奔月、家人围坐在一起赏月吃月饼的图片，通过观察让幼儿知道中秋节的月亮特别圆；听《嫦娥奔月》这一美丽动听的传说，了解中秋节家人要团聚在一起吃月饼、赏月的习俗；通过和老师一起捏一捏、做一做月饼，加深幼儿对这一传统节日的认知体验，知道月饼代表着团团圆圆，月饼上各种好看的花纹，代表着各种美好的祝福。

除了阅读和传统文化有关的图书、节日图片、手工艺品、配有单幅图画的古诗词、民族服饰上的花纹，我将窗花、年画、灯笼、中国结等具有中国元素，或以这些为内容的图片、实物等都纳入民俗图的素材，以丰富民俗图阅读内容，激发小班幼儿阅读的兴趣。

二、将图阅读融入幼儿生活中，发挥环境的教育作用，使幼儿感受传统文化的美

环境是无声的老师，好的环境能起到润物细无声的作用，发挥环境的教育作用，激发小班幼儿学习传统文化的兴趣。在环境创设时，我努力打造富有传统文化特色的班级环境，与幼儿生活紧密联系，渗透在环境布置的每个细节中。比如，在幼儿日常游戏的方桌上铺上具有江南特色的蓝印花布；在娃娃家里挂上有民族特色的窗帘；美工区的墙壁摆上青花瓷盘、无锡泥娃娃等，让幼儿在游戏、学习中随时可以看到、用到、玩到、接触到具有中国传统文化元素的物品，喜爱观察、欣赏上面的图案、纹样，发现传统文化的美，让他们浸润在传统文化的氛围中，萌发学习的兴趣。

除了营造富有传统文化特色的班级环境，让教室中每一个地方、每一件物品都可以阅读之外，我还在一日活动中随机开展民俗图阅读，每天的午餐前、午睡前或离园前，结合古诗词的阅读，让幼儿边看图边理解古诗词的含义，学习诵读。比如，我在午餐前让幼儿边听古诗《悯农》边看农民在烈日下种庄稼的图片，帮助幼儿理解古诗的含义，知道农民伯伯种粮食的辛苦，每一粒米都来之不易，要珍惜粮食，不能浪费。学习古诗后，我将《悯农》图片布置在用餐区，每到

用餐时，幼儿自己会主动说不能浪费粮食，样样都要吃。我还将传统文化故事《孔融让梨》《司马光砸缸》等，分别以一张图片的形式贴在墙上，提醒幼儿要会谦让，能与同伴分享，友好相处。将民俗图巧设在教室里能起到提醒、暗示的作用，潜移默化地帮助幼儿养成良好的文明礼仪习惯。

三、 利用集体教学活动，掌握图阅读方法，提高幼儿学习传统文化的兴趣

集体教学活动是指导幼儿学习观察图片内容，理解图案、符号含义，培养阅读兴趣等最便捷有效的途径之一。根据小班幼儿的学习特点、认知经验，在集体教学活动中，我常常会选择朗朗上口并能结合游戏的童谣，萌发幼儿对传统民俗图的阅读兴趣。例如，“摇到外婆桥”活动，因其是一首富有江南特色的童谣，画面中人物的着装、江南水乡的景色都是民俗图阅读的很好素材。这首童谣朗朗上口，极富生活情趣，童谣内容互动性强，蕴含着祖辈与儿孙间的暖暖温情，特别适合小班孩子学习。在图阅读的过程中，我通过提问，指导幼儿观察，让幼儿初步了解中国传统文化和习俗。比如，在阅读第一幅图时，重点观察人物的着装，让幼儿知道什么是蓝印花布，感受江南人着装的特点；在阅读第二幅图时，重点观察江南水乡及其建筑的特点；在观察外婆给甜甜准备的食物时，特意选了传统点心绿豆糕的图片；在最后环节分享的食物提供了具有上海特色的大白兔奶糖，并用蓝印花布、竹编篓装着。这样巧妙地将中国传统文化和习俗融入每个细节，让幼儿阅读，提高幼儿学习传统文化的兴趣。

四、 借助电子产品的优势，辅助幼儿自主阅读，爱上传统文化

为创设适宜的阅读环境，每个班级都会开辟一个阅读区域，在这里放上柔软的垫子，舒适的沙发，可供看书的桌子和可让孩子自由选择图书的书架，把阅读区打造得温馨、舒适，便于幼儿安静阅读。营造好阅读氛围，最重要的是提供阅读的材料。我在阅读区投放的书籍有与传统文化相关的民俗绘本；有情节简单、短小精练的传统文化故事书；还有介绍传统节日习俗的图书等。除了这些，我还会投放电子产品，如点读笔、装有滴滴学堂国学学习软件的 iPad 等。电子产品使用方便，具有调动幼儿感知觉参与学习的优势，辅助幼儿自主学习、阅读。比如，利用点读笔点哪里读哪里的特点，我投放了国学学习书，帮助幼儿用点读笔，边看边听自主学习《三字经》、古诗词等国学经典，幼儿对此非常感兴

趣，乐此不疲。久而久之，幼儿也养成了到阅读区阅读的习惯，还时不时地自主朗诵起古诗、童谣、《三字经》。

总之，在实践中我发现，以民俗图阅读为抓手，通过对图的阅读、理解、感受，将传统文化的种子植根于小班幼儿的心里，激发他们学习传统文化的兴趣，是非常有效的途径和方法，希望这颗种子在幼儿心里生根发芽，在中国博大精深的文化滋养下，茁壮成长！

民俗图阅读活动与音乐活动的有机融合

吴蔡堃

音乐是一门艺术，是构成人类灿烂文明的重要部分，它能陶冶情操，提升审美能力，还有益于人的心理健康。而优秀的传统文化中同样蕴藏着无穷的教育资源，它能够促进幼儿对家乡历史、民俗文化、本土乡情的感知和了解，激发幼儿热爱家乡的情怀。结合我园的课题研究，我们开展了民俗图阅读活动与音乐活动融合的实践研究，获得了以下经验。

一、 把握民俗图内涵，挖掘音乐元素

每个民俗图都有着不同的寓意，教师要善于运用民俗图所阐述的道理，挖掘民俗图中的亮点及所表达的情感进行设计，让民俗图最大限度地发挥教育功能，为音乐活动服务。

(一) 阅读有趣的民俗乐器造型，激发欣赏民族音乐的兴趣

生动有趣的民俗乐器形象可以激发幼儿欣赏民族音乐的兴趣，如开展大班主题活动“我是中国人”，孩子们认识了能歌善舞的少数民族后，对少数民族使用的民族乐器感兴趣，于是我们找来了外形特征较为明显的民族乐器，借由绘本让幼儿辨识、感受、探索。例如，马头琴是一种两弦的弦乐器，有梯形的琴身和雕刻成马头形状的琴柄，是蒙古族人民喜爱的乐器，它能够准确地表达蒙古

族人的生活，如辽阔的草原、呼啸的狂风、奔腾的马蹄声、欢乐的牧歌等。因为它造型独特，孩子们对其产生了强烈的好奇心，于是借由马头琴这一乐器导入，结合前期对蒙古族的已有经验，让幼儿猜猜马头琴为何会有这样的造型，引出关于马头琴由来的传说之一《苏和的白马》。幼儿通过绘本了解苏和对小白马的感情，以及马头琴这个造型的来源，同时教师提供了《鸿雁》《万马奔腾》等马头琴代表乐曲的片段，幼儿在《万马奔腾》的旋律中仿佛看到小白马正奔驰于原野上；在《鸿雁》的旋律中猜测小白马想要表达的情感。他们感受马头琴悠扬、抒情、宽广的特点后，再重回绘本，尝试为代表性画面寻找合适的配乐。在整个活动中，幼儿自主探索，寻找马头琴的特殊音色，感受马头琴带来的浓浓草原气息。活动后，教师更是设计了亲子互动调查表，鼓励幼儿去寻找更多马头琴乐曲，并以绘画、粘贴照片等方式为这些乐曲配上合适的画面。

(二) 阅读有趣的民俗图符，加深对民族音乐的理解

春节的窗花、年画、灯笼、中国结等具有中国元素的图片以及实物，或中国民间传说故事、神话故事的绘本等都充满着极具中国特色的民俗图符，音乐和这些民俗图符之间也有着密切的联系，如小班音乐活动"小老鼠上灯台"，它的内容源于东北地区老人哄孩子用的民谣，现在是一首非常流行的儿童歌曲。歌词简单，曲调活泼生动，妙趣横生，唱起来朗朗上口，富有教育意义，适合刚开始学唱歌的小班孩子。教师在活动中将歌词转化成图符，因为"灯台"这一古时室内照明用具是脱离幼儿生活的，所以我们通过图符展示(灯台的完整造型、使用场景等)，真正让幼儿在阅读中理解歌词、记忆歌词，激发他们对此类古物件的探索兴趣，也激发他们对民间传统童谣的兴趣。

又如大班音乐活动"冬季牧歌"，故事中乌孜别克族小姑娘再娜普和家人一起转场到冬季牧场，夏季里美丽的故事已成回忆，冬天里飘舞的飞雪，与羊羔、新生儿的诞生，交织出一曲动人的生命礼赞。教师根据这些故事片段，提供了欢快的达甫歌曲以及达甫节奏图谱。达甫(又称达卜、手鼓)是新疆地区民族音乐的灵魂，在大部分的舞曲和民间歌曲中是必不可少的，它可以起到烘托各种不同乐曲情节气氛的作用。幼儿熟悉歌曲旋律后，可以根据故事情节的推进尝试用歌曲去表现绘本内容，同时还可以根据歌曲创编出个性化的达甫节奏图谱。如再娜普回忆和家人在夏天共度快乐时光的场景，通过对画面中篝火舞会的解读，选用《打起手鼓唱起歌》的片段进行现场再现；而再娜普与家人共同迎接新生儿到来的场景，通过解读新生儿洗礼的细节，选用《小宝贝》的片段来表现再娜普内心的喜悦和期待。这些情感的获得都来源于幼儿对民俗图符的自主阅读，以及对音乐旋律及歌词的自主探索，幼儿看得明白、听得用心、学得主动、玩得轻松。

（三）阅读民俗绘本，体验传统节日的愉悦

民俗图阅读中，情感的体验往往成为孩子表现的动力。如大班"春节"的活动，绘本以一首春节童谣展开，接着以"年兽"这一角色引出春节家家贴红对联、燃放鞭炮、户户灯火通明、守岁熬年这些风俗习惯，画面情景引发了幼儿情感的自然流露、真实再现。教师将节选的《春节组曲》作为此次音乐活动表现的支点，进行引入和运用，将组曲中的不同乐章分段供幼儿欣赏，再请幼儿根据自己对每个乐章的理解，为它们进行"连连看"，如第一乐章《序曲》可以与燃放烟花鞭炮的场景相匹配；第二乐章《情歌》可以与家家户户贴春联、亲人间亲密互动的场景相匹配；第三乐章《盘歌》可以与绘本中赶走年兽这一段落相匹配；最后第四乐章《灯会》则可以与家家户户举着灯笼逛庙会的场景相匹配。幼儿通过互动游戏"连连看"欣赏有年味的乐曲，寻找绘本中具有春节代表性的图符，在音乐活动中体验到过年的喜悦、团圆的幸福，情感达到高潮。

二、筛选民俗图内容，进行音乐活动实践

许多民俗图画书内容较多，画面中会蕴含一些有价值的图符供我们挖掘，因此需要我们在实施前做好充分准备，熟悉材料、分析材料、设计方案，做到有目的地删减。

（一）提取画面重点动作，使活动结构更合理

依据音乐活动的目标，以不打破图画书的完整性为前提，能使幼儿在完整欣赏故事的基础上进行音乐游戏。提取图画书中的重点画面，使内容紧凑，从而赋予民俗图新的生命，成为音乐新的源泉。以活动"京剧猫·长坂坡"为例，这几只猫没有亮嗓子也没有硬身段，只有热爱京剧的心，锣鼓声中它们粉墨登场，包办京剧中的四大行当——生旦净丑，于是我们结合儿童歌曲《说唱脸谱》

设计了音乐表演活动。通过放大图画书中具有代表性脸谱的猫，重点展示这些猫的几个代表性动作，幼儿能够更容易辨认歌词内容中不同颜色脸谱所对应的人物，并跟着歌曲中"叫喳喳""咿咿呀呀"等拟声词，模仿出图画书中的造型，感受中国传统戏曲。京剧有唱、舞、对白、武打，具有各种象征性动作的高度综合性特点，拓展了幼儿使用语言、动作、音乐等艺术手段整体地进行艺术理解、感受、表达的机会。突出民俗图画书的重点后，幼儿再去欣赏时，就会把音乐与画面有机地结合在一起，把相对抽象的听觉艺术与视觉联系在一起，益于幼儿理解想象。

(二) 选择故事重点画面，帮助幼儿理解内容和情感

每逢各种节日，马路边的路灯上、店铺前都会挂起各种各样的漂亮灯笼，这时可以开展各种以灯笼为主题的音乐活动。如民俗图画书《打灯笼》画面就采用了真实的提灯笼场景，画面中有丰富的灯笼造型，巧妙的排列组合，极富感染力。其中有一页，形态各异的灯笼布满了整张画面，灯笼上方还夸张地画上绚丽的烟火，似乎所有的灯笼都随着欢庆的人群往不同的方向旋转着、飞舞着。于是，我们选用这一页作为音乐活动"飞舞的灯笼"的引入部分，让幼儿观察画面上的灯笼动态，来模仿提灯笼的肢体表现：走着小碎步，高举双手旋转让灯笼飞舞；踩着踏点步，四个方位展示灯笼旋转等。教师通过与幼儿共同分析画面，结合幼儿熟悉的音乐，让幼儿有更多视觉、听觉参与的机会，并用肢体表达对灯笼飞舞的感受，深入理解过年欢乐的情感。

民俗图阅读与音乐活动就像一个转换平台。一方面把抽象化的音乐形象化，另一方面又把形象化的民俗图情感化，幼儿通过生动的体验对民俗图进行了深层次的阅读，更容易理解和接受，并以音乐的方式进行表现，使两者有机融合，促进幼儿阅读能力和音乐表现力的提高，实现双赢。

古诗教学中诗情与画意的完美融合

——以古诗《咏柳》为例，浅谈幼儿园古诗配画的教学策略

黄 伦

古人曰："熟读唐诗三百首，不会作诗也会吟。"孔子曰："诗可以兴，可以观，可以群……"很多卓有成就的学者，在回顾自己成长历程时都感慨得益于早年的启蒙教育，尤其是古诗的诵读。幼儿时期是一个人记忆能力最强的时期，如果在此时期能大量记诵古诗，既可以锻炼幼儿口齿伶俐、吐音准确流畅，又能让幼儿品味诗的优美意境，熏陶情怀，启迪智慧。结合我园民俗图阅读活动的课题研究范畴——以适合幼儿阅读的，含有中国传统民俗文化内容或元素，或中国特有的图符、图案和图画书为主要内容的阅读活动，古诗正好是其中一种很好的文学形式。

然而幼儿园的古诗教学长期以来存在着很多问题，怎样让孩子们在一个集体教学活动中，学习兴趣不减，学习气氛始终浓厚，达到最佳教学效果呢？《3～6岁儿童学习与发展指南》中明确提出："要理解孩子的学习方式和特点，最大限度地支持和满足幼儿通过直接感知、实际操作和亲身体验获得经验的需要。"我们从"孩子对美术创作活动非常感兴趣"这一现象中得到了启发，对古诗教学做了大胆的探索，在原有教学方法的基础上，结合古诗特点，融诗画为一体，"古诗配画"的教学方式顺势而出。幼儿园古诗配画教学立足孩子视角，从孩子的高度出发，用孩子喜欢的绘画形式表现孩子对古诗的理解，是文字和图像巧妙

融合的特殊形式。

下面,我就以古诗《咏柳》的集体教学活动为例,从探索“古诗配画”的一些教学策略出发,谈谈自己的收获和体会。

一、结合生活,选诗品诗

古诗是生活的再现,其构思精巧,虽然只有短短几句,却处处留有生活的印记。在幼儿阶段,孩子生活经验还不丰富,还不能很好地领会那些复杂拗口的古诗的意思。作为教师,要有目的地选择一些和幼儿生活经验贴近的古诗题材,例如,《咏柳》就是以春天为题材的古诗,这首诗是一首咏物诗,描写了早春二月的杨柳婀娜多姿的形态。诗的前两句连用两个形象的比喻——“玉石”和“丝带”,描绘出柳树的勃勃生机,葱翠袅娜;后两句更别出心裁地把春风比喻为剪刀,将视之无形、不可捉摸的春风形象地表现出来,不仅立意新奇,而且饱含韵味。在春天来临的时候,选择这首古诗来进行集体教学,正是时候,因为孩子们已有户外郊游的经历,所以他们对柳树的形态和柳叶飘动的动态,一定不会陌生。

同时中班《学习活动》一书中“春天来了”的主题内容与要求提到了:①了解春天是个万物生长的季节,关注自然环境的不断变化。②感受大自然美丽的景象,以各种方式表达自己的情感与体验。引领孩子们到花园里寻找春天,发现春天的变化,感受和谈论春风吹在脸上的感觉,观察风儿如何吹动柳树和花草,吹动我们的头发。古诗《咏柳》的活动素材点正好与这些要求和活动指导不谋而合,于是我们就对它进行资源整合、主题凝聚,孩子们就能很快把握基本要点。

二、营造氛围,借画赏诗

古诗是中华民族的瑰宝,古诗的意境美,仅仅靠文字是不足以让幼儿期的孩子理解的。“诗”和“画”作为两门不同的艺术,都有自己的长处与不足,“画”表现的是某一瞬间,而“诗”则可以不受时间、空间的限制,两者有机结合,便能扬长避短。“诗配画”是这种交集的升华,在课堂上,诗配画的教学过程就是诗与画的融合过程。

(一) 观看古诗配画，表达对画面的理解

《3～6岁儿童学习与发展指南》指出："为幼儿创造说话的机会并体验语言交往的乐趣。"观看古诗配画，为幼儿提供了一个发散思维、自由讲话的机会，让幼儿想说、敢说、有内容可说。幼儿通过观察画面，展开联想，尽情表达自己对画面的感知与理解，在问答、讨论中体验语言交往的乐趣。

因此在古诗教学《咏柳》的第一环节，我就展现给幼儿一幅美不胜收的伴有柳叶舞动、花瓣纷飞的动态春天画卷，并且巧妙地选用了《国韵童风》中的古诗画面：柳树吐芽、柳条碧绿、柳枝随风舞蹈、牧童骑牛、莺歌燕舞……一派生机勃勃的景象。运用现代化多媒体手段创设情境，引领幼儿进入诗的意境。接着，通过教师的一系列提问："你发现春天的柳树有什么变化？""春天的风吹在身上是什么感觉？""柳枝被风一吹好像在干什么？""你看见过的柳叶长什么样？"……给孩子们提供一个大胆表达表现的平台，把他们对春天、柳树的已有经验唤醒，教师再巧妙地运用古诗里的词句来加以梳理、提升。

顺势而出，古筝伴奏的背景古典音乐轻轻地流淌着，这首如诗如画的古诗就被浅吟低唱地缓缓呈现出来。《3～6岁儿童学习与发展指南》中指出："引导幼儿仔细观察画面，结合画面讨论其中的内容，学习建立画面与内容的联系。"听完古诗后，教师让幼儿再一次观察古诗配图，抓住画面与古诗相关的内容，结合古诗情景，找出画面与古诗内容的联系，进一步进行细致的观察讨论，深化理解古诗内容，为下一步学习古诗做好铺垫。

(二) 根据诗句顺序，给画面排序

以中班的古诗活动"咏柳"为例，在第一环节"孩子们初步感知理解古诗的内容"之后，我在第二环节设计了"根据诗句顺序，给画面排序"的幼儿操作部分。这首贺知章的《咏柳》，"碧玉妆成一树高，万条垂下绿丝绦。不知细叶谁裁出，二月春风似剪刀"，短短四句，每句话都是一帧景色画，合起来宛如一幅浑然一体的画卷。为了让幼儿理解古诗的意境，我特地为古诗配上了相应的图片。如在第一幅图上画了一棵碧绿的、高高的柳树；第二幅图上画了许多像绿丝带一样在风中飘动的绿色柳条；第三幅图上画了许多细细长长的柳叶；在最后一幅图上画了张开大嘴，像把剪刀一样吹动柳条的春风。通过这样的诗画结合，柳叶飘飘、春风吹拂柳条、春和景明、令人赏心悦目的一派景象就在孩子们的心

目中活起来了。

接着我把四幅画打乱顺序，让幼儿在古诗的背景朗诵中，按照自己对各幅画面的理解，再联系对古诗的已有感知，来给四幅画排序。这是一个幼儿对古诗的再现表达的过程，也是“画”与“诗”互照互映的体现。

三、创设情境，依诗作画

培根曾说：“读诗使人灵秀。”所谓灵秀，指一个人的想象力丰富。古诗的意境不仅仅通过诵读展示，更多的是通过想象赋予古诗新的内涵。“诗画互动”的教学正是以“画”为切入点，引导孩子们从诗的字里行间想象这幅画，按照自己的理解表达这幅画，让古诗焕发新的活力，闪烁想象创新的光彩，是孩子想象、再创造的过程，也是思维能力又一次提升的过程。

当幼儿对一首古诗达到了简单理解的要求后，就可以尝试让幼儿来创作绘画，鼓励幼儿富有个性和创造性的表达。刚开始时，我发现尽管幼儿对一首古诗已经有了一定的理解，但当他们创作绘画时，却往往感到无从着手，非常困难。于是我不要求孩子们的作品一定要表达出古诗的全部内容，而只要求他们想表现哪一点就表现哪一点，甚至可以是其中的一句、一词、一字。这样孩子们很容易就画出了其中的某一面，作品千姿百态，无一雷同。通过提示、启发、诱导，老师激起孩子绘画创作的兴趣，发挥他们的想象，让他们尽情地畅想，将内心深处的构思与完美世界相联系，把平时学过的画人物、小鸟、树木、房屋、花草等有机地组合，创造出成人认为不可思议的绘画作品，这时童趣就起着无与伦比的作用。慢慢地，许多孩子就开始在画面上进行添加，把自己理解的内容继续画出来，画面越来越丰满，幼儿的绘画能力也进步了。在这种形式的教学中，我们要注意不能上成美术课，不必讲究复杂的绘画技巧，不能用成人的眼光评判画面是否形象逼真、是否具象，我们要关注孩子是否理解诗歌的内涵。现摘录课堂上《咏柳》的教学片段。

老师：刚才我们已经学习了这首古诗，你们想想如果让你们来画画，你们会画些什么呢？

孩子：我要画高高的柳树，画春风。

孩子：我要画许多长长的柳条在风中跳舞。

孩子：我要画春风鼓着腮帮子在吹柳树，柳叶都飞了起来。

孩子：我还要画一个古时候的小孩子。

老师：哦？我很好奇你画的小孩儿是谁，能告诉我吗？

孩子：因为这首古诗的诗人是贺知章，他是唐代大诗人，是古时候的人。他看到了柳树的这些景象，才会作了这首古诗，所以我画的小朋友就是贺知章。

孩子们个个跃跃欲试，都积极地表达着自己对古诗的理解和认知。看到这样的情景，真让人感到欣慰和自豪。在赏析古诗词、激发幼儿创作绘画时，幼儿对“过程”比对“结果”更感兴趣，因为过程能给幼儿带来一种心理的满足，精力的释放，从而表现出强烈的创作欲望。因此，我从来不吝啬给孩子表扬和评析，用赞许的眼光来看待幼儿的绘画过程，不时地加以指导、点拨、启发，让孩子明白在绘画创作过程中一下子成功是不现实的，只有通过大胆的想象、不断的练习，才会取得成功，才会体验到成功的愉快。

在为诗配画的活动中，无论孩子的绘画水平如何，他们都会积极思考要画上哪些内容，为什么这样画，通过这样的思考、再现，他们对古诗内容、情感的理解自然就深刻了，更能体会到蕴含在古诗文中深厚、醇美的传统文化内涵，及独特的优美意境。

四、借用手语，咏诗唱诗

古诗《咏柳》是一首七言诗，句段工整，适合大班幼儿诵读与吟唱。设想，如果配上婉转清新的旋律，同时让幼儿在咏诗唱诗的过程中配上相应的手语，不是更能帮助幼儿形象地进行记忆和理解吗？同时也能给幼儿美的感受和情感的抒发。

于是，在活动的最后环节，我设计了“用手语表现，吟唱《咏柳》，进一步感受古诗的美”的环节，把活动推向了高潮。当我抛出“其实我们的手和身体也会说话，也可以来表演这首古诗，那你有什么好办法”这个问题时，孩子们纷纷展开丰富的想象，他们竞相比画，用各种动作来表现柳树耸立、柳条垂摆、柳叶飘动、春风似剪刀……手语和动作千姿百态，各不相同。当清扬的古筝伴奏旋律响起，孩子们一个个煞有介事，学着古代诗人的样子大声地、时而匀速时而缓慢、有韵律地边表演边吟诵起来，好一副“小诗人”的做派，把古诗《咏柳》的意境表现得淋漓尽致。

有人说：“古诗的美是只能意会，不可言传的。”我们在教学中一定要运用多种途径，让孩子品味"诗情画意"，我们要引领孩子爱上古诗，传承我们的文化瑰宝。浓浓的诗情画意把课堂衬托得古韵十足，孩子们的学习兴趣空前高涨。古诗配画，让每个孩子都插上了想象的翅膀，它生动地描绘出古诗中令人回味、栩栩如生的画面，生命因此充满诗情画意。"诗画互动"的课堂教学正如一池碧波泛起涟漪，"诗"配"画"教学随着《3～6岁儿童学习与发展指南》的深入贯彻将会产生更多、更有效的方式方法。

在古诗词教学活动中激发幼儿的学习兴趣

周丽琴

《幼儿园教育指导纲要(试行)》明确指出:“我们应该引导幼儿接触优秀的儿童文学作品,使之感受语言的丰富和优美,并通过多种活动帮助幼儿加深对作品的体验和理解。”古诗词作为一种文化载体,意蕴深幽,形象生动,在寥寥数语中就能表达丰富的内容,读来朗朗上口,是我国数千年文化中不可或缺的一部分。幼儿期正是语言发展的重要阶段,在此阶段让幼儿接触古诗词,并对名句反复吟诵,汲取古诗词的精华,尝试理解古诗词的创作背景与艺术内涵,这是一件极具意义的事情,我们在实践中获得了一些经验和体会。

一、 多种学习形式，丰富幼儿体验，激发幼儿兴趣

幼儿正处在具体形象思维阶段,这决定了他们的学习往往需要建立在丰富的经验基础上,只有充分调动幼儿的感官参与活动,才能使他们的学习产生事半功倍的效果。知晓这些,我积极寻找相应方法。

(一) 积极开发多媒体课件，满足幼儿视听同步的需要

小年龄段的幼儿对图画、声音非常敏感,因此,我尝试在教学活动中使用多媒体课件,通过生动形象的动画和美妙动听的声音来让幼儿对学习古诗产生兴趣。不仅如此,欣赏直观画面所描绘的情景还可以启发幼儿再创造想象,从而

加深幼儿对古诗词的理解。例如，在大班欣赏古诗《山行》的活动中，我们将每一句诗绘制成了一幅动态 flash 画面，从而使得孩子们能更快、更准确地理解诗句的意义，对比发现，这样的学习远比纯粹借用听说完成活动来得有效。不仅如此，之后我们还借鉴古人唱诗的做法，将古诗词内容搭配不同旋律的音乐，诗乐结合，边放课件边吟诵，以这样生动活泼的方式吸引幼儿们的眼球，满足了幼儿视听需要同步的学习特点，从而提高了全体孩子对古诗词的学习兴趣，真正实现了活动中幼儿情有所感，理有所悟。

(二) 积极开展生动的边读边画活动，利用动一动延长幼儿的有意注意时间

前书写是通过画图和涂写，用一些图画、图形、文字及其符号来表达信息、传递信息，和周围的同伴一起分享的学习活动。这符合大班孩子的年龄特点，因此在孩子们对古诗词有了一定了解之后，我们大胆尝试，鼓励幼儿以绘画、涂写等形式表现对古诗词内容的理解和情感的体验，孩子们不仅能做到，而且乐此不疲！例如，欣赏古诗《望庐山瀑布》时，我们考虑到对大班孩子而言，水墨画并不陌生，而且水墨画的写意正好适合用来表现这首古诗词的意境，于是，我们便尝试了边读边画的活动方式，取得了良好的学习效果。

通过一段时间对古诗的理解和作画后，孩子们慢慢觉得可以根据诗句在原来的画上进行添画。他们逐渐能够根据自己的想法去画古诗，并能大胆地在大家面前一边指画一边吟诵古诗。孩子们通过自己的理解把会念的古诗以绘画的形式记录下来，然后老师将其制作成一本本古诗词书放在我们的语言区里。有时孩子们还把诗词画到扇子上去，这样做好的扇子不仅能够装饰教室，还能让他们在小舞台上边吟诗边表演。在这个过程中我们发现，虽然是同一首古诗，但是每一位孩子所表现出的画面是不同的。孩子们的想象力和表达能力也在这一刻被发挥得淋漓尽致。更重要的是通过适当地动一动，使得幼儿的有意注意时间得到了延长，欣赏古诗词的兴趣和效果也变得更好了。

(三) 积极组织有趣的表演游戏，使幼儿的经验得以外化

如何在活动中帮助孩子们记忆古诗词，如何让孩子们更好地理解古诗词情境，这是我们一直在思考的难题。在组织实施大量活动的过程中，我们意识到可以通过开展表演游戏来让孩子们参与其中，在小舞台上表演古诗词内容，从

而激发幼儿学习古诗词的兴趣。例如，孩子们学习了《赠汪伦》后，我们准备了一些和《赠汪伦》古诗情境相关的图片，让准备表演的小朋友自行选择图片并自行分配角色，一名小朋友扮演“李白”，另一名小朋友扮演古诗中的“汪伦”，根据图片内容自己摆场景，然后运用情境材料来演绎这首古诗。孩子们一边表演一边吟诵古诗，既生动又形象，还能刺激一部分孩子的表现欲。而一旦幼儿能顺畅地表达自己的感受，学习的兴趣也会相应增强。

二、有效融入一日生活，加深对古诗词的理解，增强学习兴趣

幼儿的学习不是一蹴而就的，他们需要遵循小步递进、步步深入的学习规律，只有这样才能帮助孩子建立全面完整的认识。我们发现，许多古诗所表达的生活情境都与日常生活相关。于是我们想到，可以将古诗词吟诵融入幼儿的一日生活中，同时配上相关图片，帮助幼儿理解古诗的内涵，在不断的熏陶中将古诗词的吟诵慢慢变成一种习惯，进一步推进幼儿的理解。比如，我们在餐前活动中带领幼儿一起念《悯农》，并给幼儿看这首诗每一句诗所对应的图片。针对诗句“锄禾日当午，汗滴禾下土”，孩子们观察到烈日当空照，农民在田间耕作，额头上布满汗水，从而知道农民耕种庄稼的不易，然后理解“粒粒皆辛苦”就是水到渠成的事了。随后，孩子们在就餐过程中浪费粮食的现象也减少了。这个古诗活动希望让现在被娇生惯养的孩子知道劳动的辛苦，珍惜现在得来不易的生活。当幼儿在午睡时，我们也会吟诵古诗给幼儿听，如《静夜思》《长歌行》等，加深孩子们对古诗的印象，感受古诗的韵味。我们还结合季节、节日等来引导幼儿学习古诗词。如春天到了，带孩子们观察柳树，引导幼儿吟诵《咏柳》，体味“万条垂下绿丝绦”的意境美；三八妇女节的时候引导幼儿吟诵《游子吟》，让幼儿感受妈妈对孩子的用心良苦。

我们把这些古诗与幼儿的经验相连接，不仅使古诗词内容浅显易懂，还朗朗上口，能让幼儿喜欢吟诵。不仅如此，经过一段时间的浸润式学习，孩子对古诗词所描述的情景有了更加具体的感受和理解，从而有效增强了幼儿对古诗词学习的兴趣。

三、开展诵读古诗词比赛活动，搭建分享交流平台，推进学习兴趣

为了推动幼儿学习古诗词的兴趣，我们在班级里开展了“古诗词小达人”的

比赛，看谁古诗词背得多、背得好，看谁朗读得声情并茂，每周都进行评比，在不断地激励下一步步激发幼儿吟诵古诗词的热情。在互相比拼中，有的幼儿发现自己知道的古诗不够多，有的幼儿发现对同伴吟诵的古诗不理解，在互相交流后，有的幼儿能学会新的古诗，有的幼儿能加深对古诗的理解，大家共同进步，也在实践中增强了吟诵古诗词的兴趣。

另外我们还引导家园共育，让家长在家中也带着孩子一起吟诵古诗，我们把每次在班级里学会的古诗发在班级微信群里鼓励家长和孩子一起吟诵。每个家庭可以拍段小视频发在群里，让大家一起学习共勉，家长和孩子的参与度非常高。

总之，古诗词是我们中华民族的瑰宝，相信经过用心的引领和培养后，能使幼儿耳醉其音，心醉其情，感受传统诗词散发的真正魅力。

幼儿园水墨画教学指导策略

顾婷婷

水墨画是一种有着悠久历史传统的民族艺术，它蕴含着丰富的民族艺术语言，是中华民族的传统绘画，有着独特的风格，是中国人文精神中最具代表性的文化遗产之一，是我国的国粹。水墨画技法简练、造型概括，深受幼儿的喜爱，它在造型上介于“似与不似之间”的表现手法，与儿童对客观事物特殊的观察方式、特殊的心理状态相契合。幼儿能在笔墨游戏中接触和感受传统艺术的精髓。水墨画对幼儿来说有一定难度，因此我们以欣赏教学为主，笔墨技法教学为辅，化难为易。水墨画“不求形似，但求神似”的特点又迎合了幼儿绘画造型夸张的特点。近年来，我进行了幼儿园水墨画教学的实践研究，想让幼儿在快乐的水墨画活动中接触和感受传统文化艺术的魅力和精髓。

一、兴趣入手，以趣激画

幼儿对绘画的兴趣往往带有情绪色彩，容易停留在“好玩”层面。玩是每一个幼儿的天性，他们生性好动，敢于去画，我抓住他们这一特点，巧妙引导，采用各种他们喜闻乐见的形式激发幼儿学习水墨画的兴趣。

(一) 为幼儿提供丰富的水墨画材料和玩法，激发幼儿对绘画的兴趣

幼儿刚接触水墨画时，我为他们提供了丰富的操作材料，如宣纸、水、墨，不

提任何要求让他们自己做水墨游戏，感知浓淡不同的墨在纸上的变化，幼儿对此很感兴趣。他们惊奇地发现了墨色在宣纸上的变化——点一笔就会说是花朵、蝌蚪，画一笔又会说是小河、波浪，用浓墨在纸上一画会说“天黑了”，加上一些水，又会说“天亮了”。水墨交融的感觉丰富了幼儿的想象，在不断变化的画面中，幼儿了解了水墨与纸的关系，他们不由自主地说：“水墨画太好玩了！”

这里我列举三种水墨画的玩法。

1. 吹墨

在光滑的白纸上，滴上一些墨和国画颜料，让幼儿用吸管在墨上吹，各自变化形态，有的像太阳，有的像树、小鸟、花等。效果出得快，掌握方便，还能培养幼儿的想象力。

2. 染墨

在一盆水里滴上几滴墨汁，让幼儿观察墨汁在水中的展开，将宣纸快速放入水中，将水墨的自然纹理引入宣纸，并将宣纸晾晒，让幼儿想象图案的造型，并进行添画。

3. 滚墨

选一张自己喜欢的色纸作为底纸，放在鞋盒里，把玻璃弹珠蘸满各种国画颜料和墨，放在盒子里任其自然滚动，珠子滚过后留下的各色轨迹，极富艺术感。

(二) 运用多种教学方法，激发幼儿对水墨画的兴趣

1. 儿歌助记忆

正确握笔是幼儿学习水墨画的前提。练习握笔时，我请幼儿借助儿歌玩“金箍棒”的游戏：“孙悟空的金箍棒，三指四指夹手上，大指低头要来抢，金箍棒儿握手上。”这样幼儿很容易就掌握了毛笔的握笔方法。执笔的儿歌：“拇指按，食指夹，中指勾过来，四指顶住它，小指来帮忙，毛笔拿好了。”行笔运笔的儿歌：“直笔画的线，线儿细又圆；侧笔画的线，线儿宽又扁。”水墨用法的儿歌：“水多纸上画，一湿一大片，水少画的画，留白一点点。”这样，从执笔到运笔画画，孩子们都是唱着朗朗上口的儿歌快乐地进行的。

2. 游戏巧辅助

在教幼儿认识中锋、侧锋时，如果一味地示范、强调，幼儿是很难掌握的，因

此我在教学时采用游戏的方式，如画“小蝌蚪”时，请幼儿运用大小两支笔，玩大笔跳圆圈舞、小笔跳线条舞的游戏；画“美丽的春天”时，让幼儿玩“拉根绿绳去散步”等游戏。绘画的过程是孩子玩的过程，用画具玩水墨，一切显得和谐自然。

二、创设环境，感受氛围

(一) 通过班级环境创设，让幼儿在艺术氛围中感受水墨韵味

我们创设了幼儿学习水墨画的氛围，为幼儿提供一个平台和空间，在活动室内布置张贴水墨画作品，有动物、人物、植物等。例如，在主题活动“好吃食物”中，我将孩子们画的辣椒、青菜、萝卜、蘑菇、西红柿等水墨画作品呈现于活动室墙面上，让孩子们感受简练生动的造型、变化丰富的用笔。又如，在“我是中国人”的主题中，让孩子们领略了齐白石的《虾》、徐悲鸿的《奔马图》等中国著名画家的作品，这些作品深化酣畅的墨色，生动传神的画面，让孩子们感受到了国画的无穷魅力，从而被深深地吸引，兴趣盎然。然后我在个别化学习活动区域中设置水墨画区，为幼儿提供了他们随时能欣赏、处处能看到的水墨画作品，在选择内容时尽量贴近幼儿生活并注重活动的可操作性、启发性，从而不断提高幼儿对国画的感性认识和审美能力。由此孩子们产生了“我也想画国画”的强烈愿望。

(二) 欣赏名家绘画，逐步建造审美心理结构

名家的绘画能让幼儿感知、想象、理解和创造美，这样才能谈得上审美能力的提高。我们找来许多绘画大师的名画让幼儿欣赏，从线条、色彩、质感、肌理等方面让幼儿接触美术作品的审美形式，逐步了解美术作品的各种艺术语言因素。例如，齐白石老人的《群虾图》水墨酣畅淋漓，洋溢着自然界生机勃勃的气息，流露出孩子般的天真。我首先向幼儿讲述齐爷爷画虾的故事，再出示群虾范图提问道：“你看到了什么？”“齐爷爷是怎么样画出来的？”接着让幼儿讨论和评价：“你觉得齐爷爷的画好看吗？齐爷爷画画时是怎样用墨的？”“他画的虾是否都一样呢？”（观察虾的身体弯曲的不同姿势，虾细长的前腿在水流中顺势而动，捕食小鱼、小虫的样子。）“你喜欢他的画吗？为什么？”通过欣赏，孩子们用自己的眼睛感受到了线条的魅力，并且尝试跟着齐白石老爷爷画一画虾。于

是，孩子们画的虾，有的在水中自由自在地游来游去，有的在找寻食物，还有的则举起长长的虾钳互相嬉戏等。

又如，在欣赏徐悲鸿的作品《奔马图》时，欣赏画家运用饱酣奔放的墨色勾勒头、颈、胸、腿等大转折部位，并以干笔扫出鬃尾，使浓淡干湿的变化浑然天成。马腿的直线刚劲有力，犹如钢刀，力透纸背，而腹部、臀部及鬃尾的弧线很有弹性，富于动感。整体上看，画面前大后小，透视感较强，前伸的双腿和马头有很强的冲击力，似乎要冲破画面。这些大师的作品，让孩子们感受到线条丰富的表现力，提高了他们的潜在素养。他们从中也了解到线条的各种特征，即运笔方向、使用材料、排列方法、描绘的速度及用力轻重不同会使线产生许多变化，也了解了作者可以根据自己的感受、风格、爱好，采用不同的线去表现，并学着评价大师们的作品，这些都使幼儿的美术基本素养有了很大的提高。

三、 结合实践，走近水墨

我园的特色是民俗图阅读，在水墨画教学活动中，我常常以各种民俗绘本为载体，先让幼儿对民俗绘本进行观察、解读，再将教学内容创设成一定的艺术情境，吸引幼儿的注意力，使其置身其中产生创作的欲望，从而达到理想的效果。

例如，在进行“一园青菜成了精”的集体活动前，我先请幼儿带来了各种各样的蔬菜，将活动室布置成一个蔬菜的世界，让孩子们自由观察各种不同蔬菜的外形特征，激发幼儿认识蔬菜的兴趣。然后再请幼儿运用学过的水墨画技法，画出自己喜欢的各种蔬菜。有的孩子用大笔淡墨晕染的方法画出了青菜；有的孩子用小笔轻轻提笔画出了小葱、豆芽；还有的孩子则直接用按压笔的方法画了尖尖的辣椒。由于孩子们有了前期的观察和比较，他们创作时十分地大胆和投入，而且每个人的画面都形态各异，与众不同。

又如，“小蝌蚪找妈妈”的活动，我寻找来了同动画片相似的绘本故事《小蝌蚪找妈妈》，这个故事的原型出自白石老人的水墨名作《蛙声十里出山泉》。孩子们首先了解绘本故事的内容，然后再欣赏其中画面的内容，让孩子们初步了解水墨画，通过水和笔墨的无穷变化产生出生动、古朴、简洁、概括的艺术效果。在活动中，我和幼儿一起欣赏了齐白石画的小蝌蚪，我问：“齐白石老爷爷画的小蝌蚪为什么这么像真的？”“他有什么窍门呢？”孩子们根据日常积累的使用毛笔的经验，得出了结论：原来在控制用毛笔画画的力度上是很有讲究的。孩子们发现："要画细细的线条时，就需要把毛笔竖起来，轻轻地画。""要画粗粗的线条就需要让毛笔躺下来。"最后大家达成一致意见，用同一支毛笔能画出粗细不同的线条，这可只有中国人发明的毛笔才能做到，从而激发幼儿大胆表现的欲望，感受水墨画的乐趣。

教育的根本目的是感受美、传承文化。希望我们的水墨画教学活动，能让幼儿近距离感知中国的传统美术文化，接受中国传统文化的熏陶与浸染。

传统童谣在游戏活动中的运用与实践

丁　颖

童谣，即有韵律的儿童诗歌，是流行于儿童间的歌谣，语言活泼，富有音韵，读起来朗朗上口，在儿童的健康成长中发挥着重要作用。游戏是幼儿学习的主要方式，《3～6岁儿童学习与发展指南》中指出："幼儿园要利用民间游戏，适当地向幼儿介绍我国主要的民族文化，帮助幼儿感知文化的多样性和差异性。"多年来，我园以陈鹤琴先生的"活教育"思想为指引，开展了民族化、生活化的园本课程研究，我发现传统童谣与游戏结合的方式，有助于提升幼儿认知、情感、动作等各方面的能力，让幼儿对中国民俗文化有初步的认知与了解。

一、选择合适的童谣运用于游戏

(一) 根据幼儿的年龄特点选择童谣

不同年龄阶段的幼儿发展水平不一样，因此，我根据幼儿的年龄特点和最近发展区来选择适合小、中、大班三个年龄段幼儿的童谣。对于小班幼儿，我会选择易于通过动作表达表现的童谣，如《拉大锯》。对于中班幼儿，我会选择稍具挑战性并且能运用丰富形式展现的童谣，如《马兰花》。对于大班幼儿，我选择让幼儿多方位感知生活美的童谣，引导幼儿大胆地用唱歌、舞蹈、戏剧表演、角色游戏等形式去表现自己的感受，如《上海叫卖小调》。

(二) 根据教育价值筛选童谣

童谣的历史可以追溯到远古时期，在这漫长的阶段，童谣在每个时期都有着各自的特点，其承载的思想也明显有着时代的特色。因此在童谣的选择上要有一定的删选，童谣的内容要符合幼儿园的主题背景，要积极向上、健康育人，能促进幼儿良好的道德品质的发展。

(三) 根据不同素材归类童谣

根据童谣内容的不同，我们大致将传统童谣分为行为习惯篇、安全篇、游戏篇、科普篇、文学篇、情趣篇，让幼儿接触到呈现各方面知识素材的童谣。我们还根据童谣地域的不同，在教学活动中渗透方言童谣，如沪语童谣这样具有浓郁的地方特色，内容简单易懂的，合适幼儿吟诵的童谣，如《小巴辣子开会了》。

二、 童谣与游戏紧密结合的有效方法

陈鹤琴先生曾说过："小孩是生来好动的，是以游戏为生命的。对孩子来说，游戏就是工作，工作就是游戏。"我在实践中获得了以下经验。

(一) 将现成的童谣用于游戏

传统的民间游戏和童谣密切相关，从某种程度上来看，童谣与民间游戏相生相伴，并且童谣本身就具有游戏性。它是民间创编并在民间广为流传的，为人们所喜闻乐见的游戏活动。因此我们选择富有游戏性的童谣让孩子学习。像《马兰花》《丢手绢》《编花篮》《炒黄豆》《背砖》《拍大麦》《外婆桥》《剪刀石头布》《骑大马》等这类童谣游戏，非常受孩子们欢迎。如大班的体育游戏《编花篮》活动，教师鼓励幼儿以小组为单位进行游戏，10 人手拉手围成圆圈，一边念儿歌"编，编，编花篮，花篮里面有小孩，小孩的名字叫花篮。蹲下，起来，坐下，起来。三五六，三五七，三八三九四十一"，一边完成搭腿的动作。在这个活动中，孩子们的腿只要能全部搭在一起就算成功了。在这个游戏中，即便那些平时比较内向胆小的幼儿也会积极地参加到集体游戏中，而且孩子们也能在童谣游戏中感受中国传统文化中的团结合作精神。

(二) 将传统童谣改编成游戏

童谣之所以得以流传下来,很重要的一个原因是它具有浓厚的趣味性和娱乐性,将童谣与游戏相结合,能够让幼儿喜欢念童谣玩游戏,使"童谣游戏化,游戏童谣化"。如在小班体育游戏《雁雁飞》的活动中,幼儿一边念童谣"雁雁排成队,后头跟个小妹妹。雁哥哥,慢点飞,雁妹妹,快点追,大家团结紧,谁也不掉队",一边做相应的单脚跳、双脚跳动作,全班幼儿肩靠肩双脚跳。孩子们在游戏中边玩边吟唱,情绪较为明快,非常欢乐。又如,我将童谣《五指歌》改编成了游戏,孩子们一边念童谣,一边数数:"一二三四五,上山打老虎,老虎没打到,碰到小松鼠,松鼠有几个,让我数一数,数来又数去,一二三四五。"有趣的童谣让幼儿把抽象的数学知识融合成有趣生动的形象,在游戏中进行数数。

(三) 给游戏加上有趣的童谣

游戏有着多种多样的表现形式,在游戏中加入童谣,不仅让游戏变得更有趣,同时游戏的规则也融入于童谣中。如中班体育活动"跳竹竿",由于跳竹竿这个游戏的韵律性很强,因此我们选择了童谣《炒黄豆》作为游戏的起始部分,并改编为"炒、炒、炒黄豆,炒好黄豆跳竹竿"。在这个活动中,教师先将竹竿放好,然后和孩子们一起念《炒黄豆》的童谣,读完童谣之后,提醒幼儿快速分组,一组是敲竿者——一边敲竿,一边念童谣;一组是跳竿者——幼儿根据跳竹竿童谣的提示进行跳竿。给游戏加上有趣的童谣,不仅可以作为游戏的规则,而且激发了孩子们游戏的激情,同时也能体现孩子们初步的合作分组协商的能力。

三、 童谣促进幼儿有效学习

(一) 童谣提升幼儿的学习兴趣

进行中班活动"马兰花"时,考虑到马兰花是传统的经典民间体育游戏,而我们班的孩子对于《马兰花》这首童谣也很喜欢,因此我将这个体育游戏稍作调整,设计成了数学游戏活动。活动中先请幼儿自由组合,三人为一组,由一位幼儿做评委,另两位幼儿做竞争游戏,三位幼儿一同念童谣"马兰花,马兰花,风吹雨打都不怕,勤劳的人们在说话,请你马上就开花",当念到最后一个字"花"时,评委就任意拿出一朵花的图片,比一比谁先说出正确的花朵数量,或者评委任意拿出两种特征标记的图片，比一比谁先找到相应数量的物体或图形。这样的活动既培养了幼儿的竞争意识，发展幼儿的注意力和观察力，也培养了幼儿运用目测方法说出正确的数量，并且根据物体的两种特征找到相对应的物体或图形等能力。这个童谣结合游戏形式进行，增加了活动的趣味性，使数学活动不再枯燥乏味。

(二) 童谣协助幼儿的有效学习

在进行数的学习时，我们自制了具有民间特色的骰子，让幼儿在玩骰子时学习数学。活动时幼儿抛骰子，抛下后，根据骰子上的点数，找相应的数字，帮助幼儿形成点与数的概念；在《点兵点将》民间游戏中，将数字或点贴在幼儿身上，点到谁，就找对应的点数或数字；学习 6 的相邻数时，把民间游戏《跳格子》和相邻数结合起来，在地上画一些与 6 有关的相邻数，边跳边念，“6 有两个好邻居，就是 5 和 7，5 是 6 的小邻居，7 是 6 的大邻居”，将抽象单调的数学知识变成有趣有节奏的童谣，幼儿在说说玩玩中巩固了数学概念。

(三) 童谣促进幼儿的社会性发展

小班音乐游戏《拉大锯》是一种传统的民间游戏，通过两个朋友对坐，两腿伸直、脚掌相抵、手指互勾、一仰一俯的方式交替进行游戏，这样的方式也是小班的幼儿所喜欢、所能接受的。活动中，先让孩子们一起观看大班哥哥姐姐的情景表演，学习童谣“拉大锯，扯大锯，姥姥门前看大戏，你也去，我也去，就是不让二妞去，嗯”，再启发幼儿用动作来表现童谣内容。在表演游戏环节，首先让他们进行单人的游戏，之后让他们选择同伴进行游戏，并且在手的动作、脚的动作以及二妞生气的样子这些地方进行提升。通过将游戏与童谣活动结合，让幼儿在游戏中快速学习，也增进了幼幼、师幼之间的感情，使幼儿的社会交往性得到了发展。

童谣是我国民俗文化的一个缩影，蕴含着历代华夏儿女的人生智慧，是所有现代人都应当去珍视的一项重要文化遗产。所以，我将会继续进行传统童谣与游戏的整合研究，希望在传承我国优秀民俗文化的同时，为孩子们打造一个无忧无虑的快乐童年。

在音乐活动中挖掘古诗词的韵律美

——以大班音乐活动“山行”为例

俞 航

古诗是中华传统文化的魅力结晶，让幼儿从小接触古诗可以提升他们对美的感受，萌发其对中华传统文化的热爱。进行幼儿古诗词教学，要从幼儿思维的发展特点入手。幼儿期的思维特征是具体形象思维占主导地位，主要依靠事物在头脑中的具体形象或者表象，即依靠对外部事物在头脑中留下的形象的联想来进行思维活动，并不会通过推理、概括等方法关注事物的内在联系。而美妙又有节奏的音乐就是一首有韵律的诗，将古诗与音乐有机结合，不仅可以改变单纯古诗教学的枯燥、乏味，同时还能提高古诗教学的趣味性，促进幼儿对古诗的理解，帮助幼儿更好地记住古诗。

古诗《山行》的画面描绘了深秋时节，诗人在蜿蜒的山路上行走，云雾缭绕，看见傍晚的枫林而作诗的情境，最后以“霜叶红于二月花”这样蕴意深远的句子结尾，是因为诗人惊喜地发现在夕晖晚照下，枫叶流丹，层林如染，真是满山云锦，如烁彩霞，它比江南二月的春花还要火红，还要艳丽。诗人通过这一片红色，看到了秋天的山林所呈现的一种热烈的、生机勃勃的景象。开展这个活动时正值秋天，幼儿对于秋天的景象变化已有所了解。基于此，我们尝试将古诗《山行》与音乐活动融合，初步探索古诗在音乐活动中的教学方法，使幼儿在音乐中理解古诗。

一、 诗画导入，激发兴趣

都说音乐是人类的灵魂，那是因为音乐往往能够充分表现人们的心情。如果在开展古诗教学活动时把音乐旋律与节奏融入其中，仿佛是一位朋友正在讲述自己身边的故事，有快乐的、有感动的、有激励的、有忧伤的、有愤怒的……在音乐的诉说中，会使聆听者更快地融入，感受古诗不同的韵味。

在活动导入环节，我以课件呈现古诗情境画面，让幼儿仔细观察并大胆讲述画面上的景象，从而对古诗的内容有直接的了解。以下是《山行》的导入教学片段。

师：今天我带来了一幅画，请你们来看一看。

幼 1：我看到了高高的山。

幼 2：我看到有一个人背着包在路上走。

幼 3：我看到了枫叶一片片落下来。

师：那你觉得这是在什么季节呢？

幼 3：枫叶是在秋天的，所以这个一定就是秋天。

我马上追问“你从这幅画里想到了哪一首古诗，你从哪里看出来的”，来让幼儿用自己学过的其他古诗来诠释对这幅画的理解。有的幼儿说：“可能是古诗《菊花》，因为远处有篱笆，几个人坐在一起。”“你的眼睛真尖，看到了篱笆，可能是诗人陶渊明驻足篱笆外，欣赏秋天的美景。”我回应道。“我觉得是古诗《秋思》，因为这首古诗是写秋天的。”另一幼儿说。“是呀，《秋思》是张籍在秋风中勾起了对家乡、亲人的思念之情，于是创作了这首诗。”我对幼儿的表达进行简单分析，从而让幼儿感受古诗的意境美，增加他们对中国传统文化的了解和认识。当幼儿对古诗文化有了初步的了解后，再开始集体诵读古诗《山行》，这样既能为音乐活动创设氛围，又能激发幼儿学习古诗的兴趣。

二、 音乐表演，体会情感

在教学过程中，通过寻找旋律与节奏的关系，使幼儿在愉悦的环境中吟唱古诗、掌握古诗。在吟唱古诗的同时，不仅可以感受音乐美，提高幼儿的审美情趣，而且还能更深入地体会古诗的韵味。在幼儿朗诵古诗之后，我提出要求让幼儿自由分组，在音乐的伴奏下进行结伴表演，既体现了大班幼儿的合作能力，也能多形式地体验与同伴共同诵读的快乐。

(一) A组：古诗新唱

节奏欢快、旋律工整的乐曲往往比单调、呆板的念诵更易被幼儿接受。基于幼儿的年龄特点和我园传统文化的特色，我将古诗词与旋律、节奏相融合，变单调的口头念诵模式为灵活的吟唱模式，即给古诗配上不同旋律、不同节奏的音乐。例如，在古诗《山行》的活动过程中，通过反复听辨歌曲让幼儿感受乐曲的旋律，挖掘其中的节奏元素并找出正确的节奏类型，尝试集体创编与吟唱。但是，如何让幼儿挖掘出更多旋律与节奏的关系，激发他们更多的兴趣呢？于是，在分组创编中，我为幼儿提供了图谱，让幼儿尝试排图演唱，将七言诗的词套入五言诗的音乐节奏中，使幼儿在欣赏排图中寻找到不同的旋律与节奏的关系，找出替换歌词时产生的延长音，合理地填词。他们创编了

|X X |X X|X -||，|X X |X X|X -||

远上 寒山石 径斜 远上 寒 山 石径 斜

等节奏型，在悠扬的音乐声中体验与同伴共同表现古诗新唱的快乐。

(二) B组：动作编排

好动是儿童的天性，在音乐活动中要尽量让幼儿有动起来的机会，积极引导、鼓励幼儿创作肢体动作，提高音乐教学的有效性。在古诗《山行》的活动过程中，我为幼儿提供了绸带、彩绘笔、秋叶的贴纸等辅助材料。我看到幼儿将枫叶的贴纸贴在自己的额头，用彩绘笔在脸蛋上画上美丽的秋叶，在装扮自己的过程中感受秋天的美，体会古诗情感。同时，我引导幼儿根据每句的古诗内容创编出相应的动作，特别是“远”“山”“径”“白云”“人家”“停车”“风”“霜叶”“二月花”这些词在肢体上的表现。孩子们设计了如下动作：远上寒山石径斜——双手从胸前划过指向天空；白云深处有人家——“白云深处”双手在头顶上面摇摆，“有人家”双手指尖靠在一起，摆出房子造型；停车坐爱枫林晚——骑马状，然后双手回到头顶上方揉臂；霜叶红于二月花——从头顶上方开始慢慢抖动双手做枫叶掉落状，最后双手托腮摆出花的造型。幼儿用肢体动作表现古诗内容，既可以发挥幼儿的想象力和创造力，又可以将抽象的诗句具象化，帮助幼儿理解和记忆。

(三) C组：乐器表演

幼儿对打击乐器很感兴趣，他们可以通过敲击乐器来表达和表现对音乐的感觉和理解。分组排练中，幼儿没有固定的配器模式，以好听为前提，幼儿要根据乐曲特点、乐器音色特点来确定如何配器。我提供了多种乐器，让幼儿根据古诗背景以及他们的理解选择乐器，他们选择了铃鼓、沙锤、小铃以及响板。我发现他们用响板表现“远上寒山石径斜”中秋天的凄凉；用沙锤表现“白云深处有人家”的悠扬、静谧；用小铃表现“停车坐爱枫林晚”中诗人欣赏秋景的期待、明快的心情；用铃鼓的摇晃表现“霜叶红于二月花”中枫叶一片片掉落，一派生机勃勃的景象。幼儿在自主尝试中感受不同的乐器可以体现出每句诗词的不同情感。

音乐表演使幼儿加深了内心体验，感悟到古诗所要表达的情绪情感，同时也体验了用动作、乐器和歌唱等方式来表现古诗的乐趣。古诗与音乐的有机结合，让诗中的形、声、情直接作用于幼儿的感觉器官，这样有利于将幼儿带入诗中所描绘的艺术境界，很大程度上提高了古诗教学效果，让枯燥的古诗充满了韵律之美。

开展幼儿剪纸活动初探

杨昌敏

剪纸是我国的民间艺术瑰宝，它源于民间的美术活动，民间剪纸艺术活动对幼儿的作用是独特和多方面的，它主要通过剪、粘、抠、刻等技法来表现艺术，以其独特的技法和趣味性，深得孩子们的喜爱。它通过让幼儿动手动脑，锻炼了幼儿的手眼协调及小肌肉的精细动作，促进幼儿智力的发展，萌发幼儿的创造性思维。陈鹤琴先生说过："小孩子应有剪纸的机会。"他认为剪纸有两方面的好处："一是可以养成独自消遣的好习惯，二是可以练习手劲。"也就是说，剪纸可以使孩子安静下来，专心致志地干一件事，还可以使他们练出一双灵巧的手。在剪纸实践中，我根据主题活动的不断深入，从主题内容、幼儿兴趣、幼儿剪纸技能发展等多方面出发，进行了一系列幼儿喜爱的剪纸活动，不仅培养了幼儿的剪纸技能，还提高了幼儿的审美能力、创造能力、合作意识等。

一、先情境后兴趣

环境是幼儿园最重要的教育资源，而环境又可分为心理环境和物质环境。因此，在教学活动中，为孩子创设一个轻松开放的学习环境是十分必要的。在剪纸活动中，为幼儿创设情境是激励幼儿不断尝试、进步的有效途径之一。

在组织幼儿剪纸活动时，我将情境创设贯穿于整个活动。如中班剪纸活动"太阳眯眯笑"，我利用谜语引起幼儿的兴趣，导入活动："今天我们来猜一个谜语，看谁能猜出来。”“一个球，圆溜溜，夜里人人不见，白天家家有。”“你喜欢太阳吗？为什么？”情境化的导入和指引，能够立刻吸引幼儿的眼球，激发幼儿帮助小动物的情感以及学习剪纸的兴趣，为比较枯燥的剪纸活动赋予了新的活力。又如大班剪纸活动“大嘴巴”，我在剪纸技能的环节上进行情境化导入：“看！今天谁来和我们做游戏？它是什么形状的？小报纸向我们鞠躬问好呢！”绘声绘色的语言一下子吸引了孩子们，接着我又说：“小报纸真厉害了，头都碰到脚了，对折整整齐齐。哎呀，不好，‘啪嗒’一声小报纸摔在我们的手心里了，看它背朝下，头和脚都翘到天上去了！”我以小报纸鞠躬、摔跤的拟人化情境导入，将孩子学习的积极性调动了起来。活动中我边讲解边演示，将孩子所要学习的内容很好地融入情境当中去，提高了幼儿观察学习的主动性。

都说“兴趣是最好的老师”，层层递进的情境设计不仅将活动各环节情境化，还将幼儿剪纸技能的学习过程也巧妙地情境化，让幼儿更好地理解、探索，以一种轻松愉快的气氛带领孩子进入新奇的剪纸世界，通过角色情境的导入以及教师生动语言的引导，能够较快地激发孩子的学习兴趣，并且很快地接受学习内容。在生动形象的情境中，孩子能够在教师创设的有趣的情境中更自由、更自主、更放松地学习，将自己探索、习得的知识一步一步地提升，使剪纸真正成为最纯粹的“兴趣”。

二、 先悦目后赏心

在幼儿剪纸学习活动中，不光要学会剪，还要学会欣赏。

首先，剪纸活动的取材要丰富多彩，又要来源于生活，适合幼儿欣赏。如剪纸活动“老鼠嫁女”，就可以选取适合的剪纸绘本图案供幼儿欣赏，通过欣赏细致的剪纸作品、倾听生动有趣的故事，把幼儿带入一个富有民间色彩的剪纸世界中。另外，过年时的一些门饰、春联等，也融入了剪纸艺术，我会收集一些实物供孩子欣赏，一方面加深他们对新年气氛的感受，另一方面也让他们在潜移默化中感受到剪纸在我们生活中留下的美丽印记。

其次，很多的剪纸都有一定的寓意或者潜藏着一个有趣的历史故事，具有深刻的意义。因此，在引导幼儿欣赏时，一方面应引导幼儿重在观察，关注剪纸作品中的传神之处，另一方面，应多欣赏一些不同地域的剪纸特点，以此来增长幼儿的见识，培养幼儿的欣赏能力，也为幼儿进行剪纸创作积累了更多相关的认知经验。

剪纸活动强调的是幼儿生活和社会生活的紧密结合，帮助幼儿从自己已有的生活经验中选出自己感兴趣的内容，注重幼儿的感受与体验，引导幼儿热爱剪纸，学会欣赏剪纸作品，着重强调幼儿的动手操作和亲身体验。

三、 先学会后会学

我们在设计剪纸活动中思考得最多的是"幼儿能不能学会"这一问题，但是随着剪纸技能要求的不断提升，我需要讲解的步骤也逐渐增多，这对我们来说是一个挑战。所谓"学会容易，会学却不简单"，在这一过程中我循序渐进，逐步引导幼儿掌握剪纸的规律及方法，如在每次出示剪纸范例时，让幼儿以自由讨论的形式，思考折、剪的过程，并通过剪纸范例的外形特征等，分析剪挖时的注意点等。比如，小班上学期幼儿学习剪纸的技能还比较弱，经验基础比较缺乏，对折剪、镂空剪都只有一些简单的接触和了解，于是在每次的剪纸活动中我要逐步引导幼儿往这方面思考。中班剪纸活动"小娃娃"，我引导幼儿观察小娃娃的范例，先引导其思考对折的方法，接着引导幼儿观察对折及剪的方法，若幼儿意见不同，可个别尝试验证。通过实践积累经验，在多次的训练中，孩子们渐渐地能够自己找到折、剪的规律，能够主动通过自己的尝试巩固原有经验，并获取新经验。

四、 先技能后创新

在剪纸教学中，技能的学习总是放在第一位的。从最初的撕纸到后来的沿线剪、目测剪、对折剪、镂空剪、画样剪等，都需要幼儿在活动中逐步掌握。而在活动中，除了让孩子墨守成规式地按照教师的要求进行操作以外，怎样让孩子在掌握了一种技能后进行思维发散呢？我们会发现孩子们在不断学习新授剪纸技能的同时，却往往忽略了已有剪纸技能的巩固，每每在某个活动中需要回忆以前学过的剪纸技能时，常常迎来一张张困惑的小脸。所以，每次活动我们都会将以前"旧"的剪纸技能再次复习下，引导幼儿不断巩固已有的剪纸经验，帮助幼儿积累自主创作的经验的同时，将各种已有剪纸技能组合、叠加成"新"内容。在调动幼儿原有经验的同时，引导幼儿快乐创作、快乐学习！

五、 先巩固后发散

在剪纸活动的组织和实施中我们也常常发现，虽说幼儿在学习每一种剪纸技能时，都有很多次的练习机会，但由于要顾及主题活动的变化和各班幼儿的个体差异情况，每一种剪纸技能都没能得到充分巩固，因此将剪纸渗透在个别化学习活动中也是十分必要的。在每周的个别化学习活动中，我们会围绕主题活动、幼儿的兴趣点、幼儿的剪纸发展情况来制定内容。如主题活动“娃娃家”，我引导幼儿尝试做一次“能干的设计师”，在塑料袋上自由地剪贴装饰；主题活动“小司机”，我引导幼儿在剪贴好斑马线后，自由地剪贴马路上的汽车、路人、植物等，以丰富作品画面；主题活动“苹果和橘子”，我引导幼儿尝试自由地剪一剪生活中常常吃到的水果。在引导幼儿巩固剪纸技能的同时，我们还给幼儿创设了展示作品的平台，如“创意吧”，这是剪纸作品的展示平台，展示每次幼儿的作品，孩子们在这里可尽情发挥自己的想象。这是在开放的环境中激发幼儿的探索欲望，提高幼儿的创新能力和动手能力。

总之，我们要“纸随心动，心随指动”，让幼儿在剪纸活动中得到美的熏陶，让幼儿理解美、感受美、表现美、创造美，不断获得成功感和快乐。

多媒体技术让幼儿民俗图阅读活动更精彩

马驰瑛

随着现代科技向社会迅速而广泛地渗透，多媒体已经悄然走入了幼儿园的课堂中，多媒体信息技术使静止的图文视听化、复杂的内容简明化、抽象的思维过程形象化、知识的发生过程动态化，激发了幼儿的学习兴趣和对未知领域知识的探索欲望。幼儿园教育的对象是学龄前儿童，他们兴趣广泛、好奇心重、爱玩游戏，处于具体形象思维阶段，对比较抽象的事物还很难大量接受，而多媒体技术提供的多画面、多通道的声像视听结合更能营造出直观、多样的阅读环境，为幼儿创造出想说、敢说、乐意说的语言阅读情境，优化民俗图阅读活动。

一、利用多媒体技术，激发幼儿的民俗图阅读兴趣

幼儿园的孩子年龄小，兴趣维持的时间明显较短，而民俗图阅读对象可能有大量的非连续性的、非故事性的图画或者图符。运用多媒体手段，可以将单一的画面和鲜明的视听形象结合起来，使民俗图内容直观地呈现在幼儿面前，生动有趣。

小班孩子对颜色鲜艳、主题鲜明、内容简单的阅读材料感兴趣，所以老师会提供传承性更广、辨识度更高的窗花类民俗图。为了让孩子观察到窗花的对称美，老师利用多媒体技术，为孩子呈现完整的窗花制作视频，然后利用交互式电子白板的画笔功能，让幼儿为剪完的窗花进行填色，当然在填色的时候，我们会

告诉幼儿，窗花属于单色剪纸，常用红色剪成。这样的学习活动既让幼儿了解了剪纸的特点，也大大激发了幼儿对民俗图的兴趣。

有了小班阅读民俗图的经验，中班幼儿会对有简单情节的民俗图感兴趣，于是我们就结合端午节的特色，把龙舟的花纹、粽子的造型、香包的纹饰等在多媒体上进行细致的刻画，供幼儿观察探索。在此过程中，我们还将龙舟上的龙图腾造型动画化，同时提供了香包的制作视频，让幼儿感受这些图符的美。通过这样活灵活现的呈现方式，孩子们对《端午节的故事》更感兴趣，也对传统文化的研究更有兴趣了。

到了大班，幼儿有了丰富的阅读经验，我们会将民俗图的阅读与生活中常见的事物相连接。在阅读绘本《奶奶的花旗袍》时，孩子们在理解绘本故事的同时，对绘本中的细节也更加关注，如旗袍上的纹样、中式家具上的图案等，所以教师在活动设计中，利用交互式白板的拖拉复制功能，让幼儿自己尝试制作旗袍，感受盘扣的花纹以及旗袍独特的花样。最后在个别化区角中以多媒体的方式呈现绘本并且提供制作旗袍的相关视频，让幼儿加深对旗袍式样的认知，了解制作旗袍的方法，在与多媒体的互动中，体验为奶奶换装和做一名设计师的快感。

所以，多媒体信息技术通过形象的画面、生动的配音，为幼儿构建了通向民俗图阅读的桥梁，幼儿的学习情绪高涨，参与活动的积极性很高。

二、 利用多媒体技术，创设幼儿民俗图阅读的情境

传统的民俗图阅读教学形式较单一，一般教师常借助图片进行讲述，无论图片是单一的还是连图形式的，画面内容有多么丰富、形象，表现出来的都是静止的画面。而活泼好动的幼儿天性喜欢有生命力的东西，看图说话已经不能完全满足幼儿说的欲望。多媒体信息技术引入教学后，投影仪、录像机、幻灯片、电脑等电教设备让民俗图阅读教学活动的形式更丰富，内容更形象，如可以进行语音同步、人机交互等，这样不仅开阔了幼儿的视野，丰富了幼儿的经验，也激发了幼儿语言表达的积极性。

小班活动“春节的故事”，为了让幼儿感受春节的气氛，老师利用交互式白板设计了“放鞭炮”“点花灯”等游戏，营造了过年的氛围，幼儿在声、形、色的感官刺激中，真正走进了传统节日，走进了民俗习俗。

中班活动"冰糖葫芦，谁买"，在让幼儿观察北京胡同、冰糖葫芦等代表性图示时，老师加入了弄堂的叫卖声、自行车的车铃声等，让幼儿仿佛在北京老街的情境下解读民俗图，感受老北京的民俗文化。

大班活动"荷花镇的早市"更需要这样的多媒体技术，绘本中各种大型场景图细节点过多，不便于幼儿观察感受，于是老师让画面中极具代表性的图示（灯笼、小摊贩等）动起来，幼儿能第一时间观察到这些细节。老师还在活动中利用了拉幕等功能，让幼儿"听声辨物"，寻找早市中某一场景，同时通过背景音效的设计，让幼儿仿佛处在荷花镇早市的场景中，感受江南水乡的文化。

这些生动有趣的游戏场景，让幼儿在阅读的过程中加深了对民俗图的理解。更重要的是，多媒体信息技术让民俗绘本来到我们身边，与孩子们的现有生活经验结合起来，让似乎遥不可及的"很久以前"的故事离孩子们更近了一些。

三、利用多媒体教学，突破民俗图阅读的难点

3～6岁的孩子以具体形象思维为主，他们对理解一些民俗图阅读内容的内在意义存在一定的难度。而多媒体信息技术以文字、声音、动画相结合的方式，将抽象的内容变为具体，把原本较为生疏、难以理解的内容配上生动形象的画面及悦耳动听的音效，让静止的内容活动起来，使幼儿在身临其境中理解故事的内在意义。

在中国的神话故事中，常常会出现一些违反现实规律的情节，比如动物会说话、动物变成人等。如大班活动"咕噜咕噜，涮锅子"，教师在动物变身时加入一段特定的音效，并与幼儿一起分析对比了动物变身前后的画面，通过衣服的颜色、动物的走路声、动物的叫声等特征，帮助幼儿理解小动物变成人的故事情节。与此同时，教师用鼠标器控制画面，做到动静交替，使幼儿通过交流、表达，更充分地理解了故事内容，从而进一步加深了幼儿对民俗图阅读内容的理解。

大班活动"神奇的九色鹿"，因为内容离幼儿的生活较远，特别是里面有很多特征明显的角色，幼儿很难第一时间去了解其要表达的含义，于是教师为活动节选了一段视频并加入一段音乐，让幼儿自主理解画面中角色间的关系变化，生动有趣的画面加上扣人心弦的音乐，让幼儿活动的积极性被充分调动起来。更重要的是，动画中动态的信息，以及高潮时音乐的烘托，唤起幼儿已有的

经验，使幼儿不再单纯地将它作为某一知识去理解，而是在积极运用已有经验理解的同时，产生好奇和疑问，促使幼儿积极质疑。教师运用多媒体的手段，在九色鹿出现的时候加入探照灯效果，在祥云图案上增加了闪光效果，幼儿一下子就发现了画风的不同，这也为幼儿探究敦煌文化埋下了一颗好奇的小种子。

总之，把多媒体运用到幼儿园民俗图阅读活动中，教师利用多媒体有声、可见的优点，根据自己的教学内容设计出合理的课件，这样在课堂上，那些枯燥的教学内容就变成了吸引幼儿的动画，幼儿边看边学习，学习兴趣自然提高了，重难点也迎刃而解了。

支持大班幼儿开展民俗类角色游戏

安嵎敏

《3～6 岁儿童学习与发展指南》中指出，要珍视游戏和生活的独特价值，创设丰富的教育环境，最大限度地支持和满足幼儿通过直接感知、实际操作和亲身体验获取经验的需要。我们以角色游戏为切入点支持大班幼儿开展民俗活动，在民俗主题产生、材料支持和游戏分享等方面鼓励幼儿积极参与、自主体验上海本土文化并获得社会性等各项能力的提高，让幼儿在角色游戏中初步感知传统文化，感受民间风俗深厚的艺术魅力。

一、捕捉游戏中与民俗相关的兴趣点，鼓励自主创想

兴趣是民俗活动开展的条件，教师要捕捉幼儿游戏中与民俗活动相关的兴趣点，将他们在游戏中碰到的困难或者问题呈现出来，进行讨论和解决。

孩子们在我园开展的传统文化课题活动的浸润中，对上海本土文化产生了浓厚兴趣。在众多的风景名胜、手工艺传说典故中，上海城隍庙以其悠远的历史，一直为众人所津津乐道，也成了家长经常带孩子去玩的佳地。于是，教师结合孩子们的生活经验及其在大班主题活动“我们的城市”中获得的知识经验，寻找孩子们角色游戏的兴趣点，然后鼓励幼儿开展“城隍庙美食街”活动，与此同时在“材料库”中提供多种低结构游戏材料来支持孩子们开展游戏。

例如，多多从材料仓库找到了一些废旧材料，利用塑料瓶制作成漂亮的红

灯笼挂在每间店面的门楼上，一条热闹的“城隍庙美食街”出现在了大家的眼前。这个时候美食街的另外几个孩子自发地寻找材料进行游戏，贝贝穿上了自制的富有特色的民俗服饰扮成店铺的小老板，开始吆喝招揽起顾客；兰兰扮成了食品店的营业员，绘声绘色讲解起了美味的食品；昊昊则装扮成做糖人的老爷爷，用彩色的橡皮泥做成了各种颜色的糖人……不一会儿就有小游客来了，他们走进美食城购买豆腐干、兰花豆、小糖人等特产，这边选选那边看看，还有的津津有味地品尝各种美味小吃，露出满意的表情。

幼儿通过自主创想开展了城隍庙美食街的活动，教师积极鼓励孩子，并且支持孩子大胆地将自己的创想搬到角色游戏中，利用孩子们感兴趣的点，激发他们自主装扮、自主组织活动。孩子们有了教师的鼓励和支持也积极投入到了角色游戏之中，融入自己扮演的角色之中。

二、关注幼儿生成的民俗类角色游戏，给予材料支持

环境是重要的教育资源，蕴藏着发展的需要和教育契机，通过环境的创设和利用，能有效地促进幼儿的发展。为了帮助幼儿进行民俗类游戏活动，教师还在材料仓库里有意识地投放了民俗物品，如木质提篮、蓝印花布、毛笔、中国结、旗袍、方巾、龙凤字、铝丝编、报纸、纸盒等，为幼儿营造一个可自由拿取的空间，便于幼儿自主生成一些民俗活动。

孩子们提出想玩一点新的游戏，如开办一个茶馆。可是新游戏的开展遇到了困难……哲哲和辰辰跑了过来：“老师，我们开茶馆需要蓝印花布和紫砂壶，可是材料仓库里这些东西不够该怎么办呀?”这个时候我鼓励孩子们去其他地方试着寻找合适的材料：“你们可以去其他地方找找，看看有没有可以替代的材料。”孩子们又重新仔细找了一圈，这回有了许多新的发现。哲哲找来了报纸用蓝色水彩笔给它画上了花纹，辰辰找来了塑料罐子用橡皮泥给罐子装饰了一圈，不一会儿自制蓝印花布和紫砂壶都有了，他们还把纸箱一个个组合起来放在茶馆里做起了隔断屏障，没多久茶馆开张了。茶馆里面人气很高，吸引来了很多的小客人。

当孩子们在材料仓库中找不到所需的材料时，该怎么办呢？教师将这个问题情境直接呈现在孩子面前，并鼓励他们寻找合适的材料进行创造替代，比如孩子自主找寻了其他材料来替代了蓝印花布，还通过装饰将塑料瓶罐变成了紫

砂壶。材料仓库的提供是教师支持孩子自主游戏意愿的有意行为，当幼儿需要时可以自主寻找，但是上文中的幼儿遇到了材料不够的情况，这个时候教师想通过这个事件传达给孩子一个新的"材料观"，即材料总是有限的，要学习的是如何使用、改造、主动获取环境中可用的材料。教师对材料库的设计经历了"提供仿真材料—提供低结构材料—自我创设"的过程，孩子也经历了"直接使用材料—制作、替代—主动寻找、为我所用"的过程。

三、 捕捉幼儿游戏中的民俗元素，进行分享交流

每个孩子在游戏中都以最自然的状态反映他们的生活经验，这其中有值得分享的也有需要调整的，因此游戏讲评也显得尤为重要，这能帮助幼儿梳理经验从而内化为自身的行为规则。

有一次孩子们在娃娃家玩的时候，牛牛热情地邀请教师去娃娃家做客，她兴奋地告诉我："老师，这次我们家里准备了好多好吃的，想邀请你来娃娃家和我们一起过年。"牛牛开心地做起了饭。只见能干的"妈妈"在厨房里准备起了饭菜，接着一顿丰盛的饭菜端到了桌上。在角色游戏分享的时候，教师邀请了娃娃家的朋友们："过年了，娃娃家都在做些什么事情呢？"牛牛说道："我们做了很多好吃的。"这个时候我抛出了新的问题："过年除了做好吃的东西，大家还会做些什么事情呢？"孩子们开始热烈讨论了起来，贝贝第一个举手说："过年当然要拜年，还要大扫除。""还要贴福字，在门上还要贴春联、挂灯笼。"威威也紧接着说了自己的想法。天天说："我们家过年的时候还会放烟花、鞭炮，一起过元宵节。"紧接着教师结合绘本故事《过年啦》讲述了过年的由来以及各种传统习俗，将游戏与传统文化完美结合。通过大家激烈的讨论，教师和幼儿商讨出了一个结论：原来过年的时候，娃娃家里有很多事情要做，而不只是单一的做饭。

这一次的分享交流结合了对民俗绘本故事的解析，推进了游戏情节的发展，使孩子们对过年又有了更多的认识。在过完年后的第一次角色游戏中，惊喜的事情发生了，教师发现娃娃家变得热闹起来了，有的孩子在家里贴起了春联、福字，有的孩子提着花灯闹元宵，娃娃家里的"爸爸妈妈"忙碌着大扫除，洋溢着浓浓的年味儿。

孩子们因为自己有过年的经历，教师通过交流分享将这件事放大化，引导幼儿自主生成游戏情节，进而不断丰富游戏情节。教师需要做的就是支持和推

进，充分让幼儿在游戏中感受、体验民俗文化。

角色游戏中有效融入传统民俗文化资源，使幼儿园游戏生活化，满足了大班幼儿的发展需求，同时也增强了大班幼儿对民俗文化活动的体验，使他们时时刻刻受到民俗文化的熏陶。

民俗图阅读活动对幼儿道德启蒙的教育意义

张 艳

中国传统文化所具有的教育价值对幼儿道德发展具有重要的影响作用，为幼儿品德发展提供文化的传承。研究表明，幼儿时期的道德影响对人一生个性的健康发展极为重要，而古代文化经典是中华民族文化的源头，蕴含着爱国、立志、诚信、自强、节俭和修身等内容，对幼儿的健康成长十分有益。近年来，我们通过民俗图阅读活动研究让幼儿潜移默化地提高道德认识，形成良好的行为和习惯。

一、 选用民俗图阅读素材，培养幼儿的道德品质

学前阶段幼儿的道德认识带有具体形象性，随着年龄的增长会逐步提升。在小班、中班上学期阶段，幼儿的道德认识相对笼统，带有表面性和片面性。中班下学期一直到大班阶段，幼儿的道德认识逐渐分化，也更有广度、深度。

我们选用民俗图阅读素材时，会在内容的价值取向上加以辨析取舍。如在清明节的时候，我们选用民俗图画书《清明节的故事》引导文明祭扫活动，用扫墓、插柳、做青团等积极活动回避烧纸钱等消极活动，放大清明节对已逝亲人的怀念和感恩之情，并带领幼儿开展踏青、放风筝等欢乐的活动。又如在春节开展拜年说祝福话活动，和孩子们一起贴春联、猜灯谜、做元宵等。在开展民俗图阅读活动中，我们也会灵活处理图画书内容，以适应当代社会主流价值取向。

如在《端午节的故事》民俗图画书阅读中，我们注重引导幼儿通过讨论体会屈原的爱国爱民情怀，了解端午节的由来等。

我们选用民俗图阅读素材时，会根据幼儿的年龄特点，把道德教育渗透到幼儿的衣食住行、言谈举止等生活的各个方面，逐渐萌发幼儿爱家乡、爱祖国、爱集体、爱劳动的情感，培养幼儿诚实、勇敢、好问、友爱、爱惜公物、不怕困难、讲礼貌、守纪律等良好的品德，为幼儿良好道德品质的形成打下坚实的基础。如选取《孔融让梨》的素材，孔融只有四岁就知道让梨，上让哥哥，下让弟弟。在当代社会，很多孩子自小娇生惯养，从小养成独占独有、不懂谦让的不良习惯，以谦让、尊长、护幼为核心教育内涵的“孔融让梨”无疑具有针对性的教育意义，教育人们凡事应该懂得谦让的道理。《三字经》中“融四岁，能让梨”即出于此。《曹冲称象》中，当所有的大人都束手无策时，曹冲运用对比的方法完成了称象的全过程，表现了曹冲的聪明才智，也让幼儿知道，遇到任何事情都要积极地动脑，解决的办法不止一种。《黄香温席》中，黄香侍奉父亲的故事反映出一个孩子细致、纯真的孝心，是一个孩子从内心深处自然萌发、激发出来的孝，又是出于天性的、尽自己的能力所能做到的孝行，是我们学习的榜样。让我们从身边一点一滴的小事做起，孝敬父母、关心父母。这些内容让孩子懂得谦让、智慧、勇敢、孝顺的美好品德，也为幼儿提供了道德行为的榜样，使孩子知道什么是应该做的、什么是不该做的，引导幼儿养成辨别是非的好习惯，达到潜移默化、净化孩子心灵的目的。

二、 开展民俗图阅读活动，渗透道德品质教育

幼儿的道德品质与幼儿的道德认识、道德情感、道德行为紧密相连，从幼儿最初的笼统的道德概念逐步发展为概念化、复杂化、明确化的道德思维。民俗图阅读对幼儿的意义在于过程，在阅读的过程中能发展孩子的注意力、思维能力和想象能力。以小班活动“小蝌蚪找妈妈”为例，活动以欣赏水墨画的形式展开，通过故事内容让幼儿了解动物们帮助小蝌蚪找到妈妈的过程，感受人与人之间的友爱、互助、同情。到了中班、大班阶段，幼儿才开始从社会意义上来判断道德行为的好坏，但这种判断仍然是具体的。如活动“老虎外婆”，老虎又笨又搞笑，朵朵又聪明又勇敢。从主角老虎到螃蟹、炮仗、窗户、对联等各种事物，都像是有性格、会说话的人，从而让幼儿知道不要随便与陌生人交流，要学会保

护自己,要做一个有智慧的人。

如在《团圆》故事中蕴含着非常丰富的民俗情感,即由过新年的传统道德观念和风俗习惯形成的仪节,这就是"礼"的体现。其核心情感就是爸爸过年回家,全家团圆,享受亲情的欢乐。此外故事中还出现了非常多的民俗元素,如硬币、汤圆、理发、鞭炮、舞龙、贴门联、拜年、打扫房间、红包等。我们非常注重引导幼儿了解这些民俗传统,与幼儿一起挖掘、了解其寓意,如过年吃汤圆寓意"团团圆圆",放鞭炮、贴春联、舞龙狮等都是人们对未来美好生活的期盼等,其中"好运硬币"贯穿故事始终,最后小主人公又把它送给了爸爸,这些都是人们对未来美好生活的期待,是对自己、对他人的祝福等,这些情感都是非常积极的。

又如《小石狮》的故事,由小镇里一座石雕小狮子的自述展开,逐渐拉近至小石狮子的脸部细节特写,小石狮给我们的从来都是凶猛的形象,但在绘本中我们看到了小石狮柔情的一面,它们给人们带来安心。小石狮与小镇人们之间有着深沉厚重、延续不断的守护、感恩、爱的情感,所以我们引导幼儿在《小石狮》的阅读基础上联想到幼儿生活中的"守护神",如父母、老师、警察等,引导幼儿感受、感恩、回报身边"守护神"对我们的守护和爱……这些民俗图阅读活动中的内容都是孩子很感兴趣的故事,孩子在阅读故事中了解了怎样做是好的,怎样做是不好的。我们要做的就是把故事和生活联系起来,用故事说话,潜移默化地渗透道德教育。

总之,幼儿的道德品德正在不断形成,有待于进一步的塑造和完形,在给幼儿进行道德启蒙教育时,让他们在阅读精彩的图画书中逐步了解中国传统习俗,体验其中蕴含的最本真、最温暖的文化情感,传承和践行中国传统优秀品德,这些都为幼儿将来成长为一名优秀的现代中国人打下坚实的基础,对幼儿的道德意识、德育教育以及人格发展具有极大的意义。

中国传统文化元素在幼儿园环境创设中的运用

陆文珺

多年来，我园坚持构建民族化、生活化的园本课程，让幼儿在学习过程中吸收中国传统文化的精髓。我们将传统文化元素有效地融入幼儿园环境中，不仅体现了古典与现代、传承与创新的幼儿园教育环境，还帮助幼儿扩大视野，丰富知识，使他们从另外一个角度接触和了解传统文化，亲身感受各类中华传统文化的独特美，体验参与中国传统文化教育活动的乐趣。在环境创设中，我们通过传统艺术、传统节日、传统绘本故事以及一些民间游戏等途径，向幼儿传递中华民族特有的形式美、意境美、节奏美以及动态美。

一、传统艺术与幼儿园环境的融合

随着社会的发展，我们的孩子对传统文化知道得越来越多，在幼儿教育阶段，将传统艺术融入幼儿园环境的创设中去，能激发孩子对传统文化的兴趣，培养他们对民间艺术的认知，有利于传统艺术文化的传承。传统艺术的内容十分丰富，有神话故事、刺绣、剪纸、印染、泥人、皮影等多种不同的艺术种类，其中蕴含了取之不尽的艺术源泉。

结合幼儿的年龄特点和生活经验，我们在走廊、楼梯转角处以及活动室选用了一些幼儿的剪纸、泥塑、扎染等作品。如在小班楼层的走廊里，我们创设了《十二生肖》纸艺品。“十二生肖”是我国特有的传统文化之一，它是炎黄子孙沟通情感的纽带，是世世代代传承的文化。我们借助故事激发小班幼儿对十二生肖中单个动物形象的认知，再利用彩纸撕贴出形似的生肖动物。再有，借助我园美工室的一角创设泥塑区，借助传统绘本《女娲造人》的故事，通过泥塑的艺术形式把人物特征表现得淋漓尽致。在我园三楼的环境创设中，大班的孩子以剪纸艺术为素材点进行创作，将充满童趣、有故事情节的经典剪纸作品《老鼠嫁女》放在欣赏区。幼儿可以根据自己的喜好和能力，剪出双喜、鞭炮、窗花等喜庆的纸艺作品进行背景装饰，这些剪纸作品为幼儿带来视觉上的刺激，使幼儿从情感上对传统文化产生认同。不仅如此，我们还提供了故事中的花轿让孩子进行角色体验。

传统艺术区域的创设能帮助幼儿很好地感受美、体验美，对美产生向往。在充分挖掘传统经典文化的内容中，精心创设与传统艺术教育相适应的环境资源，引导、支持幼儿与传统经典艺术环境积极互动，相互作用，促进其全面发展。

二、 传统节日、节气与幼儿园环境的融合

民俗节日是我国传统文化的一个组成部分。传统文化是依靠意识形态来传播的，有时是思想，有时是艺术表现，有时是社会交往活动。幼儿感知、体验传统民俗节日，了解健康的民俗习惯，从小传承中华民族的传统美德。近年来，我们根据幼儿的特点及传统节日的内容，以春节、元宵节、端午节、中秋节、重阳节等传统节日作为切入点开展环境布置，在这些节日里，人们或感恩大自然的恩赐，或庆祝辛苦的劳作换来的收获，或赞美生命的活力，或为增进亲情，正因为有了这些代代相传的节日，我们才能感受到人们共同的生活理想、美好愿望以及审美追求的精神所在。

在中秋节的时候，幼儿会根据《嫦娥奔月》的故事描绘一幅幅生动的奔月作品展示于走廊，借此表达心中对神话人物形象的喜爱。"月饼一条街"由不同年龄段的孩子用不同的手工材料制作月饼并进行展示，幼儿可以根据喜好选出最喜欢的"月饼"。班级的主题版面上会展示与中秋节相关的习俗，并邀请孩子们说说、看看团圆背后的有趣故事。

农历五月初五端午节是纪念诗人屈原的节日。"五月五，是端午，门插艾，香满堂……"听着朗朗上口的端午儿歌，幼儿在教师制作的龙舟场景中体验划龙舟的新鲜感与乐趣。在每个教室的门口摆上一束艾草叶，走廊里挂着孩子们

做的粽子和香包，虽然纪念先人的故事离幼儿的生活经验略远，但是端午节的传统习俗能让幼儿感受到生活中长辈们对他们的付出，学会感恩。

传统文化的外延为“民族在自然成长中积淀的规律”，如二十四节气，就蕴涵着与自然相关的道理。由于二十四节气的科学性太强，节气文化有着很深的渊源，不仅涉及民俗，更与科学和自然界中各种生物的生长规律有着密切的联系，所以我们将二十四节气以幼儿喜闻乐见的手工、图画、点读笔等形式呈现在幼儿园的楼梯侧墙，幼儿可以在实际的操作中了解节气的相关知识和内容，如天气的变化、动物的活动、花朵的盛开以及人们的活动，这些都能够引起幼儿所有的好奇心与幻想，激发幼儿探索的欲望，潜移默化中实现二十四节气文化的传承与再创造。从孩子终身发展和社会发展的角度来说，我们认为，要让孩子的教育回归自然、回归生活。将二十四节气融入环境中，能促进幼儿学习与社会生活的联系，促进幼儿的观察能力、联想能力以及表达能力的发展。

三、 中华传统绘本故事与幼儿园环境的融合

中华传统绘本有很强的文化特质，对幼儿园阶段的幼儿来说，他们明辨是非的能力较弱，如果一味地要求幼儿端端正正坐在教室里听故事，他们的兴趣便很难得到培养。因此，我们借创设传统绘本环境来吸引幼儿的兴趣，激发他们对传统文化的认知。我们用绘本中的单幅图画进行再创造，将图画做成局部画面垂挂在二楼走廊。幼儿在看看、猜猜、说说的环境中，感受传统绘本中故事的魅力。比如《孔融让梨》《盲人摸象》《小蝌蚪找妈妈》等，幼儿在看到图画时，会根据画面中的人物、动物等形象，联想起故事的内容和情节。这样的环境形式更能激发幼儿的思维，提升幼儿的理解能力和情感表达能力。

我们还利用走廊墙面进行绘本画面的演绎，根据幼儿的年龄特点，将绘本中的故事画面间隔呈现在走廊墙面上。小班走廊我们选用了绘本《仁慈的九色鹿》，因为小班的孩子喜爱小动物，偏爱鲜艳、饱和色彩的画面，借助这样的画面将九色鹿的勇敢善良呈现在孩子面前；中班走廊选用了绘本《司马光砸缸》，幼儿在欣赏画面的同时，感悟故事中人物的机智；大班走廊则是绘本《桃园三结义》，通过形象生动的画面，了解张飞、关羽、刘备之间的故事，接受勇敢、义气美德的熏陶。传统绘本形式的环境创设，为的是让孩子从小多接触这方面的传统文化，让他们从小就有坚实的礼仪基础，这对他们未来的发展大有益处。

四、 传统民间游戏与幼儿园环境的融合

《3～6 岁儿童学习与发展指南》中指出：“幼儿阶段是儿童身体发育和技能发展极为迅速的时期，也是形成安全感和乐观态度的重要阶段。”幼儿阶段的孩子往往是具体形象的思维，在运动活动中，如果一味地让孩子们反复地练习走、跑、跳、钻等基本动作，很难引起孩子们的兴趣，无法调动起孩子们对活动的积极性。而民间游戏具有浓厚的趣味性，游戏内容较具体、生动，形式也十分多样，许多游戏还配有朗朗上口的儿歌和节奏鲜明的口令，孩子们在游戏中进行吟唱，情绪积极高涨，乐而不厌。

为了丰富幼儿的游戏生活，促进幼儿身心发展，让民间游戏传承精神回归，我们在三楼公共走廊中创设了老上海弄堂游戏环境，也提供了一些民间游戏的材料和玩法，有踢毽子、跳橡皮筋、抖空竹、滚铁环、抽陀螺等。我们对游戏图示也进行了思考，采用了蓝印花布衬底装饰，把细节与内容融为一体，集中呈现民俗文化的元素。

总之，遵循幼儿整体认知的特点，在环境创设中有机地吸取中华传统文化的精粹，有选择地借鉴运用到幼儿园环境中，并将各种教育因素有机整合，让中华传统文化植入幼儿的内心深处。

在中国传统节日中体验民俗饮食文化

朱秀芹

中国是文明古国，有着历史悠久的饮食文化。一代代传承下来的节日饮食文化，传递给孩子的是爱国主义情怀，民族文化的饕餮盛宴。结合幼儿园民俗化、传统化的园本课程实施，我们以元宵节、端午节、中秋节、重阳节、冬至节、春节等六个传统节日为主，其他节日为辅开展了幼儿饮食文化体验活动，让孩子通过欣赏、感受、体验、制作、品尝等活动对中华传统节日中的饮食文化由知之到熟之再到爱之，从最初的感知中华饮食文化，逐步升华到热爱祖国璀璨文化与传承民族精神的情感中来。

一、 幼儿园民俗饮食文化环境创设

《幼儿园教育指导纲要(试行)》明确提出："环境是最重要的教育资源，应通过环境的创设和利用，有效地促进幼儿的发展。"因此，创设一个丰富多彩的传统节日饮食文化环境是很有必要的。传统民俗节日渗透了地方性民俗文化，如"千门万户曈曈日，总把新桃换旧符"的辞旧迎新除夕饺子宴，"火树银花不夜天，万家灯火十五晚"的张灯结彩闹元宵，"雄黄酒、插艾蒿、吃粽子，龙舟竞技九州同"的纪念屈原爱国情怀的端午节，"八月十五中秋月，吴刚嫦娥同祝贺"的阖家团圆中秋节等，在这些节日里人们或为感恩大自然的恩赐，或为庆祝辛苦的劳作换来的收获，或为激发生命的活力，或为加强亲人间的联系，会有许多特色鲜明的饮食文化。

为此，我们根据不同的节日创设了不同的饮食文化环境，如“月饼一条街”，由不同年龄段的孩子用不同的手工材料制作月饼并进行展示，孩子可以根据喜好选出最喜欢的“月饼”。又如在班级的主题版面上展示与重阳节相关的习俗，并邀请孩子们说说、看看重阳节尊老爱老，一起吃重阳糕的故事。又如端午节的时候，我们在一楼门厅创设一个划龙舟的场景，龙舟旁边的竹制桌子上放着一些孩子们参与制作的纸艺粽子，孩子们每天路过门厅的时候都能感受到节日的气氛，幼儿还能在教师制作的龙舟场景中体验划龙舟的新鲜感与乐趣。

这样的环境创设与传统节日相融合，与饮食文化相结合，让孩子在潜移默化中知晓每个节日都有不同的代表性食物，感受传统节日饮食的多样化的特点。

二、 幼儿园民俗饮食文化实践体验

著名教育家马斯基说过：“教育必须反映本民族、本地方的特色精神、传统和特点。”我们把本土饮食文化融入幼儿园的教育活动中，结合幼儿园开展民俗化课题的研究，逐步向各领域渗透，在探索中不断推陈出新。为此，我们挖掘了几个典型的传统节日进行饮食文化的研究探索。

(一) 元宵节品尝自制汤圆

元宵节是我国传统节日之一，也是把节日习俗体现得最为典型的传统节日。因此，在元宵节前，我们开展了以“欢聚元宵，感受民俗”为主题的迎新大活动。在幼儿园里，孩子们一起体验了听故事、看花灯、做花灯、猜灯谜、包汤圆、吃汤圆等民间活动。

当然，最受孩子们欢迎的还是做汤圆的环节。小、中、大班组的老师们在这一活动中，介绍元宵食品的制作材料和方法，同时鼓励幼儿自己动手包汤圆。看！桌子上铺好一次性桌布，孩子们都洗干净了小手跃跃欲试。老师示范了汤圆的包法，包的时候先揪一小块面团搓圆，然后中间用手指戳个洞，在里面放上自己喜欢的馅料，再把上面的口封起来，接着再搓圆就完成了。老师还边搓边介绍：“元宵节吃汤圆，寓意为团团圆圆、甜甜蜜蜜、幸福美满，所以要包入甜甜的馅料，要把汤圆搓得圆圆的。”活动中，孩子们搓面、包馅料、搓圆……忙得不亦乐乎。最后，在“卖汤圆”的歌声中，大家一起品尝煮好的汤圆，整个活动室充满了快乐的笑声，每个人的脸上都洋溢过节的喜庆的笑容。通过活动，孩子们不仅对元宵节的民俗习惯有了基本的了解，更通过品尝自制汤圆，获取了多方面的经验。

(二) 端午节学习包粽子

农历五月初五是中国民间的传统节日——端午节。活动中，老师首先运用图片和课件向孩子们介绍了关于端午节的有关知识，在老师的讲解中，孩子们知道了屈原的故事，了解了全国各地的人们在端午节吃粽子、挂艾草等风俗习惯，也知道了端午节是中华民族纪念爱国主义诗人屈原的传统节日。

端午节最具代表性的食物就是粽子了，大部分孩子都吃过粽子，可是都不知道粽子是怎么包的。于是，我们每班请了五位奶奶来给孩子们做示范，通过观摩，孩子们知道了包粽子需要洗干净的粽叶，事先浸泡好的糯米、赤豆，浆好的肉、咸蛋黄，还需准备好红枣、花生等食材。包好的粽子有四个角，要用绳子扎紧。最后，在奶奶和老师的帮助指导下，孩子们用粽叶、糯米、枣子等一板一眼地包起“真家伙”来，那副认真劲儿赶得上点心师了。

端午包粽子活动使孩子感受到了传统节日带来的乐趣，也使孩子们在尊重我国传统文化的基础上增强了民族自豪感。

(三) 中秋节团圆打月饼

中秋节以月之圆兆人之团圆，寄托思念故乡、思念亲人之情，祈盼丰收、幸福。中秋节自古便有祭月、赏月、拜月、吃月饼、赏桂花、饮桂花酒等习俗，流传至今，经久不息。

为了让孩子们感受中秋节的欢乐气氛，亲自了解做月饼的过程，我们安排了幼儿一起“打月饼”。只见小朋友们把分好的橡皮泥放进模具里面，小手轻轻地拍打着，确保模具里面塞满了橡皮泥。他们压平“面团”，用力敲打模具，让“月饼”完整地掉出模具。孩子们超级开心，通过团、压、捏、刻、印等技能，锻炼幼儿的手部灵活性，培养了想象力，创造力。等孩子们的“月饼”都完成以后，把作品放在一起，让幼儿仔细观察这些月饼有什么不同。在观察中，孩子们发现月饼的形状各有不同，月饼上面的图形有的是文字，有的是花，还有的是一些祥云图腾等，都是一些具有中国传统特色的象征祝福、吉祥的图形。活动最后，我们请孩子们一起分享从家里带来的甜甜的中秋月饼、代表“好运连连”的芋艿以及代表“吉祥如意”的毛豆荚，大家一起度过了一个完美的中秋佳节。

在这次活动中，孩子们在制作和分享月饼的同时，给别人送去了祝福，也得到了祝福，既培养了语言表达能力及交往的能力，同时也让他们感受到了人与人之间友好交往的幸福，体验到了团圆、分享的快乐。

(四) 重阳节送爷爷奶奶重阳糕

农历九月初九重阳节，古人在重阳节有登高、赏菊、喝菊花酒、吃重阳糕、插茱萸等习俗。重阳糕又称花糕、菊糕、五色糕，制无定法，较为随意。我们给孩子们看了制作重阳糕的视频以及一些重阳糕的图片，然后让孩子们用彩泥制作“重阳糕”。孩子们的作品非常丰富，有多层的、单层的、带馅的，形状有正方形、长方形、椭圆、圆形的，最后在“重阳糕”上面插上一面小红旗。放学前，我们给每位幼儿发了一块重阳糕，让孩子们插上自己做的彩旗，带回家送给爷爷奶奶吃，并祝爷爷奶奶们节日快乐。从家长的反馈情况来看，孩子们的小小心意令爷爷奶奶非常感动。

活动为孩子们从小形成良好的行为和品德修养奠定了基础，让孩子们在潜移默化中学习敬老爱老，主动地关爱社会、关爱他人的传统美德。

(五) 冬至节亲子包饺子

在我国古代，冬至是大节日，不仅有“冬至大如年”的说法，而且有庆贺冬至的习俗。我们引导孩子观察绘本《冬至节》画面信息，根据画面线索，让孩子们知道冬至节是一年中白天最短、黑夜最长的一天；冬至代表真正的冬天来临了，天气会变得很寒冷；冬至节也是祭祖、缅怀先人的日子；冬至节吃饺子、吃馄饨的习俗来自古人御寒等习俗。

为了让孩子有更直观的感受，我们组织了一次亲子包饺子活动。活动前，老师给孩子们讲了冬至的故事。孩子们认真地聆听着，并积极踊跃地向老师提问，充分展示了他们求知的欲望。家长对活动也十分支持，纷纷从家里带来了案板、擀面杖等。幼儿园则提供了面团和饺子馅儿。孩子们在老师和家长的指导下开始包饺子，有的擀、有的包，大家都开心地尝试。大部分的孩子都是第一次动手包饺子，非常兴奋。最后孩子们向大家展示了各自亲手制作的饺子，虽然包出来的饺子形形色色，有些还不那么“完美”，但是在整个活动过程中大家的兴致很高，其乐融融，而且吃着自己包出来的饺子格外有成就感。

这次活动不仅让孩子们了解了冬至的由来，了解了中国的传统文化，更让孩子们体验到了动手参与的快乐。

(六) 腊八节自己配置美食

腊八节的成人化的色彩较浓，离幼儿的生活较远，但这一传统节庆活动中蕴含着丰富的教育元素，可以让孩子们了解腊八节的由来和传说，在腊八节配置腊八粥食材的活动体现了课程和生活相结合的教育原则。如老师先让孩子们认识许多煮腊八粥的食材，如糯米、大米、血糯米、黑米、赤豆、薏米、葡萄干、莲子、桂圆肉、红枣、花生、枸杞等。再请他们自己挑选食材，配置自己喜欢的腊八粥，然后带回家让家长煮粥一起喝。一碗腊八粥，不仅让孩子们感受到了温暖，认识了很多的食材，更让他们通过腊八粥的故事知道了要多做善事、帮助有困难的人。

现代人的生活节奏太快了，一些隆重温馨、蕴含深刻意义的传统节日习俗正在被人们淡忘和简化。我园通过开展传统节日民俗饮食文化活动，让孩子们在制作、品尝节日美食的同时，知道每一个节日都有它的来历和故事，了解不同的节日美食都有它的特殊意义，从而感受中国传统节日的多样化。在接下来的研究中，我们将继续推广以节日饮食文化为主线的活动，让中国的传统文化和传统美德在孩子身上不断地传承下去。

开展中大班武术教育活动的思考与体会

黄 怡

随着当今社会对传统文化日渐重视，大量的传统教育涌入到幼儿生活中来，许多幼儿园的课程建设中也开始涉及传统文化的内容，家长对幼儿接受传统文化教育的重视度也越来越高，传统文化已经渗透到幼儿一日活动的方方面面。但是作为中国国粹之一，内涵深远、有着悠久历史的中国武术，我们却很少提及，对于将幼儿园武术教育作为非物质文化遗产传承的研究还没有得到应有的重视。

一、 开展中大班武术教育的意义

幼儿园最重要的任务是保护幼儿生命、保障幼儿健康。其中幼儿健康包括身体健康与心理健康。武术一方面能够提高幼儿的体质，加强对幼儿身体协调性、耐力、敏捷度、速度等方面的锻炼，使幼儿的身体适应外界环境的变化，从而保障幼儿的身体健康；另一方面，由于当前的幼儿独生子女较多，父母过于溺爱，导致孩子被娇生惯养，在脾气性格或为人处世上，或多或少存在着一定的缺陷，而武术是增强幼儿阳刚之气的重要途径之一，对幼儿的心理素质锻炼极为有效。此外，武德的培养，还能纠正幼儿的荣辱观，提升幼儿的民族认同感，有利于幼儿的心理健康。

(一) 有助于在幼儿园阶段弘扬传统文化

对于孩子来说，其兴趣的培养，最佳时刻是幼儿园阶段，为了能使更多的孩子继承和发扬中国传统文化，让武术文化能够在幼儿园中渗透，应培养出更多的具有武术教学能力的教师，将武术融入幼儿活动课中，从而激发孩子学武的兴趣。

我园是一所以民俗文化为特色的幼儿园，我们与高行镇的“小小武魁”课程结对，旨在以武术为载体，通过“打练并进”“术道融合”的教学方法，让孩子文武兼备、德艺双修。在日常教学中创造性地将武术与国学相结合，提高孩子身体素质的同时，潜移默化地培养其国学素养与文化积淀，从孩童开始树立文化自信，逐渐实现强身健体、防身自卫、修身养性、立德树人、文明有礼的教育目标。培养中大班幼儿对传统武术的兴趣，将民族精神发扬光大，真正做到“传统文化教育从娃娃抓起”。武术是传统文化的重要组成部分，将这种悠久的文化通过特别的形式植入幼儿心中，增强幼儿的民族认同感。

(二) 有助于促进中大班幼儿的身心健康

3～6 岁幼儿具有特殊的生理和心理特点，具体表现为五个方面：一是骨骼发育，这个阶段骨骼有机成分高，负重能力较小；二是肌肉和韧带弹性大，延伸性强；三是心肺和神经系统尚未发育完善，兴奋强于抑制；四是好动，好奇心和好胜心特别强；五是模仿能力和记忆能力非常强。通过“小小武魁”这些基本功的练习，既能够促进幼儿身体的器官发育，又能增强新陈代谢功能，改善幼儿的血液循环，让幼儿能够体验快乐的情绪，从而得到心理的满足。武术文化是一种传统美德，在武术活动中展现这种美德，有利于培养幼儿勇敢、热诚的优秀品格，体会团队合作精神，进而转化为吃苦耐劳、敢于进取、乐于助人的生活态度，进一步促进幼儿的身心健康。

武术的实践性很强，针对幼儿的年龄特点，“小小武魁”课程将武术编排成游戏的方式进行教学，使幼儿更容易接受。例如，将武术动作“入门拳”编进形象化的游戏情景中(推大树、猴子偷桃等)，让幼儿领会“冲拳、推掌及马步”的动作要领。此外，还通过结合我园课程民俗图阅读活动，以非连续性文本解读的方式让幼儿进行服饰装扮、拼图游戏等，给予幼儿潜移默化的武术文化渲染，培养幼儿对武术相关事物的观察能力，掌握武术的基本功。

(三) 有助于养成中大班幼儿的良好品德

习武对意志品质的培养是多方面的,3~6岁幼儿通常缺乏自制力与自律性,这也是幼儿成长的特点之一。例如,让幼儿保持一个动作不动,很少有孩子能够坚持五分钟以上,若通过"小小武魁"设计的武术游戏——冒泡泡(二腿法),赋予幼儿新的角色定位,并在此过程中给予适当的鼓励,会有意想不到的效果。这样的武术游戏活动是锻炼幼儿意志力的重要方式,可以进一步加强幼儿的自制力与自律性,培养幼儿坚持不懈的优良品格,促进幼儿在逆境下的意志力提升。

"小小武魁"将"教武育人"的理念贯穿教习的全过程,始终把武德列为习武、教武的先决条件。武德礼仪规矩的培养与实践,可以帮助幼儿从小树立正确的人生观,养成讲文明、懂礼貌的良好习惯。如"小小武魁"第一次的活动形式为抱拳礼,让幼儿从小就学会抱拳礼,将抱拳礼贯穿在武术习练的全过程中,使其学会"知礼、懂礼、用礼",进而了解生活中的握手礼和鞠躬礼,知道中华民族自古以来就是礼仪之邦,认识到礼是人与人交往的基础,对于其认识社会,未来走上社会、融入社会具有积极的意义。

二、 幼儿武术教育的几种方法

对学龄前的幼儿来说,有趣的学习方式是最重要的。我们认为,对于3~6岁幼儿来说,学习武术、练习武术并不是要他们非常标准地打出一些动作或套路,而是通过学习武术对孩子进行传统文化的启蒙教育,通过趣味性教学,培养幼儿的习武兴趣。对于中大班幼儿来说,这个年龄段需要掌握的武术内容主要是以下几个方面:

1. 武术技能之基本功

(1) 手型:拳、掌、勾;冲拳,推掌,穿掌,劈掌。

(2) 步型:弓步,仆步,马步,虚步,歇步。

(3) 腿法:正踢腿,里合腿,弹踢。

2. 武术技能之武术套路

(1) "小小武魁"入门拳普及版1.0。

(2) "小小武魁"入门拳升级版1.1。

3. 武术德育之传统文化

《武德训》全文,武术谚语12句。

(一) 将武术活动融入自主活动

开展自主武术活动,幼儿能主动、自信地与同伴交流、沟通,开启愉快的一天。我们根据幼儿身心发展的特点和认知规律,充分利用各种资源创设幼儿自主活动环境,让幼儿在多样化的环境中,自主活动、自主探究、自主体验。例如,著名的武术动画片《功夫熊猫》,它是以一个可爱的中国特有的古老的动物物种——大熊猫为主人公的。再有,中国享誉国际的电影演员大部分都是凭武术电影登上国际舞台的,像李小龙、成龙、李连杰等,这些武打明星在国际上得到认可也是依托于中国优秀的武术文化。我们在自主活动时间提供平板电脑播放这些动态视频,视频里这些武打明星打出那么有力、精彩的武术套路和动作,相信一定能牢牢地吸引幼儿的注意力,引起幼儿对武术的喜爱。

另外,歌曲也能很好地让孩子感受到武术的魅力,其中最有名的莫过于大班"我是中国人"主题下的音乐素材《中国功夫》。歌曲以唱、念等形式,将走、坐、站等练武要求很好地融入歌曲中,整首歌曲朗朗上口,大班幼儿人人都能哼唱几句。我们就利用自主活动时间,在音乐区中投放歌曲伴奏,幼儿被歌曲吸引,有了演唱的欲望,继而开始根据歌词,结合"小小武魁"中的基本功进行自主编排,这就是对传统文化最好的普及、传播。类似这样的歌曲还有《醉拳》《好男儿》《精忠报国》等。

幼儿还可以选择观看阅读区中的兵器谱、武术连环画,更可以根据图示练习武术动作,抑或利用"百宝箱"里的易拉罐制作梅花桩,边走边做简单的武术动作等。

(二) 将武术活动融入教学活动

我们把武术活动融入健康、社会、科学、语言、艺术等五大领域。结合中大班幼儿的年龄特点和发展需要,利用武术游戏、武术名人故事欣赏、武术音乐欣赏、武术绘画和区域武术活动等,激发幼儿对武术的兴趣。例如,在平时的教学中,我们利用儿歌和故事,借助游戏帮助幼儿记忆一些枯燥的武术套路及专业名词,培养其自强不息、坚强不屈的武术精神。通过武德故事,让幼儿了解岳飞、霍元甲等英雄故事,切身感受传统文化,弘扬武术精髓。在讲述武德故事时,我们设计一些武术游戏,幼儿边念儿歌边游戏。幼儿倾听故事后,自主参与设计游戏,扮演故事中的角色,并在游戏中练习武术动作。

我们发现，运用游戏的方法开展武术教学能更好地吸引孩子学习武术，在实践研究中，我们设计了许多游戏。

1. 看图练武

幼儿可以根据老师提供的武术动作图片，照着图片上的动作进行模仿，这个游戏可以单独进行，也可以几个幼儿共同进行。教师也可以根据幼儿的年龄特点和武术老师教学的进度提供适合的图片内容。

2. 每人不重样

幼儿 2 人或 2 人以上，根据老师的口令进行动作的演示，要求在同一时间点展示出自己的动作，和其他人的动作重复最少的孩子获胜。这个游戏比较适合在中班下学期或是大班开展。

3. 你停我做

幼儿念出木头人的儿歌，儿歌结束时要求幼儿做出一个武术动作，并保持较长时间，看哪些幼儿坚持到最后。这个游戏适合小中大班的全体幼儿，只是老师要根据不同年龄段的幼儿改变儿歌的速度、游戏的要求等。

以上这些只是我园武术游戏的一小部分，结合武术动作考虑幼儿年龄特点，设计这些既有趣又好玩，还能锻炼身体的武术游戏，深得幼儿喜爱。

中国武术博大精深，我们要选择适合中大班幼儿年龄特点的武术内容进行传授，并采取合适的教学方法让幼儿喜欢上武术，以武术为切入点，以弘扬民族精神为主旨，继续传承中国优秀的传统文化。

中班亲子民俗绘本阅读指导策略探究

张荔华

《幼儿园教育指导纲要（试行）》明确地将幼儿早期阅读纳入语言领域的目标体系，并提出要“引导幼儿接触优秀的儿童文学作品，使之感受语言的丰富和优美。利用图画、绘画和其他多种方式，引发幼儿对书籍、阅读和书写的兴趣，培养其阅读技能”。而绘本作为幼儿的一种启蒙文学形式，正与《幼儿园教育指导纲要（试行）》的目标相契合。亲子绘本阅读作为幼儿园绘本阅读活动的重要组成部分，不仅能培养幼儿的阅读习惯，提高幼儿的阅读能力，而且能加强亲子之间的关系，因而受到家长一致好评。

为了能够做到有的放矢，提出有针对性的指导建议，我在中班年级组开展了亲子民俗绘本阅读现状调查，向中班年级的家长发放问卷，及时回收问卷并做数据分析。问卷主要由单选题、多选题和开放性问题组成，内容涉及幼儿与家长对亲子民俗绘本阅读的认同度、对民俗绘本的选择敏感度等。从调查结果来看，家长对开展亲子民俗绘本阅读活动比较支持。

首先，家长有较强烈的意愿来参与亲子民俗绘本阅读活动。大部分家长对该活动的教育作用持肯定态度，认为能提高幼儿的阅读水平，加强亲子关系。

其次，家长对民俗绘本中的文化价值具有高度认同感。家长自身长期受传统文化熏陶，对传统民俗绘本中所蕴含的古朴道理、风土人情、真挚情感等具有与生俱来的认同感，能很好地将这些价值观传递给幼儿。

同时,在开展亲子民俗绘本阅读的过程中也存在一些问题:①家长在亲子民俗绘本阅读方面缺乏经验,亲子共读方法比较单一。②家庭之间认识的差异性较大,家长对亲子民俗绘本阅读的实质意义理解不深刻。③亲子民俗绘本阅读所获得的经验分享不充分,家长与家长、幼儿与幼儿之间交流分享的途径不畅通。

针对家长在进行亲子民俗绘本阅读的过程中存在的困惑,我们试着从以下几方面给予指导,也是一种探究与尝试。

一、开展多形式家长指导活动,共同提高阅读的兴趣

(一)召开家长会,指导家长选择适宜的民俗绘本

准备阶段,教师前期开展大量的民俗绘本搜集工作,依据是否有关民俗、是否符合中班幼儿年龄特点这两个标准来筛选适宜的绘本,并列举推荐书目。实施阶段,教师通过召开家长会,为家长开设"如何为中班幼儿选择适宜的民俗绘本"专题讲座,讲座的目的主要是指导家长找到选书、择书的正确方法。一方面,家长在为幼儿选择阅读材料时要考量该绘本是否含有大量的传统民间文化内容或元素,传递优秀的中国传统文化。题材可以是多元的,如成语故事、寓言故事、神话传说等。画面表现形式可以是不同的,如皮影、剪纸、水墨画等。这些都属于民俗绘本的范畴,可以供家长和幼儿自主选择。

另一方面,家长在选择民俗绘本时要考虑幼儿的年龄特点及其阅读水平。经过小班一年的培养,中班幼儿有意注意时间增强,阅读的观察能力和理解能力已有了一定的提高,但由于经验积累不多,对事物的理解有限。因此家长在选择民俗绘本时应挑选主题鲜明、色彩感强的绘本,从而进一步提高幼儿阅读的兴趣,培养其注意的稳定性。同时家长所选择的绘本要传达给幼儿的道理、寓意也应该相对浅显易懂,不宜过于深奥晦涩。在家长会上,教师将推荐书单下发给家长作为参考,如《愚公移山》《跟着姥姥去遛弯儿》《冰糖葫芦,谁买?》《粽子的故事》《灶王爷》《老虎外婆》《包子狗和面条儿猫的奇境》《耗子大爷在家吗?》等都是不错的选择。

(二)举办亲子阅读沙龙,分享有趣的阅读体验

每两周举办一次亲子阅读沙龙,由教师主持,家长担任主讲人,围绕主题

"聊聊我与孩子美好的阅读时光"来展开。亲子阅读沙龙为家庭与幼儿园、家庭与家庭之间搭建了良好的沟通交流平台。借沙龙这个平台,鼓励家长把行之有效的阅读方法推广给更多家长,把有趣、快乐的阅读体验分享给大家。同时大家也可以将自己在开展亲子民俗绘本阅读过程中遇到的困惑、难点提出来,通过交流讨论,寻找最佳解决方案。定期举办亲子阅读沙龙保证了家园以及家庭之间分享交流活动的常态化,让好的经验和方法源源不断地被效仿、提升、优化,也让存在的问题得到及时解决。

(三) 制定亲子阅读指导手册,形成经验型文本供家长参考学习

教师每月制定一份《亲子民俗绘本阅读指导手册》,不断更新推荐书目、介绍有效阅读方法、收录经验分享、解答疑难问题,形成可供家长反复阅读且能快速学以致用的参考性学习文本,为家长带去实实在在的帮助。在这份亲子阅读指导手册中,教师着重介绍一些科学合理的阅读方法并举例说明。

1. 关注细节,寻找民俗绘本的故事线索

在亲子阅读过程中,可以适时地穿插一些提问,引导幼儿仔细观察画面中的细节,如人物表情、动作、场地、背景等,帮助幼儿探索故事发生的因果关系,加深对故事情节的理解。

例如,民俗绘本《老虎学艺》,其中有一个画面讲述的是老虎没有遵守与师父的约定,将学到的本领用来欺负小动物。家长在阅读过程中可以通过提问"你是怎么知道老虎把小鸟吃掉了",来引导幼儿仔细观察画面中散落在地的羽毛、被血染红的河流等细节,激发幼儿的阅读兴趣和阅读思考,尝试寻找故事发生背后的线索。

2. 动静结合,表现民俗绘本的精彩内容

读物是静止的,家长可以通过表演、游戏等形式,让民俗绘本变得"热闹"起来。幼儿往往会被一些有趣的表现形式所吸引,如果随着故事情节的发展,幼儿和家长能一起模仿故事中人物的对话、夸张的动作或神情,就更有助于幼儿理解故事内容,提高阅读兴趣。

例如,民俗绘本《鹬蚌相争》,在幼儿初步理解故事内涵的基础上,家长可以和幼儿做一做手偶游戏,鼓励幼儿用手偶跟着故事情节进行故事表演。通过表演来加深对故事的理解,体验友好相处、相互谦让的重要性。故事中,鹬和蚌谁

也不让谁，直到彼此都筋疲力尽，最终被渔夫捉住。在游戏体验的过程中，家长还可以进一步激发幼儿思考，试着问一问：“如果你们是鹬鸟和河蚌，你们会怎么做?”相信幼儿对这个民俗绘本内涵的理解一定更加深刻。

3. 反复阅读，挖掘民俗绘本的教育价值

一本好书需要进行仔细的反复阅读，民俗绘本也不例外。每本民俗绘本都蕴含着一定的教育价值，如知识技能、道德品质、情感体验、处世交往等各方面。这需要家长与幼儿通过反复共读去挖掘，分析其中哪些是幼儿必须懂得且可以理解的，哪些是幼儿可以掌握的，哪些是需要迁移内化和沉淀积累的。

例如，民俗绘本《躲猫猫大王》，在阅读第一遍时，家长可以先让幼儿自己大致翻看一下绘本的内容，使其对绘本有一个整体的认识，引导幼儿说说自己看懂的部分，自己喜欢的部分等。在阅读第二遍时，家长和幼儿逐页共读，帮助幼儿进一步理解故事内容：刚开始小勇在躲猫猫的游戏中总是第一个被抓到，后来在“我”的帮助下，小勇一会儿钻进柴堆，一会儿爬上门头，最后成功获得“躲猫猫大王”的称号。在阅读第三遍时，家长可以引导幼儿联系自己平时和小伙伴一起玩耍的场景，想一想为什么“我”要冒着被抓到的危险一次又一次地帮助小勇呢。在阅读第四遍时，家长可以继续追问，如果“我”不帮助小勇，会怎么样呢。在阅读第五遍时，家长可以鼓励幼儿想想除了故事里的办法，还能想到什么好办法来帮助小勇。家长在与幼儿反复共读的过程中，幼儿对故事的理解层层递进，对故事中“我”与小勇的友谊也更加感同身受。

(四) 开设家长课堂，实现由点到面的辐射作用

通过前期开展的一系列活动，家长们的亲子阅读能力得到一定提升。开设家长课堂不仅调动了家长参与亲子民俗绘本阅读的积极性，保证了活动开展的可持续性，而且能鼓励有成熟经验的家长起到榜样示范作用。每季度开展一次家长课堂活动，每次每班邀请两名家长来园，和孩子们一起阅读，一起分享，这是孩子们非常喜欢的一种活动形式，每次的家长课堂带给孩子们的也是独一无二、新鲜有趣的阅读体验。

二、 借助家园亲子网络共读活动，确保阅读的有效性

网络共读活动，即教师建立班级微信群，每月初在家长开展亲子民俗绘

本阅读之前，教师先在微信群中带领家长一起阅读 2～3 本民俗绘本，读懂、读透故事内容，理解民俗绘本的价值内涵，引导家长进行合理有效的阅读拓展活动。

例如，在亲子阅读《女娲补天》故事前，教师在微信群中提出问题："这个故事讲给孩子听之后，您觉得可以和孩子进行哪些拓展活动？"有的家长会回复："我的孩子很喜欢捏橡皮泥，我认为可以借鉴这个故事内容，和孩子一起捏捏橡皮泥，做一些人物造型。"这是一个很好的点子，但就捏橡皮泥这个延伸活动而言，教师应该传递给家长这样一个价值观念，即不追求幼儿捏橡皮泥是否捏得像一个人，而应该鼓励幼儿捏出不同造型的人物。还有家长回复说："我准备和宝贝一起表演《女娲补天》的故事情节。"教师针对这一提议，可以提示家长，中班是幼儿语言发展的关键期，在表演故事情节的过程中应多多鼓励幼儿在表达表现故事内容时大量运用语言来展现人物情感。

经过这样一种网络共读的形式，教师能够看到不同家庭的多样化阅读方法，家庭与家庭之间也可以相互学习借鉴，使得幼儿真正实现多元发展。

三、 搭建多元多层面的阅读平台，开拓新的交流渠道

(一) 小舞台活动

每月开展一次小舞台活动，进行情景剧表演。幼儿可以与自己的家长合作表演，也可以是家庭与家庭之间的合作，由两组及两组以上的家庭一起协商讨论来共同演绎民俗绘本中的故事内容。这要求幼儿与家长在深刻领会绘本内容、价值理念的基础上，进一步推敲表达表现的方式。例如，根据故事内容来选定合适的服装，设计有趣的对话，编排合理的场景等。小舞台这一活动形式将亲子阅读的成效通过表演的方式呈现给大家，不仅提高了幼儿与家长对民俗绘本的阅读兴趣，也打通了多方进行阅读感受分享的渠道。

(二) 图书漂流记录活动

鼓励幼儿在与家长共读完一本民俗绘本之后，在页末附上一张图书漂流记录卡。鼓励幼儿用图画的符号来表达他们亲子阅读的感受。当这本书再传到下一个家庭的时候，大家都能看到其他家庭的分享记录。

(三) “我爱国学”活动

每年5月举行“我爱国学”幼儿故事比赛，从班级海选到年级总决赛，评选出“我爱国学”活动的优秀家庭和个人，以此增进幼儿之间的相互交流，增强幼儿的胆量和自信心。也进一步让幼儿近距离接触民俗绘本阅读，喜欢民俗绘本阅读，通过多种方式感受中国优秀传统文化的博大精深。

优质的民俗绘本是中国传统文化的一部分，它反映了渗透在人们日常生活中的仁义礼智信的内涵，也是最适宜在学前阶段根植幼儿心中的文化素养。开展亲子民俗绘本阅读，能进一步提升幼儿阅读民俗绘本的兴趣，提高幼儿语言表达能力；帮助幼儿了解中国风土人情，懂得古朴的道理，获得民俗绘本中所传递的价值；促进幼儿在社会性、情感、人格等方面的成长；通过有效的亲子阅读增进情感、愉悦身心、获得知识。

阅读有兴趣，互动有意义

——通过阅读中国绘本激发幼儿民俗图阅读兴趣

祝晓隽

一位全球著名的教育学者曾经指出，早期教育会使生下来具有很高天赋的孩子成为伟大的天才人物，即便具有普通能力的孩子也有可能成为一般人认为的天才或英才。而这其中最有效的途径——让孩子更早地爱上阅读。的确，随着对幼儿早期阅读活动的关注，我们越来越真切地感受到阅读对于孩子全面发展的积极作用和深远意义。我园从 2015 年开始，致力于利用绘本阅读活动推动幼儿传统文化感知和传承的教学研究，第一阶段研究中，我们观察分析了中国绘本阅读活动对幼儿发展的意义。我们发现，幼年时让孩子阅读大量本国原创绘本对于他们理解传统文化、建立民族自豪感有着极其显著的推动作用。原因有以下三点。

其一，由于绘本有着丰富而具体的图元素和可视符号，补充了学前儿童对文字抽象意义理解的不足，符合学前阶段儿童获取信息的需要。抽象的传统文化被绘本作家转化为具体可视的带有民俗特征的生动画面和故事内容，儿童更容易接受并理解。因此，使幼儿早期接受本国传统文化教育具有可行性。

其二，绘本作家在创作绘本时，往往带有他们对本国文化的理解和对传统习俗的洞见，因此，不经意中会自然地通过图中的“形、神、意、境”来诠释他们对于本土文化的认识。不仅如此，本国不同的作家对于同一传统习俗的认识也会有不同的理解和表现形式。因此,大量阅读本国原创绘本,能让幼儿自然并全面地感知传统文化内容和民间习俗,并成为深刻记忆,最终得到教育的实效。

其三,由于早年陪伴幼儿进行阅读的人群,往往是孩子最为亲近的家人和师长,这一人群对于本国文化通常有着长期的浸润与实际的感受,于是,在为幼儿讲述或与幼儿交流绘本故事内容时,他们往往会情不自禁地选取书中具有鲜明特色的民俗图或熟悉的生活内容展开话题,自然而贴切地再次诠释共同生活中的本国文化与习俗。而作为与他们共同生活的孩子,他们对于成人所描述的情景也会有与生俱来的领悟力,这样的一种亲子交流更为有效地传递了本土文化,增进了幼儿对"我是中国人"的具体理解。

通过这一分析,我们不仅坚定了最初的研究方向,更重要的是找到了研究的首要突破口,即如何在阅读中国绘本的活动中,帮助幼儿细致读图,准确生动地理解图意,提高他们对民俗图的解读兴趣和能力。有了这一认识,我们开始了深入的实践研究。

首先,我们查找、翻阅了大量中国原创绘本,寻找各类出现在绘本中的典型画面,诠释了学前阶段绘本中的民俗图概念。我们认为,所谓民俗图,指的是绘本中出现的具有典型性、代表性和生活化的绘本画面,这些图有着民间经常出现的图案、图符和图画,具体描绘人们熟悉的民间生活情境或耳熟能详的故事、神话内容。这样的图具有五大特征:地域性、传承性、广泛性、辨识度、寓意性。如窗花、年画、春联,又如春耕图、采莲图,再如金山农民画、水墨画等。而这些民俗图正是幼儿在阅读中国绘本时可以读懂并从中获取大量传统文化信息的最直接的来源。

其次,我们关注教师全面解读民俗图并设计阅读活动的能力的培养。在坚持早期阅读四大原则(适宜性原则、自主性原则、情趣性原则和互动性原则)的基础上,我们对绘本中出现的民俗图进行必要的处理,通过删减添加、修改扩展、图文加工等具体方式,完成活动前对幼儿阅读材料的再设计与开发,有效提高了阅读材料本身对幼儿发展的直接作用。通过一段时间的努力,我园生成了大量优质的阅读中国绘本的活动方案,推进了课题研究的发展。

之后,教师带着绘本走入幼儿中间,通过共读来完成对不同中国绘本故事的理解和感受。实践让我们意识到,除了活动前的解读和设计非常关键,共读中的对话与互动也十分重要。因为教师往往需要通过互动来将内心的情感、已知的经验和对幼儿的教育支持外显出来，从而真正作用于不同的幼儿，产生积极的教育效能。所以，提高教师在与幼儿共同阅读中国绘本时的互动能力，增强师生互动的有效性是第三阶段的重要内容。于是，带着相对优质的中国绘本集体阅读活动方案，我们走进教育实践，继续我们的探索。

一、 六种提高幼儿解读民俗图兴趣的方法

通过教师们的努力，我们对如何在阅读中国绘本的活动中，利用有效互动提高幼儿解读民俗图的兴趣这一问题有了一些感悟和收获，梳理出了六种互动方法。

（一）构建问题情景，激发幼儿猎奇心理，提高幼儿解读民俗图的兴趣

通常，在共同阅读的过程中，对话是最为直接、最为显见的互动方式，而对话一般源于师生发起的问题。可见，提高师生共读的效能，就必须关注问题情景的构建。如何设计出“好问题”，引导幼儿关注民俗图，并思考图所表达的故事情节，以及从中传递的民俗文化，显得非常重要。为此，我们着力研究了在阅读中国绘本的活动中，如何有效构建问题情景。

以集体阅读中国绘本《花娘谷》为例，我们首先确定了绘本中需要与幼儿共读的三幅典型的民俗图，具体如下。

第一幅：婚庆中外婆的妈妈送来的嫁妆（故事情节的缘起）。

第二幅：反映婚后外公外婆平凡而美好的日常生活的一组图（故事情节的发展）。

第三幅：描绘村庄生活翻天覆地变化的图（故事的结局）。

明确了需要读的民俗图后，我们开始讨论如何通过问题设计，激发幼儿对这些画面解读的兴趣。

针对第一幅图，我们对原有画面进行了加工，在送嫁妆的牛车上，我们特意添加了一块大红布，遮挡了牛车上装的礼物。这样一来，成功引出了活动的第一个重要问题：结婚的日子，外婆的妈妈送来了一牛车礼物，牛车上的红布下装的会是什么礼物呢？由于原本的公开呈现变成了有意遮挡的秘密，唤醒了幼儿的猎奇心理，有效引发了幼儿阅读的原动机，使得之后的读图变得更加迫切和专注。

针对第二幅图，我们分析了组图中画面情节之间的前后因果关系，运用谈话方式，设计了有紧密联系的一组问题：外公外婆在做什么？小树们得到了外公外婆的照料，春天开出了花，经过夏天，秋天又会有怎样的变化？他们会收获哪些树上结的果实？当果实吃不完时，他们又可以怎么做呢？这一连串问题符合生活中事物发展的规律，又完全对应了这组民俗图所反映的主要内容，加之以闲话家常的方式提出并展开，这样便自然顺畅地激发了幼儿对民俗图边想边读边讲的自然兴趣和具体行为。

最后，对于第三幅图，我们先鼓励幼儿在读图前猜测村庄通过村民们的共同努力会变成什么样。在呈现需要阅读的民俗图之前提出这一问题，有效地引发了幼儿关注画面和解读画面的兴趣。在孩子们完成阅读之后，我们提出了自我分析类的问题：想想，村庄现在的模样和你之前猜的一样吗？哪些变化让你觉得很惊讶？这样的问题情景引导孩子将头脑里猜想形成的画面与实际看到的民俗图画面进行了联系和比较，促进了幼儿对图的细致观察和理解。

各类有趣的问题情景无疑能有效引发幼儿解读民俗图的兴趣，推动幼儿更有效地开展阅读活动。

(二) 添加画面内容，丰富幼儿民俗图的观察收获，提高幼儿解读民俗图的兴趣

实践中我们发现，虽然在中国绘本中能找到许多可阅读的民俗图，但是绘本作家在创作时往往更多考虑的是艺术性，而对于3～6岁孩童阅读的需要考虑得相对较少，因此，一些民俗图具有典型性、地域性，但同一画面中可阅读的内容不够丰富。此外，由于中国五千年的深厚文化，传统表达方式又讲求"悟道"，因此，一些中国绘本中的画面若离开了文字解析幼儿就难以直接读懂，这一定程度上影响了孩子们的阅读兴趣。针对这样的情况，我们对一些中国绘本中的民俗图进行了画面添加，以满足幼儿阅读的需要，从而加强孩子阅读的兴趣。

例如，在开展集体阅读中国绘本《小青花》的活动时，我们发现，小青花跟着小花猫游历祖国山水的情节，画家只用了俯瞰的视角，画了一组具有中国特色的建筑来表现祖国的美，这样的表达对于成人而言是能感受到美的，但对于缺少经验的幼儿来说，就过于简单虚幻了。因此，教师们围绕绘本图的四大元素

“形、神、意、境”收集了大量与绘本画面风格相似的各类民俗图，诠释了祖国山水楼桥的各种美。这样大大丰富了绘本民俗图的画面内容，从而使幼儿的阅读兴趣明显增强，交流的欲望得到了提高，表述也变得丰富了！可见，补充民俗图的内容对激发幼儿阅读的兴趣有着非常显著的作用。

(三) 利用戏剧表演，外化幼儿情感体验，提高幼儿解读民俗图的兴趣

幼儿阶段，孩子的兴趣往往和他们的充分体验有直接关系，如果能够支持孩子获得多种感官的体验，那么更能激发孩子的学习兴趣。我们知道，传统图书阅读活动中，幼儿最重要的信息获取渠道往往只有视觉感受，长时间单一通道的体验，一定会影响孩子的兴趣激发和维持。于是，我们试图突破这样的学习模式。在增加听、说感受的基础上，我们还大胆尝试了戏剧表演活动，运用多元感官体验的方式，帮助孩子们获得充分的民俗图内容体验，从而让他们能更生动地表达自己对民俗图的理解。

在绘本《泥将军》这本书中有一组图片值得细读，它们描绘了制作泥将军的重要工序，讲述了泥将军因为害怕烈火考验而躲到了一边，为之后情节的发展埋下了伏笔。这一切恰恰又被一边的黑猫看在了眼里。这一段情节，如果仅仅看看说说，会显得比较无趣，因为孩子们原本不了解泥将军制作的工序，也无法通过讲述感受煅烧这一过程的重要性。由于幼小孩子语言表述的能力有限，仅凭纯粹地描述角色的对话无法体现这一段情节、这部分民俗知识的重要性，于是，我们想到了运用表演来丰富对这组民俗图的理解和感受。

活动中，我们邀请孩子们来演小黑猫与泥将军，当孩子们意识到自己所要扮演的角色时，他们就会更加仔细地观察这组画面，从而发现画中更多的细节和线索。如一个男孩在观察图片时，指着火窑对我说：“老师，小猫一定也很害怕，那么大的火都要冲出窑洞了！”边上一个孩子立刻应和道：“所以你看，它躲在木桶上啊，这样既能看到泥将军的每一个动作，又不用担心被火烫到。”这番讨论后，我再看孩子的表演，惊喜地发现：孩子居然还特别注意了语气语调，边说边往后躲，非常生动！不仅如此，孩子们还自发查找了关于景德镇火窑的相关知识，主动拓展了阅读的内容。可见，阅读民俗图的兴趣在戏剧表演中得到了明显提高。

(四) 尝试"质疑教学"，鼓励幼儿发现问题，提高幼儿解读民俗图的兴趣

在传统教学中，教师和幼儿的对话往往呈现出比较单一的模式，几乎所有的质疑机会都赋予了教师，幼儿往往只是根据老师的发问而做出各种反应。这样的一种学习模式使得一部分孩子的学习热情不高，注意力容易涣散。在阅读中国绘本的研究中，我们尝试运用了"质疑教学"的方式，即鼓励幼儿在教师发问前，先提出各自的问题，鼓励他们通过反复细致的读图来寻找共同讨论的话题，这一方法在实践中收到了非常好的效果。

阅读中国绘本《咕噜咕噜，涮锅子》时，每一幅画面都洋溢着浓浓的民俗味，大量可阅读的民俗图跃然纸上，为此，我们邀请孩子们在完整阅读绘本后，尝试提出自己看不懂的问题。孩子们立刻踊跃表达了各自的想法：

"老师，这个火锅的锅子很好看，和我们现在的不一样，中间为什么有个烟囱呢？"

"老师，北京的火锅里面也放蛋饺的嘛，我看见了！他们还会放什么啊？"

"你们看，这一天肯定是过年，第一页的门上都贴着春联，还有年画！你们知道年画上画的是谁吗？"

"为什么老爷爷家门前要放一对石狮子呢？"

……

这些发现都源于孩子认真的观察，而观察的动机就是让大家找到更多有趣的问题，可见，当孩子拥有更大程度的自主权时，他们就能越发投入地学习了。

(五) 修改画面和文字，增强图文联系，提高幼儿解读民俗图的兴趣

绘本是图文结合的文学作品，它之所以深受不同年龄段人们的喜欢，主要因为任何人都能在细致阅读中找到自己感兴趣的画面，并从文字中读到画面里、画面外大量的文化信息，从而丰富个人的内心体验，唤醒更多的美好情感。当然，由于绘本表达的特殊性，其中出现的图片往往和相关文字有着互相补充的作用，仅读文字或者光看图都无法完全领悟这个画面的内涵。对于低幼儿童来说，这的确是一种挑战。

我们在研究过程中发现，一些民俗图在阅读理解时必须借助一定的生活经验和认知基础，而幼儿对这一类的经验知识了解得并不多，这给阅读理解带来了很大的难度，影响了他们对一些故事的整体感受。有了这一认识，我们加强

了对图文关系的解析和处理，对一些重点阅读的民俗图进行了教学中的必要处理。

例如，阅读中国绘本《小石狮》时，其中有一幅图描绘了小石狮在人们心目中的重要意义。这幅图上画了一个巨大的石狮形象，但文字却指出石狮其实只有一个拳头那么大，我们意识到，这样的表达方式显然无法让幼儿理解并感受到小小石狮给予人们的巨大的精神力量。为此，我们在与幼儿共读时，大胆尝试处理了这幅民俗图的图文。我们运用 PPT 的缩放功能，展现了画面中大石狮缩小为实际大小——一个拳头般大的石狮模样，同时将绘本后面出现的一幅老爷爷手捧石狮的画面增添到这一幅中，进一步补充画面的内容。在此基础上，我们还修改了原故事的文字，针对画面中出现的内容，将文字改得更加具体，容易被幼儿理解讲述，最终帮助孩子们更好地阅读并理解了这一幅民俗图。

再如进行绘本《小青花》阅读时，对于描绘祖国山河的画面，我们添加了大量民俗图，其中一些是极美的中国水墨画，但是对于交替出现的现实与艺术风格的不同画面，幼儿未必能在比较中感受到水墨画的诗意，反而会因此忽略对这类民俗图的关注。考虑到这一点后，我们特意在师生共读这一段时加入了文字的描述，用“祖国的山真美啊！有的……有的……还有的……看也看不够啊，看也看不够”这种描述串联了所有的图片。之后实践对比发现，加入了这一描述的确大大提高了幼儿关注民俗图的兴趣，增进了他们的理解与感受。可见，增强图文联系对激发幼儿阅读民俗图的确有着非常积极的作用。

（六）设计阅读游戏，强调“文化体验”，提高幼儿解读民俗图的兴趣

游戏是孩子的天性，一直以来，我们都在努力探索游戏化教学的各种方法，因为我们深知：以学定教才能收获最好的教学效能。因此，在开展中国绘本集体阅读时，我们也会积极运用设计游戏的方式，激发幼儿解读民俗图的兴趣。

例如，阅读《从百草园到三味书屋》这篇散文题材的绘本时，我们发现，孩子们在阅读描绘三味书屋生活的一组图片后，不仅没有理解作者对那段生活的记叙，而且对老师的形象、学堂的生活产生了一定的质疑。分析原因后，我们意识到时代背景的不同，教育理念和教育行为有了巨大的变化，如何帮助孩子们理解当时儿童的学习生活，并对自己将要经历的学习生活产生向往之情，是这个民俗图阅读活动的重点和难点。于是，我们想到了游戏教学的策略。

我们在一组图片中选择了其中一幅师爷考问学生的画面，引导幼儿细致观察。之后我们模拟当时的情景加入了“背上画字猜谜”的游戏。孩子们在互相画数字、猜数字的过程中体会到了“被考问”这一画面的情景，更重要的是感受到了学习探索的乐趣。于是“尊师重教”“三人行必有我师”等种种文化感知与认识就自然而然地渗透在解读民俗图、阅读中国绘本的美好过程中。

这一经历再次验证了，教学中的真游戏一定能成功激发幼儿解读民俗图的兴趣。

在反复实践中，我们运用这六个方法取得了显著的成效。例如，我们随机抽样了各年龄段幼儿，对比发现，我园孩子对民俗相关信息的接受度和敏感度大大高于其他没有开展这一研究的幼儿园的孩子，对于民俗图乃至民俗绘本的阅读兴趣和阅读理解能力也均高于其他各园幼儿，更重要的是幼儿在日常行为表现中显现出了较同龄孩子更强的民族自豪感和对“我是中国人”这一主题更为丰富、更为清晰的认识。

二、 设计阅读活动的要求

在运用这些方法设计和开展中国绘本阅读活动时，我们也看到了一些非常重要的问题，总结归纳为三个“要”。

(一) 一要：努力入境不出境

中国绘本讲求“悟”，而人的一般认识规律告诉我们，从“无”到“悟”是需要时间的，在一段足够的时间里沉浸其中，带着平和而积极的心境去理解与体会，才能看并看见，读且读懂。幼儿在阅读中国绘本时，必须拥有这样能够浸润其中的心情和时光。这就要求教师能够做到带孩子“入境”且不“出境”。

前文中所提及的六种方法可以帮助教师成功地带领孩子进入阅读民俗图的情境中，这里要指出的就是如何做到“不出境”的具体做法。

首先，教师应牢记在阅读过程中减少提问，降低师生问答的频率。过于频繁的提问往往会影响孩子在阅读过程中的情感累积，思考并回答教师提出的问题，幼儿也许可以更深入或更全面地理解故事中的情节或有关角色的心理活动，但是幼儿在组织回答问题的语言时，往往会不由自主地中断对故事中主要角色心情的体验，直接影响他们对故事情境的建构。这样一来，原本努力进入的情境瞬间被破坏了，一旦出境，一些孩子便不容易再次“入境”，往往表现出“形在神散”的阅读现状，最终影响阅读效果。

其次，教师要减少无关因素对幼儿阅读活动的干扰，关注幼儿有意注意的稳定性。最常见的问题是，一些教师喜欢在设计阅读活动时加入一些背景音乐，从而烘托阅读的氛围。这样的做法的确会起到一定的作用。但是前提是选用的音乐比较适宜，另外，何时播放？播放多久？音量多大？对这些问题的思考判断都极为重要！切忌不停播放或是频繁更换背景音乐，这样会不知不觉地影响孩子阅读故事的情境。

最后，还要注意在集体阅读对话过程中“一和许多”的问题的处理。我们发现，在集体阅读绘本时，教师与幼儿、幼儿与幼儿之间的互动往往源起于提问，但是由于低幼年龄孩子对他人的关注意识比较弱，往往在教师发起一次提问并迅速确定回答问题的人选后，一些孩子就游离到教师所营造的情境之外了。因此，如何在互动过程中做到“以点带面、以一唤十”是一门大学问，帮助孩子们实现“共情”正是“入境不出境”的关键。

(二) 二要：避免“唯一”求多元

我们清楚地知道，文学活动是仁者见仁、智者见智的活动，一百人阅读《红楼梦》，各种感受和体验一定不少于一百种。所以，在绘本阅读活动中，教师的价值追求就成了决定阅读意义和作用的关键。求同存异是真正让孩子爱上阅读的关键。

在阅读中国绘本活动中，我们引导幼儿关注书中的民俗图，当教师面对这些被挑选出的重点阅读图片时，一定要尝试多读多想，细致猜想能力发展水平不同、已有经验认识不同的孩子对这幅民俗图可能有的自然感受和兴趣所在。例如，在阅读绘本《荷花镇的早市》时，其中有一幅图描述了赶集的热闹场景，画面中主角小男孩在人群中穿梭着，那一刻他所看到的场景和油然而生的情绪体验是复杂甚至多变的，因此当教师问“你猜这会儿阳阳心情会是怎样的，他又会对姑姑说什么”这两个问题时，我们一定要静下心来听听孩子的表述，从而了解不同孩子在画面中关注的不同民俗文化，在及时肯定的基础上，引导幼儿共同走入伙伴构建的“境”，这样比拽着孩子进入老师预设的唯一的“境”要好得多。在集体阅读活动中，生生互动的效能往往大于师生互动。

除此以外，我们还应考虑的是，同一本中国绘本我们也可以做更加多元的尝试。只要活动目标能紧扣幼儿阅读能力发展目标和民俗文化的传承，我们就可以做更加大胆的尝试，而这种多元理念下的设计可能带给孩子们更加丰富的体验，这对帮助孩子解读民俗图、理解传统文化一定有着积极的作用。

(三) 三要：留白存悟放慢读

对于中国绘本阅读中民俗图的解读，年龄越小的孩子越需要足够的时间去体味，所以，一次集体阅读活动未必能让孩子当即读懂所有预设确定的重点阅读图片。有的认识可以在之后的生活中、相关的节日活动中，或是大量阅读活动后，再进行联系并深入体会。因此，留白存悟慢慢读，或许是在开展中国绘本阅读活动时最需要牢记的一条准则！对于中国文化的认识，即便是成年人也需要长时间的完全浸润和感受才能不断深入理解，孩童更是如此。

记得在大班阶段，孩子们阅读了中国绘本《小石狮》后，很长一段时间，我们并没有发现他们有特别强烈地想要讲述这一绘本故事的情绪。直到毕业前夕，在一次关于毕业典礼节目准备的讨论过程中，突然有一个孩子激动地说：“老师，我觉得我们可以在教室门口放一对小石狮，因为它会帮我们记住我们在幼儿园三年的生活。”那一刻我们意识到，孩子在阅读时看到的民俗图已深深刻画在他们心中了，而小石狮所象征着的时间印记和历史意义，大班孩子通过长时间感受还是慢慢领悟到了。可见，教育真的不是急功近利的事，文化更是细水长流的润泽，所以，在开展阅读中国绘本的活动时，我们需要慢慢读、细细品的心境。

综上所述，经过了大量的实践探索，我们的研究渐入佳境，教师对于利用中国绘本推进幼儿对传统文化的认识的研究有了更坚定的信念，对于激发幼儿解读绘本中出现的民俗图的热情和兴趣也有了不少行之有效的方法。我们相信，在良好理念的引领下，我们定能利用课题研究之力，促进我园幼儿全面发展，使他们成为堂堂正正、不忘初心的当代中国人。

家长参与幼儿园民俗文化早期阅读课程开发的实践研究

王晓红

一、提出问题

（一）我园具有民俗文化早期阅读课程研究的基础

我园是上海市陈鹤琴“活教育”思想研究基地园，我国现代著名儿童教育家陈鹤琴先生所提出的“活教育”思想具有强大的生命力，与当前我国所倡导的素质教育和新课程改革在教育理念、教育目标、教育内容以及教学方法等方面，有着相当高的一致性，是我园教育研究与实践工作开展的主要理论基础。“活教育”的目的论提出，教育的目标是培养儿童“做人，做中国人，做现代中国人”，这给改变当前我国学前教育由于过度借鉴国外尤其是西方的教育理论与实践而陷入的文化困境带来启示，即幼儿园应担负起在多元文化环境中培养幼儿“乡土根性”的责任，在课程中体现中华民族的价值观，实现幼儿园课程文化的转向。近年来，我园一直致力于对民俗文化早期阅读课程的研究，探索在幼儿园早期阅读课程中纳入反映民族文化的阅读内容，通过阅读活动帮助幼儿了解我国博大精深的民族文化，通过阅读活动促进幼儿萌生做“现代中国人”的民族意识与民族情感等。

(二) 家长参与民俗文化早期阅读课程的构建与开发具有重要价值

家长参与我园民俗文化早期阅读课程的开发建设，对教师的教育教学能力、文化专业素质、沟通交流能力等都提出了新的要求，能促进教师的专业成长。对幼儿而言，他们有了更多的互动交流机会和自我表现的空间，能以更宽、更广、更高的视角了解社会，拓宽知识面，使各方面能力得到更好的发展；对家长而言，他们享有了更多的知情权、参与权、监督权，提高了育儿技能，使亲子关系更加融洽。家长的参与，一方面可以改变其自身狭隘的课程观，提升其参与教育的意识和能力；另一方面，可以使幼儿园的课程建设从封闭走向开放。这样一来，家长对幼教工作可以更加理解和支持，并与教师建立了平等、融洽、相互信任的关系。这种立体化的融合方式，为幼儿园、家庭、社区教育形成合力提供了一条切实可行的途径，使家庭、社区资源更加优化，提升了幼儿园课程文化内涵。

二、 相关概念的界定

幼儿园民俗文化早期阅读课程：是我园的特色园本课程，是将民俗文化早期阅读的教育理念应用于幼儿教育实践，从而生成幼儿教育实践的智慧、经验和具体策略，形成系统化的课程体系。

幼儿园课程开发：根据幼儿园的办园特色及幼儿园的办园理念，也可将当地的一些特色融入幼儿园的日常活动中，使活动有条不紊地进行，从而形成属于幼儿园自身的一种课程体系。

家长参与幼儿园课程开发：家长应是幼儿园重要的课程资源，家长参与幼儿园的课程开发有很大的意义：一是家长积极参与幼儿园课程的开发建设可以使课程实施更有效；二是可以进一步打开家校合作的新思路，丰富家校共育的新内涵；三是对教师自身素质提出了新挑战，教师必须有较强的沟通与协调能力，并能为家长参与课程开发活动提供有效的帮助和引导。

家长参与幼儿园民俗文化早期阅读课程开发：家长参与幼儿园民俗文化早期阅读课程开发，与教师一起选择与中国民俗文化内容有关的图画书作为课程的主要阅读材料，如传统节日、生活故事、民间传说、神话故事、传统国粹等，这样的家园互动增进了幼儿对中国民俗文化的了解，萌发了幼儿的民族自豪感。

三、 研究价值

阅读作为幼儿学习和认知的一种重要方式，是儿童终身学习的基础。学前阶段是儿童学习阅读的关键期，在这一时期帮助儿童发展自主阅读能力，将为儿童成长为爱读书、善读书的阅读者打好基础，也为儿童未来成功从事各项工作创造基本条件。我园已经初步构建了“幼儿民俗文化早期阅读课程”，该课程能在提高幼儿早期自主阅读能力的同时，引导幼儿了解中国传统民俗文化，增强民族认同感和民族自豪感。在持续推进的过程中，我们需要家长的全力支持，从而不断完善幼儿园课程。

家长是幼儿园重要的合作伙伴，也是幼儿园课程的参与者。当前，随着世界学前教育新课程理念的影响和国外幼儿园课程模式的引入，国内各种课程模式层出不穷，呈现出多元化的局面。在幼儿园的民俗文化早期阅读课程实施过程中，如果能够充分而有效地开发和利用这些家长资源，最大限度地发挥其作用，形成教育合力，必将对幼儿园课程的建设和实施起到极大的推动作用。

我园一直比较重视家园合作，近年来，在幼儿园、教师、家长的共同努力下，我园已经形成了较为完整的“家长—学校”体系，有家委会队伍、家长志愿者队伍、多种家园沟通平台，从而为实现家园合作奠定了一个良好的基础。本次课题我们要研究的正是用课程开发来引领的方式，即让广大的家长都来参与幼儿园的管理、活动和建设，以此来更加完善“家长—学校”的体系，促进家园携手，实现我园的育人目标，推进幼儿园发展。

四、 研究的基本情况

(一) 研究目标

本研究通过对家长参与幼儿园民俗文化早期阅读课程开发的现状分析，尝试探索家长参与幼儿园民俗文化早期阅读课程开发的有效策略与方法，研究开发家长参与幼儿园民俗文化早期阅读课程的内容，建立小、中、大班不同年龄幼儿的家长的民俗文化早期阅读课程资源库，以推进幼儿园园本课程的开发。

(二) 研究内容

(1) 调查分析家长参与幼儿园民俗文化早期阅读课程开发的现状。

(2) 探索家长参与幼儿园民俗文化早期阅读课程开发的途径。

(3) 总结家长参与幼儿园民俗文化早期阅读课程开发的策略。

(三) 研究方法与步骤

本研究以行动研究为主,兼以案例分析法、问卷调查法及教育叙事法为辅。

研究主要分以下几个阶段开展:

(1) 立项准备阶段。一是成立课题研究项目组,家长参与幼儿园民俗文化早期阅读课程的文献研究,做现状调查和分析,建立课题总体框架并撰写研究方案。二是进行理论辅导,对教师和家长开展相关培训,帮助教师掌握相关的理论,引导家长重视家园配合教育,树立科学的课程观。

(2) 主要研究阶段。第一,商讨家长参与幼儿园民俗早期阅读课程的内容。第二,实施与运行操作,总结策略与方法。第三,在研究的过程中整理阶段性成果。

(3) 总结思考阶段。整理课题研究资料,形成研究成果,完成撰写课题总报告。

五、 研究成果阐述

经过两年半的实践研究,我们就幼儿园教育、家庭教育中家长作用的发挥进行积极的探索。在这过程中,我们提升了家长参与幼儿园民俗文化早期阅读课程开发的积极性,并以"家园合作"为实施手段,构建了双向互动型家园教育指导模式。课题实施过程中,我们发现家长们能为幼儿园民俗文化早期阅读课程建设积极献计献策,使我园教育更顺应教育民主化和教育公平的改革趋势,从而有力推进我园民俗文化早期阅读课程内容和形式改革的深化。

(一) 分析家长对幼儿园民俗文化早期阅读课程认识的现状与需求

课题开展的第一学年,我们进行了家长问卷调查和幼儿测试,并进行了详细的记录和数据的统计,就最后的统计数据进行科学的分析,了解家长及幼儿的现状,挖掘原因,为今后有针对性的实践提供依据。我们采用问卷法和文献法对园内3～6岁幼儿家庭的亲子民俗文化早期阅读现状进行调查。在全园小班、中班、大班的9个班级随机发放问卷,共向家长发放问卷90份,回收问卷90份,回收率为100%,其中,小班幼儿家长30人(占总人数的33%),中班幼儿家长30人(占总人数的33%),大班幼儿家长30人(占总人数的33%)。问卷由主要承担幼儿教育的家长填写,调查采用不记名的方式,要求如实、认真填写。问卷包括了两大部分:第一部分是孩子与家长的基本情况,如孩子的性别、年龄、班级,父母双方的文化程度等;第二部分是主体部分,由 12 道单选题、7 道多选题和 2 道开放性问题组成,内容涉及幼儿与家长对亲子民俗文化早期阅读的态度、亲子民俗文化早期阅读的指导策略等。

从幼儿家庭的亲子民俗文化早期阅读现状的调查分析来看,家长对民俗文化早期阅读抱有积极的态度:大部分家长肯定早期阅读,特别是民俗文化早期阅读的教育作用,愿意和幼儿园共同进行以"民俗文化早期阅读"为内容的亲子阅读活动;家长在阅读过程中能够关注到不同年龄段幼儿的阅读选材点,并且愿意积极为亲子民俗文化早期阅读创设条件。不足的是家长在亲子民俗文化早期阅读方面的经验比较薄弱,对亲子民俗文化早期阅读的价值理解不够,在指导亲子民俗文化早期阅读活动时缺乏方法。

(二) 探索家长参与幼儿园民俗文化早期阅读课程开发的多元途径

1. 家长参与幼儿园民俗文化早期阅读课程材料的选择

在对民俗文化早期阅读进行研究与实施的过程中,家长参与幼儿园民俗文化早期阅读课程内容的选择,进一步积极有效地推进了民俗文化早期阅读活动的开展。

(1) 家园携手合作,共同选择图画书。

首先,我们鼓励家长与教师一起选择与中国民俗文化内容有关的图画书。为此,我们通过各个途径宣传民俗文化早期阅读的概念、内涵以及初步的分类,如在内容上可以包含传统节日、生活故事、民间传说、神话故事、传统国粹等,在表现形式上有水墨画、剪纸画、泥塑画等。于是,家长们从网络、图书馆、书城等地方多方位地寻找幼儿民俗文化早期阅读材料,为幼儿园选择民俗文化早期阅读材料提供了大量的信息。其次,我们组织家长开展"推荐我喜爱的一本民俗阅读绘本"活动,活动通过天虹公众号、班级家长群、家园联系栏等向家长发出推荐一本好书的倡议并公布了活动方案,得到了家长们的积极响应。大家纷纷行动起来,收集了各类图画书近百本,家长的参与既丰富了我园民俗文化早期阅读资源库,也激发了家长参与幼儿园民俗文化早期阅读课程开发的热情。

在家长的参与下,我们根据课程目标,结合幼儿年龄特点,选择了大量的富含民族文化、适合幼儿阅读的图画书,并结合当前社会主流价值观,对图画书资源进行充分挖掘和有机整合。根据图画书内容类别，我们列出了传统节日、生活故事、民间传说、神话故事、传统国粹等民俗阅读图画书系列内容。（见表1、表2）

表1 幼儿民俗文化早期阅读的基本内容

传统节日	《中国传统节日故事》（全8册） 《绘本中华故事·传统节日》（套装共6册） 《中国记忆：传统节日》（10册） 《元宵灯》《兔儿爷》《嫦娥奔月》《团圆》《纸马》等
生活故事	《荷花镇的早市》《迷戏》《团圆》《进城》《冰糖葫芦，谁买》《跟着姥姥去遛弯儿》《漏》《小石狮》《神奇虎头帽》《小小虎头鞋》《中国优秀图画书典藏系列》（合集）等
民间传说	《绘本中华故事·中国寓言》（共10册） 《绘本中华故事·民间传说》（共10册） 《绘本中华故事十二生肖故事》（全12册） 《国韵童风》（全6册） 《最美童年：最经典中国民间故事》 《吉星高照中国故事绘本》《老鼠娶新娘》 《最美童年：最经典中华传统故事（儿童启蒙版）》（共3册）等
神话故事	《绘本中华故事·神话传说》（共10册）、《灶王爷》《神秘来客》《鱼叉手和妖怪》《香蕉娃娃》《三借芭蕉扇》等
传统国粹	《虎年的礼物》《兔年的礼物》《龙年的礼物》《蛇年的礼物》《看不见的马》《京剧猫·长坂坡》《京剧猫·武松打虎》《泥将军》《三岔口》《窦娥冤》等

表2 各年龄段幼儿民俗文化早期阅读的基本内容

年龄阶段	主题名称	民俗阅读活动	民俗阅读拓展活动
大班	我是中国人	《年》《岳母刺字》《京剧猫·长坂坡》《迷戏》《十二生肖的故事》《老鼠娶新娘》《嫦娥奔月》《司马光砸缸》	剪纸：《连体灯笼》 民乐民舞：《新疆集体舞》 民俗装饰：京剧脸谱画、装饰青花瓷盘子 表演游戏：《老鼠娶新娘》等
	我自己	《泥将军》《神奇虎头帽》《小小虎头鞋》《黄香温席》	民俗工艺：泥娃娃 儿歌：《泥娃娃》
	我们的城市	《进城》《水牛儿》《荷花镇的早市》《老北京传说》《铁门胡同》《花娘谷》	剪纸：《房子》 国画：《小汽车》

续表

年龄阶段	主题名称	民俗阅读活动	民俗阅读拓展活动
大班	春夏和秋冬	《神笔马良》《团圆》《漏》《梅雨怪》《十月歌》《冬至节》《桃园三结义》	剪纸:《雪花》 国画:《雪花》 民俗装饰:绽放的花朵(油泥装饰空瓶子、贝壳) 民乐:《金蛇狂舞》
	动物大世界	《京剧猫·武松打虎》《老鼠,老鼠》《九尾猫》《山丘的约会》《仁慈的九色鹿》	剪纸:《老鼠》 民俗表演:《小狗抬花轿》
	我要上小学	《小石狮》《三个小和尚》《司马光砸缸》《磨杵成针》	民俗装饰:鱼儿抢救队(刮蜡)
中班	在秋天里	《兔儿爷》《嫦娥奔月》《愚公移山》《重阳节的故事》	古诗诵读:《水调歌头》 民族舞蹈:《采果子舞》
	好吃的食物	《跟着姥姥去遛弯儿》《冰糖葫芦,谁买》《粽子的故事》	民俗活动:包粽子 歌曲:《冰糖葫芦》 民俗表演:《叫卖小调》
	寒冷的冬天	《纸马》《灶王爷》《农夫救蛇》《年》《元宵姑娘》	民乐:《喜洋洋》 民俗装饰:可爱的雪娃娃 民俗活动:做汤圆
	玩具总动员	《聚宝盆》《福奶奶的神奇管箩》《巧匠鲁班》《墨翟和风筝》	民俗装饰:聚宝盆装饰 民俗舞蹈:《绸带舞》 民俗手工:做风筝
	在动物园里	《老虎外婆》《包子狗和面条儿猫的奇境》《耗子大爷在家吗?》《小蝌蚪找妈妈》《鹬蚌相争》《马兰花》《老虎学艺》	国画:《可爱的企鹅》《小熊猫》 民俗表演:《大闹天宫》 民俗儿童剧:《马兰花》
	火辣辣的夏天	《夸父逐日》《后羿射日》《七夕节的故事》	水墨画:《下雨了!》 绘画:《油纸伞》
小班	小宝宝	《好乖乖》(插图童谣)、《孔融让梨》	相关水墨画动画欣赏
	新年好	《春节的故事》	涂色:灯笼
	动物花花衣	《动物园》(插图童谣)、《小蝌蚪找妈妈》	水墨画:《小蝌蚪》 水墨动画欣赏:《小蝌蚪找妈妈》

(2) 家园协作管理,充分使用图书资源。

幼儿园底楼的大厅里有一个"亲子民俗书吧",每月都会向家长推荐几本适合亲子阅读的民俗绘本,离园前家长能带着孩子坐在这里一起看看民俗绘本,聊聊民俗的那些事。幼儿园二楼还有个"快乐阅读室",在那里提供适合不同年龄段幼儿阅读的民俗图书,有故事、传说、神话、寓言、成语类等读物。我们还征集了家长志愿者参与图书的管理,老师和家长们一起按照图书的类型和幼儿的年龄段对图书进行了分类,有助于家长和幼儿自选借阅。另外,我们还设立了班级阅读区,里面除了园方提供的书籍,还有家长让孩子带来的民俗阅读绘本,形成了班级"图书漂流"区域。

2. 家长参与幼儿园民俗文化早期阅读课程开发的实践

我园汲取新教育所倡导的父母与孩子共同成长的理念,不断创新民俗文化早期阅读课程资源开发方式,关注家长的主动参与,与家长一起进行民俗文化早期阅读课程开发的实践。

(1) 故事爸妈,走进课堂。

我们尝试"故事爸爸、故事妈妈"这种新型亲子阅读形式,主要是请小朋友的家长轮流来班内进行民俗文化早期阅读绘本的讲述活动,和孩子们一起阅读,一起游戏。孩子们特别喜欢这种形式,听故事格外认真,回答问题十分踊跃。这不仅增进了家长和孩子的亲子关系,提高了孩子们对民俗文化早期阅读的兴趣,也提高了家长对幼儿园民俗文化早期阅读课程的认识和理解。

(2) 亲子同台,其乐融融。

家长积极参与课程研究,为我们的经典民俗文化图画书阅读活动输入了新鲜血液,而亲子剧场的尝试,更给我们带来了生机与活力。亲子剧以家庭为单位,负责排练和表演一个经典民俗阅读绘本小故事,亲子同台,承担不同的任务,扮演不同的角色。活动前,家长和孩子挑选一个经典民俗阅读绘本小故事共同阅读,在熟悉故事情节的基础上,利用废旧材料制作表演服饰,设计表演时的动作、眼神、台词,再加上自己对角色的理解进行生动的表演。表演不仅加深了家长和孩子对民俗文化阅读作品的理解和兴趣,也拓展了家长开展亲子民俗文化阅读的方法。

(3) 自制绘本,创作无限。

在进行民俗文化绘本阅读活动时,在园级家委会的倡议和组织下开展了亲子自制民俗文化阅读绘本的活动，家长和孩子们一起运用不同的表现方式和材料自制了一本本有趣的民俗绘本，如有的家长用剪纸制作了民俗绘本《花娘谷》，有的用彩泥制作了绘本《三个小和尚》，有的用图片剪贴制作了绘本《孙悟空大闹天宫》……亲子自制民俗绘本活动不仅给大家展现了一个精彩纷呈的童心世界，激发了孩子自己动手尝试制作民俗绘本的兴趣，也呈现了一个全新的亲子阅读方式。

(4) 家园论坛，各抒己见。

我园各班都建立了班级QQ群、微信群，开辟了家园沟通的新渠道。家长每天都会进入群中浏览，发表自己的观点，将自己阅读过的优秀民俗文化绘本推荐给大家，并提出意见与大家交流共享。班级QQ群成为家长交流沟通的新平台和绘本阅读困惑的解答站。在这里，家长可以敞开心扉，畅所欲言，及时沟通，解决了家长工作忙、没时间见面交流的问题。论坛促使幼儿园和家庭这两个幼儿成长场所的教育理念和实践得到整合，形成教育合力，促进幼儿发展。

3. 家长参与幼儿园民俗文化早期阅读课程开发的评价

(1) 注重课程，有效评价。

民俗文化早期阅读课程开展前、实施中、结束后，老师都会和家长进行有目的的评价交流，以更好地总结方法、经验。如在开展“桃园三结义”教学活动前，老师们请家长说说对绘本《桃园三结义》的认识和理解，以及绘本的价值点。有的家长说，活动中老师要把桃园三结义的故事名称讲解清楚，体现这个活动的主旨。有的说，在活动最后环节要告诉孩子这个故事的出处，让孩子们知道这是我国著名小说《三国演义》中的故事……结合家长的意见，老师对活动设计进行修改和演绎，活动后老师再和家长们一起研讨，家长发表对活动的看法。

(2) 互动评价，共同提高。

双向式的互动评价，能更好地提高家长参与民俗文化早期阅读课程开发的积极性，我们组织家长参与民俗文化早期阅读课程研讨活动，变“说教式”为“触动式”，让家长畅所欲言，谈谈自己对民俗文化早期阅读的理解及目前存在的困惑。如结合家长需求，我们以绘本《三个小和尚》为例开展了研讨交流，老师用实例解答家长在亲子阅读民俗绘本过程中的困惑，并向家长介绍教学活动的设计思路及对活动的反思。

(三) 总结家长参与幼儿园民俗文化早期阅读课程开发的有效策略

开展民俗文化早期阅读、提升幼儿阅读素养,是一项系统工程,只有家园携手,目标一致、步伐整齐地前进,才会取得丰硕的战果。我园从 2012 年 9 月起深入实施区级重点课题"构建幼儿民俗文化早期阅读的实践研究",2015 年 10 月开始实施区级重点课题"开展幼儿民俗图阅读的实践研究"以来,除精心设计幼儿在园的民俗阅读活动、积极创设民俗绘本阅读氛围、深入研讨实施策略外,还十分关注来自家庭、家长的力量对培养幼儿民俗文化早期阅读习惯及能力的影响。我们以民俗文化早期阅读课题为依托,携手家长以园促家、以家促园、家园联动的联动方式受到了家长的一致支持。在实践中,我们把家长作为幼儿民俗文化早期阅读的重要指导者,通过实施引领、分享、激励三部曲,多方式、多途径引领家长参与民俗文化早期阅读,享受民俗文化早期阅读,学会指导民俗文化早期阅读,有效提升家长的民俗文化早期阅读指导能力,为幼儿早日成为一名成功的阅读者打好基础。

1. 引领策略

思想决定行动,有了正确的思想,才会产生正确的行动,作为民俗文化早期阅读的实践者——教师,我们对家长从理念、氛围等方面进行细致、规范的专业引领。

(1) 广为宣传,氛围引领。

我们以宣传为抓手,以理念促行动,通过幼儿园网站、微信公众号、家园联系栏等多种途径广为宣传,营造浓郁的民俗文化早期阅读的书香氛围,让民俗文化早期阅读理念深入每个家庭,渗透至每一位家长,提升家长民俗文化早期阅读理念,达到科学育儿的目的。

(2) 精心示范,专业引领。

首先,我们为提高教师与家长对民俗文化早期阅读的认识,在课题研究过程中,精心安排了一系列的专题活动,如邀请幼儿园绘本阅读名师祝晓隽老师、浦东新区教育研究院胡意慧博士、华东师范大学儿童哲学研究专家古秀蓉教授、学前教育专家龚佩佩老师、广西师范大学出版社主编李梅老师等多名专家,对家长开设了民俗文化早期阅读课程的讲座,并围绕主题开展了深入探讨。他们从民俗文化早期阅读的定义、作用、开展的方法、环境创设等四大版块,对民俗文化早期阅读进行了深入剖析,精心提炼民俗文化早期阅读要点,全力推介科学的民俗文化早期阅读方式，让家长对民俗文化早期阅读有了一个完整、科学的概念，提升了参与民俗文化早期阅读的积极性和指导民俗文化早期阅读的有效性。从理论、实例、影像资料等各个角度为家长阐述民俗文化早期阅读的精髓要义，并注意理论联系实际，为家长提供鲜活的榜样与范本，精心示范，在专业上不断引领，让家长成为我们的得力助手及坚强的后盾，让民俗文化早期阅读之风从幼儿园顺畅地延伸到家庭，形成教育合力。

其次，请家长走进幼儿园、走进课堂，深入了解我们的课程。我们在家长开放日活动、幼儿园一课三研活动、区级课题展示活动中，多次安排了家长观摩民俗文化早期阅读的教学展示活动，如民俗文化绘本《花娘谷》《三个小和尚》《小石狮》《孙悟空大闹天宫》等的阅读活动。一本本经典的民俗文化绘本在老师丰富多彩的演绎下，孩子们听得如痴如醉、欢呼雀跃，这样热烈的教学氛围也感染了家长们。家长们被教师灵活多样的教学方法，孩子们的奇思妙想、率真的表现所吸引，他们也沉浸在民俗文化绘本阅读带来的美妙世界中，仿佛又回到了纯真的童年时光。在与经典同行、与大师对话中，深切感受到民俗文化早期阅读所开启的幸福之光，有效激发了家长的参与热情，并为在家庭中开展民俗文化早期阅读提供了生动模板。同时，在集体教学活动中，教师们运用课件、故事录音、舞蹈、亲子阅读、小组讲述等形式引导幼儿和家长进行亲子阅读，给家长们切实的亲子阅读指导。

最后，我们还策划开展了家长主题沙龙活动。活动前确定了“幼儿民俗文化早期阅读读什么”“怎么读”“我能为孩子阅读做什么”三个小主题。家长按自我需求，自动分为三组。当一个个困惑被同伴科学解答，当一段段成功的经验被快乐分享时，活动取得了预期的效果。榜样的力量是无穷的，同伴的激励更让家长充满前行的动力。现在，沙龙已成为我们家园沟通中的常态，家长的困惑经常在班级的 QQ 群或幼儿园的论坛中被一一解答，交流活动正向着更高层次发展。

2. 分享策略

一直以来，我们把家长定位为民俗文化早期阅读的重要的参与者、指导者，秉承“平等、合作、分享”理念，紧紧依托幼儿园这块开展民俗文化早期阅读的主阵地，坚持不懈地开展形式多样的分享活动，让家长们分享到民俗文化早期阅读的快乐与智慧，分享孩子爱上民俗文化早期阅读的成功，从而更好地支持、指导幼儿的阅读。

第一，专家释疑，分享智慧。为与家长分享更多优秀的民俗文化阅读绘本，答疑解惑，提升鉴赏、甄别优秀民俗文化早期阅读作品的水平，幼儿园特别邀请了华东师范大学儿童哲学研究专家古秀蓉老师来园为家长开设专题讲座“民俗图画书——阅读与经典”。古老师解读了关于民俗文化早期阅读的经典绘本，如《团圆》《小石狮》《花娘谷》《三个小和尚》等，为家长们奉献了一场关于阅读的饕餮盛宴。这样一次深入而又有价值的活动，为我们的年轻父母选择和运用民俗文化早期阅读绘本进行亲子阅读指明了方向。

第二，搭建平台，分享交流。为了深入推进民俗文化早期阅读活动，我们搭设了分享交流的平台。由于家长的职业、文化知识背景不同，他们在引导孩子进行民俗文化早期阅读时，所采用的形式、方法、策略各不相同，对孩子成长的作用也不相同。基于这点思考，我们在家园栏中开辟了民俗文化早期阅读专栏，由老师向家长宣传民俗文化早期阅读对孩子成长的重要意义，发布民俗文化早期阅读的有效指导方法、幼儿良好阅读习惯的培养、家庭民俗文化早期阅读环境的创设、优秀民俗文化早期阅读绘本推荐等内容，帮助家长提高对民俗文化早期阅读的认识，掌握良好的指导方法和策略。另一方面，家长们在这里交流分享各自开展民俗文化早期阅读的经验、方法、体会或困惑。让家长之间的好经验、好方法得以推广，让民俗文化早期阅读中出现的问题得到探讨和解决。此外，我们还通过召开家长会，让家长们进行民俗文化早期阅读的经验交流。在这一次次的交流和分享中，家长们有关民俗文化早期阅读的观念得到了进一步更新，阅读指导的策略、方法、形式得到了丰富。

第三，总结方法，分享提升。为让家长成为民俗文化早期阅读的优秀的指导者、热情的参与者、快乐的分享者，我们探索总结出一些行之有效、操作简便的亲子阅读方式。如逐页翻阅法，在亲子阅读过程中，家长要让孩子知道只有一页一页有序地翻看图书，才能把故事看得清楚完整，从而感受有序翻看图书的益处，养成良好的阅读习惯；观察理解法，当拿到一本新书时，家长应先和孩子看看图画，让孩子自己理解画面；角色表演法，孩子随着故事情节的发展和家长一起模仿故事角色的语言、夸张的动作和神情等。

此外，我们还通过班级 QQ 群、专家讲座、网上交流、家长沙龙、家长开放日活动、个别辅导等予以宣扬推广，帮助家长科学地进行民俗文化早期阅读实践，提高家长指导民俗文化早期阅读的有效性。

3. 激励策略

兴趣是最好的老师。为了进一步巩固家长对开展民俗文化早期阅读的热情，积极引导家长为幼儿创设有利于民俗文化早期阅读的良好氛围，激励更多的家庭参与民俗文化早期阅读，共享民俗文化早期阅读带来的书香世界，我园积极开展“我爱国学”系列活动，取得了较好的效果。活动参与对象为全园孩子，通过家庭自主申报、班级推荐，经幼儿园、家委会等综合考核，评选出“我爱国学”系列活动的优秀家庭和孩子。我们以活动为平台，激发家长和孩子对民俗文化早期阅读的热爱。

六、研究成效与反思

在家长参与幼儿园民俗文化早期阅读课程开发的过程中，家长的亲子教育能力得到提高，幼儿园的园本课程得到补充，教师的专业水平得到提升，孩子们的综合能力得到发展。

第一，提高了家长参与幼儿园特色园本课程开发的积极性和自觉性。

家长在参与幼儿园课程开发的过程中，自身的教育能力以及知识扩展能力得到发展，提高了对传统文化的热爱，家长乐于开展各类亲子阅读活动。在参与课程开发实施过程中，家长们对自己孩子的成长和在不同发展阶段的特点有了更加清楚的了解，也会主动地把从家园合作中学到的民俗文化的知识运用到家庭教育中，并充分利用家庭环境来帮助孩子开展民俗文化早期阅读活动。家长参与课程开发也提升了家长亲子教育的信心与能力。

第二，进一步推进了幼儿园民俗文化早期阅读特色园本课程的实践。

进一步完善了幼儿园课程内容，丰富了我们民俗文化早期阅读的形式，逐步将幼儿园民俗文化早期阅读课程实践向家庭拓展，在老师、家长、孩子的共同努力下，我们的民俗文化早期阅读更加深入。

第三，形成了我园人人参与课程建构的良好学习研究与民主管理的氛围。

在课题研究过程中，我们非常注重鼓励和调动全园教师参与课题研究。幼儿园人人具有课题研究意识，积极参与课题研究活动，开展课程实践以及指导家长开展亲子民俗文化阅读活动，形成了我园人人参与课程建构的良好的学习研究与民主管理氛围。

第四，提升了教师在特色园本课程构建方面的家教指导能力。

在指导家长进行亲子阅读的同时，家长的育儿经验对我们教师工作也起到了积极有效的促进作用。指导家长参与课程开发，需要教师有良好的文学素养和能力以及指导家长科学育儿的能力、开展家园活动的能力……经过两年多的课题实践，我们惊喜地发现，教师的课程资源整合能力，分析教材、驾驭课堂、指导幼儿自主阅读的能力以及与家长的沟通交流组织能力等有了明显进步。

第五，促进了幼儿对民俗文化的认同了解以及自主阅读能力的发展。

在家长的参与下，我们购买了大量的民俗文化图画书，并根据年龄特点投放到各个班级中供幼儿自主阅读。家长和老师们也都以民俗文化早期阅读为内容开展亲子活动和教育教学活动，再加上家庭、幼儿园、班级丰富的民俗文化环境氛围的熏陶，天虹的孩子们不仅对中国传统民俗文化有了很大的兴趣和热情，而且也慢慢加深了对中国传统民俗文化的了解和认同……幼儿通过阅读民俗文化早期阅读材料，在情感上产生共鸣，获得美的感受，领悟到事物的是非、正误、美丑。通过民俗文化早期阅读活动，幼儿的倾听能力、理解能力、语言表达能力增强了，词汇量逐渐丰富，能比较规范地运用语言来表述图书内容。

经过近两年的研究，我们基本上完成了预定的研究任务，取得了一定的研究成果。但是家长参与幼儿园民俗文化早期阅读课程开发是一项长期的研究，需要在总结成功经验的基础上进一步提高。因此，虽然本课题的研究工作告一段落，但相关的研究还将继续，我们要继续鼓励家长积极参与我们的课程，参与我园课程的教育教学中，形成一定的经验，不断提高教学效果，提升教师与家长互动的能力，从而实现资源共享和互补。

参考资料：

[1] 陈女.幼儿成长助教团——家园合作的新模式[J].学前教育研究，2006.05.

[2] 宋丽娜.试论幼儿园课程资源[J].科技信息，2007(31).

[3] 幸福新童年编写组.《3～6 岁儿童学习与发展指南》解读[M].北京：首都师范大学出版社，2012.

[4] 马玲.孩子的早期阅读课[M].桂林：漓江出版社，2014.

[5] 王娟.民俗学概论[M].北京：北京大学出版社，2011.

[6] 教育部此课题研究组.《幼儿园教育指导纲要(试行)》.

[7] 刘魁立，张旭.二十四节气民俗[M].北京：中国社会出版社，2010.

“读之获”
课例篇

孔融让梨(小班)

沈 翠

一、设计意图

《三字经》中"融四岁,能让梨",讲的是年幼时应该懂得的谦让道理。道德常识是启蒙教育的基本内容,融于日常生活、学习的方方面面。根据小班孩子在一日生活中经常出现争执的情况,我选择这个故事,让孩子们通过观察故事中的图片、图符,理解故事内容,懂得谦让的道理。

二、活动目标

(1) 理解故事内容,大胆地表达自己的想法。

(2) 体验谦让的美德。

三、活动准备

(1) 经验准备:能够安静地阅读。

(2) 物质准备:图书,乒乓板。

四、活动过程

(一) 观察封面,引起兴趣

(1) 这里有一个有趣的故事,你在这张图上看到了什么?

(2) 我们一起来看看到底发生了什么有趣的故事。

小结:故事的封面告诉我们这是一个发生在古时候的故事,故事的主人公是"孔融"。

(二) 分段欣赏，了解故事情节变化

(1) 他们在干吗？

(2) 孔融在哪里？他和谁在一起玩？

小结:蒙着眼的是弟弟,在后面水缸旁的是哥哥,三兄弟一起在花园里玩捉迷藏。

(3)“叮咚,叮咚”谁来了？

(4) 爸爸是怎么欢迎朋友的呢？

小结:古代的人是用作揖来打招呼,欢迎朋友的。

(5) 看,妈妈把梨都洗干净了,这些梨看上去真好吃,你想不想吃？他们都长得一样吗？

(6) 妈妈洗好梨后在干吗呢？

(7) 猜猜孔融会挑哪个梨呢？孔融到底选了哪个梨？

(8) 爸爸妈妈看到孔融选了最小的梨都有什么反应？孔融为什么挑了个最小的梨呢？

小结:孔融说自己是弟弟,比哥哥小,应该把大的让给哥哥。而他又比弟弟大,应该把大的让给弟弟。孔融真是一个懂得谦让的好孩子。

(三) 游戏活动，进一步了解谦让的美德

(1) 你喜欢孔融吗？那我们也来做一个懂得谦让的孩子吧！你生活中有哪些谦让的行为？

(2) 我们来做个“亮牌游戏”,我这里有很多图片,有的是懂得谦让的行为,有的是不懂得谦让的行为,你根据图片的意思亮出相应的牌子。

(笑脸——谦让;哭脸——不谦让)

幼儿根据图片内容选择笑脸和哭脸进行亮牌。

(四) 延伸活动

(1) 孔融才四岁,就知道让梨,懂得谦让,我们小朋友也了解很多生活中谦让的行为,在生活中我们一定要做一个谦让有爱的中国娃,传承我们中华民族传统美德。

(2) 小朋友回去也和爸爸妈妈一起找一找还有什么关于中华民族传统美德的故事,和大家一起来分享。

五、 活动反思

在导入环节,我先出示了背景图,通过老师的提问、追问来帮助幼儿仔细观察画面,思考分析故事情节和人物关系。接着,我播放音频,让幼儿通过倾听来猜测接下去故事情节的发展。一个小小悬念的设计,不仅引导幼儿细致聆听,更激发了幼儿积极思考,进行相关事物的联想,同时也很自然地过渡到了第二环节。在第二环节中,我运用了集体导读、幼儿自主阅读和提问引导相结合的方式,让幼儿自主阅读故事,通过 PPT 的滚屏设计,让孩子跟着电子大图书一起阅读内容。幼儿通过观察、理解、思考、解读,积极地参与学习,从而获得认知经验、情感体验和思维能力的发展。

摇到外婆桥(小班)

金筱隽

一、 设计意图

根据小班孩子的阅读特点——能阅读情节简单的单幅画面,喜欢模仿有韵律的儿歌、句式,我选择了富有江南特色的童谣《摇到外婆桥》作为阅读内容。这首童谣朗朗上口,极富生活情趣,画面中人物的着装、江南水乡的景色都是民俗图阅读的素材,同时童谣内容互动性强,蕴含着祖辈与儿孙间的暖暖温情,特别适合刚入园的小班孩子朗读。

二、 活动目标

(1) 观察画面,学念童谣,了解江南水乡特色,感受祖孙间的温情。

(2) 两两结伴游戏,感受和同伴一起玩游戏的快乐。

三、 活动准备

（1）教具准备：PPT课件、背景音乐、竹篓、蓝印花布帕巾、大白兔奶糖。

（2）学具准备：垫子。

四、 活动过程

(一) 阅读画面，理解画面内容

1. 认识人物及其着装特点

师：看看画面上有谁？她们的穿着打扮是怎样的？外婆戴的头巾、穿的棉袄是什么颜色的？上面有什么图案？

小结：这种印有白色图案的蓝色花布，我们叫它蓝印花布，是江南特有的布料。白色图案有花，有各种图形，还有动物，非常漂亮。

2. 认识江南水乡及其特色

过渡：这个扎着麻花辫、穿着大红袄的小姑娘叫甜甜，这个戴着蓝印花布头巾，穿着蓝印花布长袄的是她的外婆，甜甜最喜欢她的外婆啦，每天都会去看她。

（1）甜甜的外婆住在哪里？画面上有什么？

小结：这是江南水乡，有小桥流水，还有白墙黑顶的房子，甜甜的外婆就住在这里。

（2）甜甜每天都会摇着小船去看自己的外婆，你知道怎么摇船吗？

（听音乐，模仿摇船的动作，学习童谣前半部分“摇啊摇，摇啊摇，摇到外婆桥”。）

3. 认识传统点心，感受祖孙亲情

（1）到了外婆家，甜甜对外婆说“外婆好”，外婆会对甜甜说什么呢？

小结：外婆会对甜甜说“好宝宝”“乖宝宝”。

（2）外婆最疼爱甜甜啦，每次甜甜来，外婆都会为她准备好吃的，看看外婆准备了什么？

小结：外婆叫我好宝宝，又有饼干又有糕。

(二) 学念童谣，感受和同伴玩游戏的快乐

1. 初步感受童谣

导入:甜甜看到这么多好吃的,高兴地唱起童谣《摇到外婆桥》。(欣赏童谣)

师:你听到甜甜唱了什么?

2. 学念童谣(集体、分组、个别)

3. 游戏《摇到外婆桥》

好听的童谣还能玩好玩的游戏呢!

玩法:

(1) 出示垫子——这些垫子就是小船,请两个小朋友一起来坐小船,手拉手,做划船动作。

(2) 听音乐边做“摇啊摇”的动作边念童谣,念完后交换同伴。

4. 集体游戏(个别指导)

(三) 延伸活动

1. 感受分享食物的快乐

外婆说,宝宝们本领真大,都会念童谣《摇到外婆桥》,所以也给宝贝们准备了好吃的,(出示蓝印花布遮盖放有糖果的篮子)看外婆给大家准备了什么?我们一起去教室分享。

2. 感受与祖辈同玩游戏的快乐(随机增加环节)

今天是九九重阳节,是爷爷奶奶的节日,晚上可以和爷爷奶奶一起玩“摇啊摇”的游戏,唱一唱童谣《摇到外婆桥》。

五、 活动反思

(一) 活动形式多样，符合小班的学习特点

根据小班幼儿的学习特点,我在设计活动时采用了看一看、说一说、做一做、听一听、玩一玩等多种形式,充分调动幼儿的感官,让其参与学习,使整个活动动静交替,让幼儿在轻松的氛围中学习童谣,感受童谣的韵律,体会童谣中暖暖的温情。

(二) 活动整合性强，融合了民俗图符的阅读

我在整个活动中有意识地融入了民俗图符的阅读,比如在阅读第一幅图时

重点描述人物的着装，让幼儿知道什么是蓝印花布，感受江南人着装的特点。在阅读第二幅图时重点观察江南水乡及其建筑的特点；在观察外婆给甜甜准备的食物时，特意选了传统点心绿豆糕。在最后环节分享的食物，也选择了具有上海特色的大白兔奶糖，并用蓝印花布、竹编篓装着。这样巧妙地将中国传统文化和习俗融入每个细节，让幼儿感知和了解。

(三) 环节层层分解，有助于幼儿理解童谣

根据现阶段孩子的认知水平，我将童谣分成两段。前半段在解读外婆住在江南水乡这幅图时，自然而然地过渡到摇船的情节，通过老师示范，孩子模仿，幼儿很快就掌握了“摇啊摇，摇啊摇，摇到外婆桥”这段内容。

在学习后半段内容时，根据小班幼儿的记忆特点，我将原来的三句话缩短为两句“外婆叫我好宝宝，又有饼干又有糕”，这样便于幼儿记忆、诵读。最后，通过两两游戏，让幼儿在游戏中继续练习。这样的环节设计，通过层层分解，帮助幼儿很快掌握了童谣内容。

拉大锯(小班)

俞　航

一、设计意图

幼儿诵读中国童谣，有助于他们接触和了解中国的传统文化。《拉大锯》是《中国童谣》中的一册，“拉大锯”也是一个传统的民间游戏：两个朋友对坐，以两腿伸直、脚掌相抵、手指互勾的方式一仰一俯模仿拉大锯的动作。这样的游戏方式是小班幼儿喜欢的、乐于接受的。于是我将游戏与童谣有机结合，设计了“拉大锯”这个活动。让幼儿在游戏中接纳同伴，体验与同伴共同玩游戏的愉悦，感受民间童谣欢快的节奏。

二、活动目标

（1）初步理解童谣内容，学习有表情地朗诵童谣。

（2）在游戏中体验两两合作的快乐。

三、活动准备

（1）经验准备：幼儿已看到过锯子的图片。

（2）物质准备：地垫、自制大图书。

四、活动过程

（一）激发兴趣

师：你们想去看大"戏"吗？今天我带你们去姥姥家看大戏。

小结：姥姥家，看大戏，你也去，我也去，就是不让二妞去。

师：姥姥家到喽，请每个小观众找个座位坐下来，我们的戏就要开演啦。

（二）理解童谣

1. 欣赏童谣，理解童谣内容

导入：听！大戏开始了。

（1）刚刚哥哥姐姐表演的时候说了什么？

（2）现在我们跟哥哥姐姐一起唱大戏。

2. 学习童谣表演

（1）刚刚哥哥姐姐是怎么做游戏的？（做游戏的时候手、脚是怎么样的？）

（2）拉大锯的游戏真好玩，我们一起来玩一玩好吗？

"拉锯，扯锯，姥姥门前看大戏。你也去，我也去，就是不让二妞去。"

过渡：刚刚我们是一个人玩拉大锯，现在我们可以和一个好朋友一起玩拉大锯。

（3）童谣里有个小朋友生气了，你们猜猜是谁？所有小朋友都去看戏了，就是不让二妞去。生气是什么样子的？（请个别幼儿上来示范）那我们再来玩一次拉大锯，这次在读完童谣后别忘了把二妞生气的样子做出来哟。

（4）我们都学会了这个游戏，我这里有一首好听的歌也是在说拉大锯的事情，我们一起来听一听。

（5）我们一起跟着好听的音乐来玩一玩拉大锯这个游戏。

(三) 延伸活动

(1) 除了这个游戏，后面还有更好玩的游戏呢，我们一起来听一听。

(2) 下次我们一起再来玩一玩更多好玩的游戏。

五、 活动反思

《拉大锯》是一个传统的民间游戏，通过童谣与民间游戏相结合，凸显了活动的趣味性。

第一环节，我出示了火车，通过念“姥姥家，看大戏，你也去，我也去，就是不让二妞去”，把幼儿带入了宽松和谐的氛围中，同时引出童谣内容。但在活动开始没有讲清“为什么要去姥姥家看大戏”。其次，“姥姥”是北方方言，上海的小朋友对此没有概念，因此在开头我就说“今天我们要坐上小火车去姥姥家看大戏”有些突兀。

第二环节，我让幼儿听一听、说一说“你听到大戏里唱了什么”，然后将幼儿的答案用童谣内容总结提升，并将相关图片贴在展板上，协助幼儿记忆童谣。此外，我还让幼儿学做拉大锯的动作，来加深对童谣的印象。但我忽略了描述“大锯”的特征，以至于孩子不知道怎么拉大锯，如果帮助幼儿理解一下词义或者出示实物让幼儿观察一下，相信幼儿能在动作表现上掌握得更快！

第三环节，我先让幼儿进行单人游戏，之后再与同伴共同做游戏，并且在动作以及表情上进行提升，通过观察、模仿，体验与同伴一同做游戏的快乐。

咕咚来了（小班）

周丽琴

一、 设计意图

我选择这个绘本是因为故事里的对话符合小班幼儿的年龄特点，故事还蕴含着丰富的教育意义，能让孩子们在好奇之余懂得遇事要多思考。这本图画书动物形象、表情比较凸显，易于小班幼儿进行观察理解。

二、活动目标

(1) 根据画面说出图中有什么,初步学说故事中的对话。

(2) 体验和同伴一起表演的快乐。

三、活动准备

(1) 经验准备:幼儿喜欢小动物,有模仿小动物动作的经验。

(2) 物质准备:PPT 课件、大树。

四、活动过程

(一) 观察画面,激发兴趣

提问:

(1) 刚才的小白兔怎么了?

(2) 它为什么要逃跑?

(3) 你从哪里看出来它很害怕?

(4) 遇到害怕的事情你会怎么样?

(5) 它害怕什么呢?(小白兔怎么说的,我们来学一学)

(6) 咕咚会是谁呢?

小结:只能听到却看不到,"咕咚"一定是个可怕的怪物。

(二) 幼儿初步理解故事内容

1. 出示图片至"小白兔遇到狐狸"

(1) 小白兔越想越害怕,拼命往前逃,这次它遇到了谁?

(2) 狐狸看见慌张的小白兔会说什么呢?

(3) 小白兔会怎么回答呢?(请男孩、女孩一起来学一学对话)

(4) 小白兔和狐狸是怎么跑的?(谁来学一学)

(5) 它们跑着跑着又遇到了谁?

小结:看到慌慌张张的小白兔和狐狸,它们问:"怎么了,怎么了?"小白兔和狐狸一起回答:"快逃,快逃,咕咚来了!咕咚来了!"

2. 出示图片至“遇到小熊”

师：于是狐狸跟着兔子、猴子跟着狐狸、小熊跟着猴子一边跑一边喊，把森林里的小动物都引出来了，小动物们都很害怕，你从哪里看出来的？

小结：森林里的小动物们都害怕了，边跑边喊：“快逃，快逃，咕咚来了！咕咚来了！”小动物们有的往这儿跑，有的往那儿跑，森林里乱成了一团。

3. 出示图片至“遇到狮子”

(1) 这“咕咚”到底是什么东西，让小动物们害怕成这样？

(2) 听，谁来了？

(3) 这时狮子走过来问道：“咕咚，到底是个什么样的大怪物？”

(4) 小动物们你看看我，我看看你，没人知道。这时，小白兔结结巴巴地说：“咕咚，就在湖旁边。”狮子说：“走，一起去湖边看看咕咚是什么。”于是，他们跟着狮子来到湖边，这时一阵风吹来，‘咕咚’是什么呀？（木瓜）

小结：小动物们终于知道了，原来“咕咚”是木瓜掉进湖里发出的声音。其实有些事情需要我们动动脑筋，去想一想是真的还是假的，这样才不会上当。我们在生活中遇到不明白的事情也要动脑筋想一想，也可以问问爸爸妈妈和老师，相信一定能解决你的问题。

(三) 完整欣赏故事

我们一起来完整欣赏一下故事吧。这个故事真好听，故事的名字就叫“咕咚来了”。

（出示图片，欣赏故事。）

(四) 幼儿选择相应的角色进行表演

请幼儿根据动物的出场顺序来进行表演。

五、活动反思

这是以民间寓言故事为载体的语言领域的教学活动，为了制造情境，我首先运用课件中的音频让孩子们很快就进入故事的情境之中。比如，在第一环节我使用“画外音”，让孩子们感受到小兔子慌张的状态，再引导小班幼儿观察小兔子的表情、动作有什么不一样，思考小兔子为什么会害怕，让孩子们大胆猜测，使得"咕咚"变得更神秘。

在第二环节中，我继续让幼儿去感受小动物们对"咕咚"的害怕。在仔细观察画面之后，根据故事的发展让幼儿在复述中学说对话，从而加深印象。在"遇到小熊后"，引导幼儿去观察画面细节并逐一表述，孩子们纷纷把自己的想法与感受说了出来。幼儿在观察之后，能够了解到小动物们慌张时的不同反应与表现，我运用放大功能让幼儿更好地去发现，如小猪害怕得头上都出汗了、小熊害怕得张大了嘴巴等。当图片中出现"狮子"时，其实是让整个故事起到了反转的效果，因为狮子的反应与其他小动物不同，它既大胆又镇定。画面中的狮子带领小动物们到湖边去看"咕咚"，狮子的表现无疑激发了孩子们心中迫切的好奇心，在观察画面"木瓜掉落"后，孩子们知道了"咕咚"是木瓜发出来的声音，从而意识到听到的不一定就是真的。

整个活动，孩子们能够很投入地去尝试学说对话，在最后角色扮演时，我也参与其中，不仅让孩子们能够自由发挥，同时缓解了原先的紧张气氛，孩子们在这个过程中能够认真听他人的回答并进行对话。

另外，在教学活动的设计上，可以在最后一个环节之前适当增设几个提问，如："你们遇到害怕的事情时，会怎么做？为什么？""如果朋友遇到害怕的事情，你会怎么做？"让孩子结合自身经验来说一说，丰富幼儿对故事的理解。

滴墨成苍（小班）

陆文珺

一、设计意图

《滴墨成苍》是一则历史故事，节选自《国韵童风》。故事的画风以及人物的服饰有浓厚的时代特点，服饰多以袍、襦、裙为主，而服饰上的图案多以传统卷草纹为主，所以引导孩子观察画面的同时，还可以借助服饰图符让孩子初步了解我们的传统文化。结合小班幼儿的年龄特点，这个时期主要以涂鸦为主，这个故事可以帮助他们借形想象进行创作，感受绘画创作的乐趣。

二、活动目标

(1) 初步理解故事内容，尝试用添画的方法借形想象。

(2) 感受借形想象的乐趣。

三、活动准备

(1) 经验准备：会简单地画线条，有初步添画的能力。

(2) 物质准备：《滴墨成苍》PPT 课件、油画棒、扇子底板、展示板。

四、活动过程

(一) 故事导入，激发兴趣

师：今天我们来听一个好听的故事，故事的名字叫"滴墨成苍"。

(二) 观察图片，初步理解故事

1. 出示 PPT1

过渡：古代有位很有名的人叫曹操，他有一把很珍贵的扇子。

(1) 这把扇子看上去怎么样？

(2) 哪里不好看？

(3) 曹操想让扇子变得好看一些。可以有什么办法？

小结：原来曹操和你们想的一样，于是请了一个画师为他的扇子作画。

2. 出示 PPT2、PPT3

(1) 曹操请了几个画师呢？他们都愿意画吗？

小结：画师们都怕画错，所以都不敢在曹操的扇子上画画，后来有一位叫杨修的人愿意在曹操的扇子上作画。

(2) 你们看，杨修在扇子上画了什么？

过渡：就在他快画完的时候，突然一滴墨滴在了扇子上，这下糟糕了，大家也都很害怕。

(3) 现在怎么办?

(4) 杨修想了想,决定把这滴墨变成一种图案,可以变成什么?

(三) 幼儿尝试添画,分享交流

(1) 你可以在扇子上进行添画,看看最后会变成什么。

(2) 你把图案变成了什么呢?

(出示 PPT4)

(3) 杨修把这个小黑点变成了什么?

(4) 曹操看到扇子以后是高兴还是生气呢?

小结:曹操看到扇子,想把苍蝇挥走,但仔细一看,原来是画上去的,于是就哈哈大笑,夸杨修画得真好。

(四) 延伸活动

(1) 在区角活动中,我们可以进行不同图形的添画。

(2) 回家可以告诉爸爸妈妈这个故事的名字。

五、 活动反思

结合我园民俗图阅读的特色,我选择了《滴墨成苍》这一故事,想通过这样的民俗故事,结合借形想象来培养幼儿的想象力,发挥幼儿的创造力。

从美术活动的角度来说,我觉得借形想象的添画活动特别适合小班幼儿。因为它取材于幼儿身边的事物,孩子易于理解和体验,既能满足孩子富于幻想的特点,又有利于他们直观理解和表现。圆形是孩子们最早认识的图形,而且圆形是在孩子们的世界里出现最多的图形,如太阳、小花、人脸等,所以圆形是比较贴近孩子生活的,比较容易抓住孩子们的注意力。对于创作的材料,我觉得还可以进行适当的调整,单一的材料提供可能限制了孩子们的想象力,所以下次可以进一步丰富材料以促进幼儿的表达表现。

老虎学艺（小班）

沈　翠

一、设计意图

《老虎学艺》作为《国韵童风》一书中的“理”篇，它要告诉幼儿的是“理——遵守约定”。但是幼儿园的孩子难以真正的理解这个抽象的道理。我们通过传统故事，让幼儿慢慢地接受和理解抽象的道理，并植根于孩子的内心深处。

二、活动目标

（1）仔细观察画面，了解《老虎学艺》的故事情节。

（2）初步懂得要遵守与别人的约定。

三、活动准备

（1）经验准备：能仔细观察画面。

（2）物质准备：PPT 课件等。

四、活动过程

（一）兴趣导入，引出内容

师：今天来了两位动物世界的朋友，请看它们是谁？（出示猫与老虎的画面）它们都有哪些本领呢？

小结：你们有一双发现的眼睛！猫和老虎其实是一家，它们都属于猫科类动物！今天老虎和猫带我们一起走进大森林，看一下发生了什么故事。

（二）阅读分解，了解故事

（天蒙蒙亮，猫就把院门打开了，它的外甥——老虎就要来到这里，向它拜师学艺。）

（1）老虎为什么要向猫学艺呢？（幼儿猜测）

（2）猫也是这样问的，老虎是怎么回答的呢？

1. 观看图片

猫教了老虎什么本领呢？

（1）第一招：扑。

（2）第二招：掀。

（3）第三招：剪。

2. 仔细观察寻找线索

（1）老虎学了这些本领后有没有遵守和猫的约定，保护小动物呢？

（2）你从哪里发现的？（幼儿寻找线索）

① 猫在墙角发现了几根碎骨。

② 猫在后园发现了几片羽毛。

③ 猫在小河边发现了几块鲜肉。

3. 观察图片：懂得要遵守与别人的约定

（1）猫又教老虎最后一招，是什么本领？（幼儿观察画面）

（2）你从哪里发现的？

（3）发生了什么事情？

（4）老虎把猫吃掉了吗？为什么？

（5）老虎最后怎么了？

小结：老虎用学到的本领欺负小动物，不诚实也不遵守对师父的承诺，小动物都不喜欢它，所以它溜走了。

（三）拓展内容，凸显重点

（1）故事中老虎没有遵守约定，失去了朋友和师父。在我们幼儿园中也有很多约定，你们知道是什么吗？

（根据幼儿述说出示图片）

（2）这些约定我们可以怎么展示？

（3）那我们到教室里和朋友们一起把这些约定画下来吧。

(四) 延伸活动

和朋友们找一找生活中还有哪些约定。

五、 活动反思

首先,为了呈现更清晰的效果,我用PPT课件来辅助教学,想随着画面的出现,一步步引出故事情节。在逐步揭示情节的过程中,不断引导幼儿猜测情节的发展,培养幼儿的口语表达能力。

其次,在教学中引导幼儿展开合理丰富的想象,根据幼儿的年龄特点,幼儿在看一本书时,不仅会联想到现实的生活、其他的文学作品,还会把自己想象成这个作品中的角色。虽然通过单幅画面进行观察后,幼儿发现了问题,但是很多幼儿还是不肯承认老虎把小动物都吃了,这是孩子"真善美"的表现。因此,我们如何把故事中负面的、不积极的内容通过其他手段进行转化,使之成为幼儿乐意接受的积极、正面的情感内容,是我接下去要思考和调整的。

女娲造人(中班)

陆文珺

一、 设计意图

《女娲造人》是一则神话故事,充满着神奇的色彩。传说女娲是人类的始祖,她用泥塑创造了世间万物。在中班"身体的秘密"主题背景下,开展这充满想象力的故事的教学活动,带给幼儿的不仅是对传统故事的了解,还有对人的初步认知,并能激发孩子们对万物起源的启蒙思考。活动选择用陶泥作为基础创作材料,它的材质柔软、可塑性强,能满足中班幼儿边想边玩的创作需求,而且塑造成形后,陶泥容易风干,具有造型稳定的特点,便于幼儿相互欣赏及交流。作为我国传统民间艺术之一,陶泥是很好的创作材料。

二、活动目标

（1）欣赏故事画面，尝试用捏、团、搓、压的塑形方法表现人物的基本特征。

（2）在说说、捏捏的过程中，感受每个人都是不一样的。

三、活动准备

（1）经验准备：对人有初步的认知经验，对陶泥材料有基本的体验经验。

（2）物质准备：《女娲造人》PPT课件、陶泥若干、场景3个、颜料等。

四、活动过程

（一）故事欣赏，激发兴趣

过渡：今天我们来听一个《女娲造人》的故事。很久以前，地球上有花有草、有山有水。有一年，造物神女娲来到这里游玩，觉得这里真是美丽极了。可是时间久了，她觉得很孤单，于是女娲用黄土和水揉啊揉，捏起了泥玩具，捏出了六畜。她看着这热闹的景象，心想：要是有些像我一样的人该有多好呀！（伴随音乐，讲述故事）

（二）讨论分析，了解人物基本特征

（出示PPT）

（1）人到底长什么样子呢？

（2）这样的一团泥巴，怎么能变成脑袋呢？除了脑袋，人还会有什么？

（3）我们的手又是怎么样的呢？

（4）还有呢？再看看腿，又有什么不同呢？（还有五官等）

小结：女娲终于明白，原来人有脑袋、有五官、有强壮的身体，还有两条有力的手臂和结实的腿呢。

（5）想着想着，女娲决定开始用泥巴创造小人啦，那你们愿意和她一起来试试吗？

要求：在桌子上有一团泥巴，你们可以选择一些泥巴来捏人的每个部分哦！如果想让小泥人变得更有趣，可以选用其他材料进行装饰，也可以不用哦！

(三) 幼儿创作，分享交流

1. 幼儿捏泥人

2. 分享交流

(1) 这些小泥人都完整吗？(你能帮帮它吗？)

(2) 你看到了哪里不一样呢？(长相、动作等)

小结：其实每个人都是独一无二的，虽然长得不同，做的事也不同，但是大家都有一颗善良的心。正因如此，我们的世界才会变得温暖而精彩。

(四) 延伸活动

(1) 在区角活动中，可以尝试创造其他泥塑作品。

(2) 回家可以和爸爸妈妈说说《女娲造人》的故事。

五、活动反思

本次活动借助《女娲造人》的故事导入，在优美的背景音乐下，教师讲述了女娲想要创造人的情境。这样的情境有效地激发了中班幼儿参与活动的热情。和以往的美术活动相比，这样的情境创作使得原本简单的艺术活动变得更有目的性，更带有情感和温度。

活动中，在教师一系列的提问下，比如："人的脑袋是什么样？""除了脑袋，人还有什么？"……结合动画的直观感受，成功地帮助幼儿提升了对人的基本特征的经验总结。通过幼儿对这些提问的思考，我发现在后期的创作中，中班幼儿在表现人物特征方面做得更细致、考虑得更全面，如在人形、比例方面，把人物表现得栩栩如生。在作品中，有的孩子创作了长头发的人，有的则创作了躺着的人，正是因为这些提问的推进，幼儿呈现的作品才会如此丰富、有趣。

最后环节，我们把幼儿的作品集中呈现在环境底板上，及时地进行集体分享交流，促使每个幼儿都能关注到同伴们的作品。正因如此，幼儿在欣赏他人作品时，会说："这个人腿这么长，他一定很高。""这个人的发型和老师是一样的……"从幼儿的语言中，我意识到，及时分享交流能促进孩子对作品的多方面思考，并且感受到人与人之间的不同，推进了教学目标的实现。

躲猫猫大王(中班)

周丽琴

一、设计意图

选择这本绘本,一方面是因为孩子们很喜欢躲猫猫的游戏,另一方面是中班的幼儿已经有了一定的交往技能。在教学设计中,我们尝试引导幼儿仔细观察画面,关注细节,说出图片中幼儿躲藏的方位词,分辨上下、左右、前后等,培养幼儿的观察能力、语言组织能力并让幼儿体验同伴之间的真挚友情。另外,鲜明的人物性格让幼儿在感知故事的同时充分体会故事中人物的特点及心理情感的变化。

二、活动目标

(1) 根据画面,幼儿愿意用自己的语言表达观察到的内容。

(2) 在生活中体验同伴之间的友情。

三、活动准备

(1) 经验准备:有玩躲猫猫游戏和手心手背游戏的经验,了解相关的游戏规则。

(2) 物质准备:PPT 课件、眼罩若干。

四、活动过程

(一) 观察封面,激发兴趣

(1) 看看这个封面,他们在干什么?

(2) 其实我也在里面和他们一起玩手心手背的游戏,猜猜哪个是我?

(3) 我小时候扎了两个小辫子,喜欢和好朋友们一起玩,你们猜猜哪个是我最要好的朋友?

(二) 幼儿初步理解故事内容

1. 出示图片至“我和小勇的约定”

(1) 他叫小勇，那时他就住在我家隔壁，我们要玩一个游戏叫作躲猫猫，这里赢的是小新，小新说：“我来捉，你们来躲，倒数10秒，躲猫猫游戏开始了。”在这张图上你看到了什么？找到了谁？

小结：你们找到了很多小朋友，其实这里还藏了很多小朋友。

(2) 看，小新找到了谁？

小结：小勇总是被第一个找到，心里很不开心。

(3) 那我要怎么去帮助我的好朋友，让他开心起来呢？

小结：于是，我对小勇说：“明天你跟着我，保证他们找不到你。”我还悄悄对小勇说：“以后每次玩手心手背游戏，我们都出手心，这样我们就能分在一组了。”

2. 出示图片至“我被小新抓住了”

(1) 躲猫猫的游戏又开始了，你又看到了什么？

小结：刚才小勇冲向了灶台后面，我急了就把他硬塞进了柴堆里，刚藏好，我就被小新抓到了，我帮助了小勇，自己却被抓到了。小新找了好久也没找到小勇，小新说：“出来吧，小勇，你赢了。”小勇走出柴堆高兴地说：“我赢了。”

(2) 小勇赢了心情怎么样？

(3) 游戏又开始了，这次小勇会躲哪里？他爬在什么上面？(门闩)

小结：这次小勇还是往灶台跑，我赶紧把他拉到大门后边，指指门闩，他踮溜踮溜地爬了上去，我刚转身，小新就把我抓到了。可是小新找来找去还是没找到小勇，小新只好说：“出来吧，小勇，你赢了。”小勇高兴地从门闩上爬了下来。大家都夸小勇真棒，称小勇是“躲猫猫大王”。

3. 出示图片至“小勇成为躲猫猫大王”

(1) 为什么大家称小勇是“躲猫猫大王”呢？

(2) 他是怎么做到的？

(3) 你身边有这样的好朋友吗？

(4) 他是怎么帮助你的？

小结：小勇在我的帮助下成了躲猫猫大王，我们身边也有这样的朋友，当我们有困难的时候会伸出援助之手，或是帮助我们想办法一起解决，还会在我们伤心难过的时候鼓励、安慰我们，有好朋友真是一件幸福的事情。

(三) 完整欣赏故事

师:我们一起来完整欣赏一下故事吧。谁来猜猜这个故事的名字?

小结:故事的名字叫作"躲猫猫大王"。

(四) 游戏

幼儿一起玩一玩躲猫猫的游戏。

五、 活动反思

活动中,孩子们能够通过观察画面说出图画中幼儿躲藏的方位,也能在故事的最后了解到,小勇在"我"的帮助下才成为了躲猫猫大王。对于这样的友谊,孩子们在游戏环节中也体现了出来,可以看出孩子们很喜欢这个活动。从部分环节中可以看到,孩子们能根据画面进行大胆推测,如在第一环节中出示封面,孩子们通过观察发现图片中的幼儿伸出了手心,于是有幼儿开始大胆猜测他们在玩游戏,在几位幼儿的生生互动中发现是在玩手心手背的游戏。在第二环节中,出示第一次游戏时,引导孩子们说说找到了谁,孩子们在这幅画面中发现有人躲在水缸里、有人躲在门后面、有人躲在麻袋里等。孩子们能够通过观察画面说出小朋友躲藏的位置。出示第二次游戏时,孩子们在画面中看到了"我"的动作,有孩子说是"我"把小勇藏了起来,让他躲在了稻草后面。孩子们能通过人物的动作去猜测小勇躲藏的多种可能性。在第三次游戏时,孩子们发现小勇藏在了门上面,我突出了辨认"门闩"的环节,因为门闩在我国民间是最古老的锁具,让幼儿通过观察画面来了解它的用途。

猴子捞月(中班)

沈 翠

一、 设计意图

《猴子捞月》是一则广为流传的民间故事,故事中生动的情节和有趣的"人物”，不仅富有深刻的寓意，而且给人以启迪和智慧。这本书的画面清晰、形象鲜明，角色动作夸张，情节简单易懂，没有复杂背景，角色之间关系简单易懂，非常适合中班的孩子。

二、活动目标

（1）理解故事内容，了解猴子捞不到月亮的有趣情节。

（2）能利用实验，得出故事中猴子捞不到月亮的原因。

三、活动准备

（1）经验准备：了解水的简单知识。

（2）物质准备：12本图书；各类容器，手工纸、碗、碟子、杯子等高低、大小、材质不同的容器；手电筒；黑色方形水桶；PPT课件。

四、活动过程

（一）以猜谜语的方式导入，激发幼儿兴趣

导入：有时挂在山腰，有时挂在树梢，有时像个圆盘，有时像把镰刀。猜猜这是什么？

师：今天我带来了一本关于月亮的故事，我们一起来看看。你在书的封面上都发现了什么呀？这讲的是一个什么故事呢？

小结：故事的封面告诉我们主人公是一群小猴子，讲的是它们和月亮发生的故事。

猴子们怎么捞月亮呢？我们一起来看看。

（二）分段欣赏故事，了解故事主要内容

1. 发现月亮

提问：

（1）故事里的小猴子都在干什么呢？

（2）发生什么事情了？猴子们在水里发现了什么？

（3）猜猜它们在干吗？

（4）故事里的小猴子都是怎么想办法的？那么它们想到办法了吗？

(5) 听，有只机灵的小猴子想出了好办法，听听它是怎么说的。它们到底想到了什么办法？

2. 捞月亮

(出示一个拉一个的图片。)

师：月亮捞上来了吗？你们有什么好办法能把月亮捞上来？

(三) 幼儿操作体验，了解捞不到月亮的原因

幼儿利用材料操作，体验捞月亮。

介绍材料：手电筒——月亮；箱子——井；各种辅助材料。

(1) 月亮捞上来了吗？为什么捞不上来？为什么捞上来了？(幼儿交流分享)

小结：水里的月亮是倒影，用手一碰，平静的水面就变成流动的水，影子就会散开。

(2) 那么故事里的小猴们捞到月亮了吗？

画外音：哈哈哈！月亮终于捞上来了。

小结：原来瓢里的月亮是倒影，真正的月亮挂在天空中。

(3) “猴子捞月”的故事有趣吗？让我们完整地欣赏一遍。

(四) 延伸活动

(1) 刚刚我们都没捞到月亮，现在有办法了吗？我们回去再去试试看。

(2)《猴子捞月》的故事是我们中国有名的寓言故事，还有很多这样有趣的寓言故事，回家后我们再去找一找，到时候和你的朋友一起分享。

五、 活动反思

首先，通过谜语的导入，让孩子直接了解今天故事的主角之一“月亮”。看到了月亮，很多孩子就在自己的记忆库里寻找相关线索，看过故事的孩子就会联想到“猴子”。

其次，分段欣赏故事，引导幼儿充分体验故事的过程。问题的切入，营造一个让幼儿置身于作品之中的情景，更能引起幼儿对生活经验的有机联系，从而达到体验情感的目的。同时配合多媒体手段，让幼儿自己去思考和解决问题，充分调动了孩子已有的生活经验。

最后，在阅读故事的结局前，通过实验的方法让孩子尝试自己来"捞月亮"，寻找故事的结局。通过操作前的提问、材料提供、自己的亲身经历，孩子们更加直观地感受到如何"捞"月亮。实验后，孩子们寻找到了办法，然后再去阅读故事中的情节，就更加身临其境。孩子们在回归书面阅读后，更快地得出答案，也能更好地理解"水中的月亮是天上月亮的倒影，月亮只有一个，倒影捞不起来"这一道理。

桃园三结义（中班）

王晓红

一、设计意图

《桃园三结义》是我国非常经典的故事，我选择这本图画书作为中班民俗绘本阅读教材，一是因为这个故事的主题是朋友间的友谊与合作，与中班主题"幼儿园里朋友多"是相一致的；二是《桃园三结义》的故事符合中班幼儿的年龄特点，能被幼儿理解与接受；三是《桃园三结义》绘本中隐藏着许多中国的民俗元素，能拓展幼儿对民间故事的了解；四是中班幼儿已经有了初步的前阅读经验，他们能够观察到图画书中较凸显的图画形象，理解图画书的内容。根据本班幼儿的阅读水平和现有的经验，我设计本次活动，旨在通过活动进一步提升幼儿的前阅读经验，感受阅读中国民俗文化故事的乐趣。

二、活动目标

（1）观察画面，了解故事中的角色，初步理解故事内容。

（2）感受阅读中国民俗文化故事的乐趣。

三、活动准备

（1）经验准备：幼儿有阅读图书的经验。

（2）物质准备：幼儿人手一本《桃园三结义》绘本，PPT课件等。

四、活动过程

(一) 观察绘本封面，认识故事中的人物

师：小朋友们，今天老师带来了一个故事，故事里有这三个朋友，你们认识他们吗？你们发现这三位朋友长得有什么特别不同的地方？

小结：长着黑脸的，他的名字叫张飞；长着红脸的，他的名字叫关羽；长着白脸的，他的名字叫刘备。

(二) 阅读画面，初步理解故事内容

1. 幼儿自主阅读，教师巡回观察并指导

(1) 关于张飞、关羽、刘备的故事就在这本书里，故事里发生了一件什么事？我们一起从书里找一找。

(2) 你们从书里看到了什么？

2. 教师边播放PPT，边讲述故事

师：到底发生了一件什么事情？现在我们就一起来听一听这个故事。

(1) 力大无比是什么意思？张飞会用什么办法和人比力气？

(2) 看看发生了什么事？谁搬开了巨石拿走了肉？

(3) 关羽来到肉铺，搬开巨石，拿走了肉，张飞见着气坏了！张飞为什么很生气？从哪里看出来的？

(4) 关羽用什么办法和人比武？你们想和关羽比一比吗？谁来试试？

(5) 张飞找到了关羽，捏碎了绿豆，拿走了整袋豆子，关羽生气吗？从哪里看出来的？

(6) 他们打得厉害吗？从哪里看出来的？

(7) 他们打得不可开交、难分上下、鸡飞狗跳的时候，刘备正好经过。刘备把他们各拉到一边说道：“大家都是英雄好汉，不要打了，就结为好兄弟吧！”你们觉得谁能当老大，为什么？

(8) 张飞说自己力大无比，要当老大；关羽不服气，说自己武艺高强，老大非他莫属，他们吵得不可开交。你们有什么办法让他们比出高低？

3. 幼儿集体阅读图书后半部分

师：刘备也想了一个办法，我们从书里看一看刘备想了一个什么办法，大家

一起把书翻到黄色标签的那一页。刘备想了个什么办法?

小结:刘备想了个办法,比赛谁最先把鸡毛扔到房顶谁就当大哥,结果刘备赢了。

4. 播放关羽、张飞、刘备奋勇杀敌的视频

师:三个好兄弟团结一心,一起奋勇杀敌,成为大家喜爱的大英雄。这里有一段三个好兄弟团结一心,一起奋勇杀敌的小视频,我们一起来看看。

小结:三个好兄弟团结一心,奋勇杀敌,果然取得了胜利。

(三) 完整欣赏故事,进一步理解故事名称和内容

师:接下来让我们一起来完整地讲一遍这个故事吧。

师幼共同阅读绘本,讲述故事。

(四) 延伸活动

孩子们,今天我们讲的《桃园三结义》的故事只是《三国演义》里一个很小很小的故事,如果你想了解更多,那我们可以回家和爸爸妈妈一起,看看、讲讲《三国演义》中更多精彩有趣的故事。

五、 活动反思

1. 运用自主阅读方式,提升幼儿阅读兴趣

活动中我先以幼儿的自主阅读导入,让幼儿先说说自己喜欢的一页。这种阅读方式是从幼儿的兴趣点入手,幼儿掌握着主动权,提高了幼儿的阅读兴趣。运用让幼儿看看说说的方式,改变了幼儿被动接受的过程。而且孩子们在看看说说自己喜欢的那一页过程中,把绘本的大概内容了解了。

2. 结合画面解读,帮助幼儿积累词汇

在绘本阅读中帮助幼儿积累词汇,绘本中有一些词,如"力大无比""武艺高强"等,我在活动中通过提问来帮助幼儿去理解词的含义。还有些词是绘本中没有的,但在画面中表达出来了,如在张飞和关羽打架的画面中有"鸡飞狗跳"的场景,我鼓励幼儿观察画面并进行描述,我适时地用成语和词语来帮助幼儿提炼和总结。

3. 关注提问有效性,提升幼儿观察画面的能力

在教学中,我关注运用提问去激发幼儿主动观察画面,幼儿通过仔细观察每一张画面,来理解绘本所要表达的故事内容。活动中的提问是开放式的,如:"你

看到了什么?”“你觉得这张画面上讲了什么意思?”“你从这张画面上看懂了什么?”然后根据幼儿的现场回答,进一步针对性地进行有效追问:“你为什么这样说?”“从哪里看出他很生气?”引导幼儿关注画面的细节,深入理解画面所要表达的意思。

大闹天宫(中班)

吴蔡堃

一、设计意图

《大闹天宫》中孙悟空的角色是让孩子学会尊重他人的好素材,他敢于斗争,面对威权勇于挑战,爱憎分明,无论对谁都主动付出真心。同时,他过激的行为又留给孩子一个思考的空间,让孩子既能感受到彼此尊重的重要性,也考虑到与人相处时更为有效的沟通方式。

二、活动目标

(1)观察画面中人物神态及动作,了解孙悟空的性格特征。

(2)愿意用语言和动作大胆表达自己对故事的理解。

三、活动准备

(1)经验准备:幼儿与父母共同收集关于《西游记》的连环画、图片、VCD等,对《西游记》及孙悟空有初步的了解。

(2)物质准备:《大闹天宫》PPT课件、图片等。

四、活动过程

(一)谈话讨论,激发阅读兴趣

1. 出示角色图片,引出绘本主角

观察孙悟空的第一个造型,通过服装造型感受他狂傲不羁的性格。

2. 出示故事封面，引出绘本名称

通过故事的封面，让幼儿猜测故事的内容，并说一说绘本可能是什么名字。

(二) 学习故事，理解故事内容

通过集体阅读，了解孙悟空与天庭之间的矛盾起因，感受孙悟空的情感变化。

1. 讲述故事第一段至“找兵器”

师：孙悟空从哪里来？学了哪些本领？找到兵器了吗？

小结：孙悟空是从石头里蹦出来的，学了一身厉害的本领，就缺一个好的兵器，于是他去龙宫找宝贝——“定海神针”。

师：你觉得他拿得到兵器吗？怎么拿到的？

2. 播放“闹龙宫”视频

师：龙王愿意给他定海神针吗？孙悟空是怎么拿走的？你觉得孙悟空怎么样？

小结：龙王答应送他定海神针，却说话不算话，不过最后孙悟空还是把宝贝拿走了，闹得龙宫天翻地覆。

3. 讲述故事第二段至“闹马圈”

师：明明当了官，孙悟空为什么又生气了？

小结：因为给了他天庭最小的官，大家都看不起他，他很生气，于是闹得马圈天翻地覆。

4. 播放“气玉帝”视频

你觉得玉帝会怎么做？你觉得他会成功吗？

5. 播放“闹天兵”视频

玉帝派人抓孙悟空没成功，决定怎么做？

6. 讲述故事第三段至“闹宴会”

师：孙悟空怎么又生气了？他做了什么？

小结：原来大家还是看不起孙悟空，连办蟠桃会都不邀请他，所以他又生气了，这次他闹得蟠桃会天翻地覆。

7. 播放“气王母”视频

天庭里的人心情怎么样？你觉得他们会怎么做？

(三) 大胆想象，拓展思维能力

通过排序的游戏，体会孙悟空的神通广大、勇敢，以及他的冲动。

(1) 幼儿分组，根据自己的想象为故事图片排序。

(2) 选择代表，讲述自己对排序后图片的理解。

小结：孙悟空一身本领，刀枪不入，炼丹炉也没办法把孙悟空烧化了，反而还让他炼就了一双火眼金睛。

(四) 延伸活动

(1) 猜测故事后续发展，以绘画的形式表现，收集后装订成书，制作我们自己的《大闹天宫 2》。

(2) 小舞台提供相关服饰供幼儿进行《大闹天宫》故事再现表演。

五、活动反思

本次民俗阅读活动充分利用了多媒体技术，从生动的绘本 PPT，到相对应的视频节选，加上具有操作性的打印图片，调动幼儿多种感官参与活动。在活动中，孩子们始终保持着极高的投入度，师幼互动积极有效。主要归纳为以下几点：

(1) 活动内容选材来源于动画片《西游记》，孙悟空等形象是孩子们在电视里经常看到的、所喜欢的人物，这些人物形象使活动的开展贴近幼儿的生活，充满趣味性。

(2) 活动方法灵活多样，活动前的动画铺垫给了孩子充分的表达机会，创设了良好的师生互动和生生互动的氛围。活动中的视觉、听觉刺激使孩子十分投入，操作环节充分发挥了孩子的想象力，满足他们的表现欲望。

(3) 通过对角色服饰的解读，对建筑造型的解读，能够更好地帮助幼儿了解故事中角色的性格、地位以及角色间的关系。

(4) 幼儿的大胆表达、表现非常出色，语言的丰富性和完整性得到充分展现。本次民俗阅读活动让孩子更接近中国传统文化。

荷花镇的早市（中班）

马驰瑛

一、设计意图

《荷花镇的早市》讲述了城里男孩阳阳跟随爸爸妈妈回水乡给奶奶祝寿的故事。画面从清晨阳阳跟着姑姑到水乡集市去买东西开始，完整展现了他们一路上的所见所闻。绘本中的场景十分热闹，而阳阳和姑姑的踪迹成了幼儿关注的重点，这样的复杂场景正是培养幼儿专注力的好素材。所以，我从局部观察，再到全幅阅读，让幼儿深入江南水乡，感受荷花镇早市的热闹。

二、活动目标

（1）仔细观察图画内容，根据图片说说主人公所处的环境。

（2）跟随主人公一起感受荷花镇早市的热闹，体会江南水乡人们的淳朴和幸福。

三、活动准备

（1）经验准备：幼儿对集市有一定的经验或了解。

（2）物质准备：PPT 课件。

四、活动过程

（一）欣赏绘本封面，理解赶集和早市

1. 出示绘本封面

提问：

（1）今天我带了一本书，我们一起来看一看吧。封面上的人们在哪里？他们在干什么？

（2）你们去过集市吗？那里是什么样的？今天我们就一起来看一看荷花镇的早市。

2. 出示绘本扉页，认识主要人物，引出故事内容

提问：

（1）阳阳和姑姑要为奶奶买一些东西庆祝生日，你们觉得过生日需要什么呢？

（2）我们跟随阳阳和姑姑一起去荷花镇的早市逛一逛吧！

(二) 仔细观察画面，跟随主人公足迹感受荷花镇早市的热闹

提问：

（1）荷花镇是江南水乡，阳阳和姑姑是怎么去的呢？江南水乡有什么？

（2）你们找到阳阳和姑姑了吗？他们看到了什么有趣的事情？

（3）你听，这是什么声音？阳阳和姑姑在菜市场里买了什么？怎么买的？

（4）买完鸡，阳阳和姑姑继续在荷花镇的早市里逛逛，你看看这里和平时我们的街道有什么不一样？在水里的这个是什么？

（5）听，这又是什么声音？你在哪里听过这种声音呢？让我们去看一看。

（6）你找到姑姑和阳阳了吗？他们周围的人在干什么呢？

(三) 完整欣赏故事，说一说小镇上人们的生活

提问：

（1）今天和阳阳一起逛荷花镇的早市，你感觉荷花镇是怎样的地方？

（2）你们去水乡玩过吗？你们遇到了哪些开心的事情？

(四) 延伸活动

（1）和爸爸妈妈一起去水乡看一看。

（2）寻找更多水乡的特色。

五、活动反思

《荷花镇的早市》绘本画面内容丰富、色彩鲜艳，主人公阳阳和姑姑常常淹没在人群中。抓住这个特点，在环节和提问的设计上，我通过紧紧围绕寻找主人公，关注主人公所处环境，来帮助幼儿理解书中的内容。

首先,在活动中,我抓住江南水乡房子的特点以及中国特有的石拱桥,让孩子了解中国传统文化。出示图片后,幼儿对寻找阳阳和姑姑这个环节非常感兴趣,在找到阳阳和姑姑后,我设计了提问:“他们周围发生了什么有趣的事情?”引导幼儿观察周围的环境。

其次,由于绘本的画风问题,细节描画不是很细致,所以图片中的一些物品需要靠颜色和形状来进行猜测分析,孩子们对猜测物品也非常感兴趣,并且会提出非常有意思的问题。

最后,画面中也有一些具有年代感的物品,由于孩子们生活经验不足,不能辨认出来,如痰盂和马桶,孩子们都没有见过,所以很难辨认。因此我认为在这个环节可以加入一些视频让幼儿观看,加深幼儿对江南水乡生活的了解。在活动后,我发现光看图片并不能达到预期的效果,所以建议发动家长带幼儿实地参观水乡,并收集相关照片,完成一份调查表,从而让幼儿在活动中有话可说。

年的故事(中班)

马驰瑛

一、 设计意图

春节是中华民族的传统节日。经过世代的沿袭,在过年时逐渐形成了各种各样的风俗习惯:贴对联、剪窗花、穿新衣、吃团圆饭、放鞭炮、邻里亲友互相拜年,长辈给晚辈压岁钱……为了让幼儿知道“年”的来历,我选择了绘本《年的故事》,从画风到故事情节,都符合幼儿的年龄特点。幼儿在学习故事的同时,还能了解传统习俗的来源。

二、 活动目标

(1) 观察图片,大胆猜测故事内容,了解年的来历。

(2) 喜欢过年,一起布置过年环境。

三、 活动准备

（1）经验准备：知道过年的习俗。

（2）物质准备：PPT 课件、房子、纸、胶棒等。

四、 活动过程

（一）观察图片，引起兴趣

（1）（怪兽音效）你猜猜是谁来了？

（2）（展示图片）它长什么样子？

小结：它是一只怪兽，名字叫“年”。让我们一起来看一个关于“年”的故事。

（二）观察图片，猜测故事内容

（1）年在做什么？年平时喜欢睡觉，但是每年最冷的时候，它都会醒来。醒来后的年会做一些事情，你看看它做了什么？

小结：年会把大树给吸走，会爬上屋顶破坏房子，还会吃牲口，吸干大海的水。人们看到年都非常害怕，所以每当年快要出现的时候，他们都会到深山里躲起来，等年吃饱喝足才敢回家。

（2）这时候，有一个白胡子的老爷爷经过，对大家说：“我有办法对付年。”你猜猜，他会用什么办法对付年呢？

（3）人们都不相信老人家，又逃跑了。他们躲在森林里看到了什么？接下去到底发生了什么事情，请你们自己去书里找找。

（4）老人家把村子打扮了一番，你看看打扮之前和之后有什么区别？多了哪些东西？

小结：原来老人家在村里挂上了红红的灯笼，红色的对联，点了红色的火把，放了红色的鞭炮。原来，年最怕的就是红色、火光和响声。

（三）完整欣赏故事，说说过年的事

后来每年最冷的时候，人们都会挂灯笼、点鞭炮，用火红的颜色和热闹的声音吓走年。渐渐地，我们也就有了过年的习俗。快过年了，我们也一起来打扮村子吧。

(四) 延伸活动

(1) 过年时还有许多习俗，请回家收集各地的过年习俗。

(2) 尝试在活动后用剪纸的方式展现过年的习俗。

五、活动反思

本节活动的重点在于引发幼儿对中国传统节日的了解，知道“春节”又叫“过年”，以及年的由来。并说说过年时的欢乐气氛和喜悦心情，体验过节的快乐，激发幼儿对新年的积极情感，从而健康愉快地过新年。

在活动的开始，我用音效导入来吸引幼儿的注意力，同时也暗示孩子，年是一个可怕的怪兽。第二环节，幼儿通过观察图片，自己总结出“年”的特征，与此同时，我鼓励幼儿细心观察，帮助幼儿培养良好的阅读习惯。在观察图片，分析村庄打扮前后的变化时，很多幼儿都能抓住重点，结合自身经验，说出“年怕红色的东西”“年怕有亮光的东西”“年讨厌吵闹的声音”等。活动中，我还和幼儿共同解读过年时常见的习俗，如贴对联、写福字、剪窗花、穿新衣等。

因为开展活动时正值年前，为了烘托热闹的过年气氛，我结合故事，在活动的最后设计了布置新年环境的环节，为幼儿准备了对联、灯笼和鞭炮的半成品，让幼儿在装扮村庄的过程中，感受过年热闹的气氛。

通过这个活动，我体会到在选择民俗绘本时，要从幼儿的经验和兴趣点出发，在环节的设计上也要别出心裁。如果我能在活动中多加点过年的视频和喜庆的音乐，那样就会更凸显过年的氛围了。

粽子里的故事（中班）

宋奕蓊

一、设计意图

中班幼儿对传统节日已经有所了解，而粽子作为端午节的传统美食，幼儿也比较熟悉。《粽子里的故事》主要讲述了一个会讲故事的老奶奶因为病好后不能说话，只能把故事包在粽子里，而后动物们和小女孩一起帮助她的故事。

绘本篇幅不长，段落明显，情节发展线索清晰，给粽子蒙上了一层神秘的童话色彩，通过观察画面引导幼儿在感受故事趣味性的同时，体验帮助他人的快乐，体会人与动物和谐相处的美好。活动从幼儿的经验出发，借助绘本的表现形式，培养幼儿良好的阅读习惯，鼓励幼儿大胆地表达对图片的理解，体验阅读的快乐，学会分享。

二、活动目标

(1) 理解故事中吃了老奶奶的粽子能讲故事的情节，认真观察图片并大胆想象。

(2) 体验故事中老奶奶与小动物以及小姑娘之间的美好情感。

三、活动准备

(1) 经验准备：知道端午节吃粽子的习俗。

(2) 物质准备：自制绘本小图书，PPT课件。

四、活动过程

(一) 回忆经验，引发幼儿兴趣

师：你们吃过粽子吗？我们什么时候会吃粽子呢？你们吃过什么馅儿的粽子？

小结：我们在端午节的时候要吃粽子，粽子有甜也有咸，是由粽叶包裹糯米后蒸煮而成，也是传统节庆食物之一。

师：但是有一种粽子，你们肯定没吃过，这种粽子里面有故事！我们一起来看看《粽子里的故事》。

(二) 播放PPT，理解故事中老奶奶的好办法

1. 播放故事第一段，至“大家再也听不到好听的故事”

提问：

(1) 听到这里，你们知道故事里有谁吗？

(2) 她有什么了不起的本领？

(3) 老奶奶病好以后怎么了?

(4) 这可怎么办,谁愿意帮老奶奶想想办法?

2. 播放故事第二段,讲述老奶奶想办法,把故事包进粽子里

提问:

(1) 老奶奶想了什么办法?

(2) 吃了老奶奶包的粽子会怎么样?

(3) 图中的粽子是怎样的?

3. 继续播放PPT,理解老奶奶不会说话后发生的故事情节

提问:

(1) 老奶奶的粽子包好了,谁会第一个来吃呢?

(2) 你看到谁来了? 小松鼠来干什么?

(3) 还有谁会来吃粽子呢?

(4) 你们觉得小狐狸吃了粽子能讲出故事来吗?

(5) 你们看! 又来了好几个动物,可真热闹,有小兔子、小猴子还有小鸟。它们吃了粽子以后能讲出故事来吗? 为什么呢?

(6) 这下连动物们也发愁了,这可怎么办呢? 你们有没有什么好办法?

(7) 你们的办法都很棒! 老奶奶后来怎么样了呢?

(8) 动物们是用了什么办法把小姑娘带到老奶奶家里的?

(9) 动物们为什么要找小姑娘来吃老奶奶的粽子呢?

(10) 动物们的办法最后有没有成功?

(三) 师幼共同阅读

提问:

(1) 谁还记得老奶奶的心愿是什么呀?

(2) 故事的最后,老奶奶、小动物们、小姑娘的心情是怎么样的?

小结:在生活中,我们都会受到别人的关爱与帮助,当朋友有困难时,我们也要尽自己的努力去帮助他解决问题,帮助别人是一件快乐的事情。

(四) 活动延伸

(1) 将图书投放在阅读区中,供幼儿翻阅讲述。

(2) 在美工角投放彩色纸，剪成长方形纸条、米粒等替代品，让幼儿学习包粽子的方法。

五、活动反思

本次活动实施下来，总体感觉推进得比较顺利。幼儿对故事情节内容感兴趣，能够理解并且投入到故事情节中，体会故事中人物的情感变化。中班幼儿能说出"小动物不会说话，只有人才会说话"这样有逻辑的回答，体现了中班幼儿认知能力的发展。同时，活动中要做到安静地翻阅绘本，这需要幼儿平时积累翻阅书本的经验。因此在活动过程中，教师也要注意到不同幼儿生活经验的差异性，如个别幼儿无法独自翻页，需要教师细心观察并及时进行指导帮助。活动的微调非常有必要，不但能使幼儿在生动、有趣的故事情境中体验绘本的趣味性，而且也使得每个幼儿在已有经验的基础上进一步获得情感经验的提升和语言能力的提高。针对本次活动所做的PPT，我觉得有些地方仍需要稍作调整。如在幼儿自主阅读绘本前，教师应提出明确的阅读要求，并在PPT中加以动态展示，能使幼儿对故事发展更感兴趣，也增加课件的趣味性与衔接性。在制作小图书时，教师应该加上相应的页码，这样幼儿在自主阅读的环节后，能清楚地回答老师的问题，促进幼儿良好阅读习惯的养成。

悟空，乖(中班)

丁　颖

一、设计意图

《悟空，乖》中的主角是《西游记》里的孙悟空，他的形象非常鲜明，富有特色，如紧箍象征着温和不叛逆，金箍棒象征着力量与胆量，一副英勇威武的模样呈现在孩子们面前，深受孩子们的喜爱。在故事中，调皮的悟空和乖巧的兔子黑黑其实就是孩子真实的缩影，他们都渴望交到朋友，因此他们通过交换“乖”找到与人相处的最佳方式——保持真实的自我。通过活动让幼儿知道每个人都有自己的闪光点，只要保持真实的自我，善于利用自己的优势，就能够得到他人的认同，和别人友好相处。

二、活动目标

(1) 仔细观察画面，理解故事内容，并能用完整的语言表达自己对图画书中画面的理解。

(2) 知道每个人都有自己的优点，要和朋友友好相处，感受和朋友在一起的快乐。

三、活动准备

(1) 经验准备：对孙悟空有一定的认识。

(2) 物质准备：绘本《悟空，乖》12 本，PPT 课件。

四、活动过程

(一) 谈话导入，引出活动话题

(1) 今天，我请来了一位神秘的客人，猜猜他是谁？你从哪里看出来的？

(2) 没错，他就是《西游记》中的孙悟空，你们想和他做朋友吗？为什么？

小结：悟空头戴紧箍，身着虎皮，有一双火眼金睛，力大无穷，一个跟头十万八千里，又会七十二变，厉害极了！

(二) 集体阅读，猜测大家躲着悟空的原因

师：悟空不见了，他去哪里了呀？他看上去怎么样？

小结：这几天，悟空在为一件事发愁。听！他是怎么说的：“奇怪，为什么大家都要躲着我呢？”

1. 猜测大象躲着悟空的原因

提问：

(1) 悟空遇到了谁？

(2) 大象怎么啦？

(3) 仔细看看大象的表情,他高兴吗?

小结:原来大象躲着悟空,是因为悟空的力气太大了。

2. 猜测青蛙躲着悟空的原因

提问:

(1) 悟空遇到了谁? 他在干吗啊?

(2) 他遇到了什么可怕的事情要逃跑呢?

小结:悟空的胆子太大了,把蛇当作玩具,拿在手里玩,吓得青蛙转身逃跑了。

3. 猜测狼狼躲着悟空的原因

提问:

(1) 接下来,悟空会遇到谁? 他会害怕吗?

(2) 悟空到底遇到了谁?

(3) 狼狼怎么了? 他为什么会捂着耳朵?

(4) 狼狼为什么这么害怕? 到底发生了什么?

小结:原来,悟空把金箍棒变得又大又长,一下子就把狼狼顶到了天上,吓得狼狼四肢发软,抱着脑袋,跪在了地上。

(5) 看到这里,你们知道为什么大家要躲着悟空了吗?

过渡:悟空的力气大、胆子大,还有金箍棒,可是他却找不到朋友,他觉得很苦恼,我们一起来帮他想想办法吧!

(6) 悟空手里抱着一包什么呀? 黑兔手上又拿着什么东西呢?

(7) 力气、胆子和金箍棒这些都是属于悟空的本领,为什么会在黑兔手中呢?

小结:原来悟空和黑兔交换了本领,黑兔把乖给了悟空,而悟空把力气、胆子和金箍棒给了黑兔。

(三) 分组阅读,说说交换性格后发生的趣事

(1) 幼儿自主阅读图片,能用完整的语言表达对图画书中画面的理解。

(2) 顺着幼儿思维随机选择下列辅助提问并提升、小结。

悟空和黑兔交换了本领后有没有交到朋友呢? 他们高兴吗? 他不高兴吗? 哪里不高兴了?

小结：其实每个人都有自己的本领和长处，我们不能用这些本领去欺负身边的朋友，只有和朋友们相亲相爱，团结一起，才能得到更多的快乐。

(四) 延伸活动

这本书真有趣呀！你们想来表演吗？我们可以戴着指偶和好朋友一起表演，一定会发现很多更有趣、更精彩的故事情节。

五、 活动反思

活动中，我以《悟空，乖》这则绘本故事作为载体，在呈现故事内容的同时，让孩子思考、总结并理解“每个人都有自己的优点，保持真实的自我”的真实意义，以及与朋友友好相处的重要性。

第一环节，我出示悟空的图片，由于孩子们对《西游记》的故事耳熟能详，都因为“悟空”的本领大而愿意与其成为朋友。但是当他们得知悟空班级的小朋友们不愿意和悟空做朋友时，孩子们都感到很纳闷，以此激发了他们阅读的兴趣。

第二环节，孩子们从浏览图片，到细究内容，并成功找出大家躲着悟空的原因。同时产生了新的疑问——悟空的本领是与生俱来的，他如何才能让大家喜欢他呢？孩子们给悟空出了很多主意，我也对这些想法给予赞扬。整个活动中，孩子们的表现没有受到限制，充分地体现了表达表现的自主与真实。

第三环节，分组阅读说说交换性格的趣事。此环节中，我创设了良好的语言表达环境及表述机会，鼓励幼儿大胆地进行表述。幼儿的语言能力是在运用中逐渐发展起来的，因此整个活动，我非常注重发挥幼儿主体地位，从而使他们表现出积极、踊跃的情绪及强烈的表达欲望，收到良好的效果。

在整个活动中，我的回应可以更加精练，同时给孩子更多的肯定，让幼儿从这个活动中感受到保持自我的快乐。

鹬蚌相争（中班）

丁 颖

一、设计意图

《鹬蚌相争》是一本水墨画风格的绘本故事，故事中渔翁的蓑笠、柳编竹篮、渔网、葫芦、莲花等图符都非常富有民俗特色，让孩子们在阅读绘本的过程中，感受水墨画的美，同时也了解中国传统的手工艺品。

本次活动我将故事情境表演作为活动的重点，引导幼儿在理解鹬蚌相争含义的基础上，通过手偶游戏，激发幼儿学习的欲望。通过幼儿自身的表演，使其更深刻领会"友好相处、互相谦让"的内涵，体验手偶表演的乐趣。

二、活动目标

(1) 通过仔细观察画面，大胆猜测故事内容，初步理解鹬蚌相争的含义。

(2) 在说说、玩玩中体验谦让的重要性。

三、活动准备

(1) 经验准备：对传统的寓言故事有一定的了解。

(2) 物质准备：《鹬蚌相争》一书 12 本，PPT 课件，自制手偶鹬鸟和河蚌各 12 个。

四、活动过程

(一) 观察图片，认识鹬和蚌

今天我带来了有趣的书，我们一起来看看吧。

(1) 看看它是谁？鹬的什么部位最特别？为什么它的嘴巴这么长？（播放鹬吃蚌的视频）

小结:鹬最爱吃蚌啦！它可以用又尖又长的嘴巴,叼出藏在蚌壳深处的蚌肉。

(2) 蚌长什么样？有什么特别的地方？

小结:蚌有坚硬的外壳,可以保护自己免受伤害。

(二) 观察画面，理解故事并进行故事表演

过渡:我们已经认识了故事中的两个主角——鹬和蚌,这只饥饿的鹬鸟遇到了一只正在晒太阳的河蚌,它们之间会发生什么事呢？让我们一起来看看。

1. 观察画面，理解故事内容

师:故事中的鹬和蚌发生了什么事？

(1) 图片1:饥饿的鹬四处寻找食物,蚌躺在河滩上晒太阳。

(2) 图片2:鹬发现了蚌,在蚌周围徘徊,想吃却又不敢吃。

(3) 图片3:鹬抵挡不住食物的诱惑伸嘴吃蚌,却被蚌夹住了嘴巴,鹬和蚌互相僵持着,谁也不让谁。

(4) 图片4:身着蓑笠的渔夫撑着小船,看到了鹬蚌在相争,用渔网把它们都捉住,装进了柳编竹篮里。

2. 随机详细解读一幅图，个别幼儿进行故事表演

提问:

(1) 你看到了什么？

(2) 你听到了什么？

(3) 你觉得发生了什么？鹬在想些什么？蚌又是怎么想的？

教师做旁白,个别幼儿做鹬、蚌进行表演。

3. 分组表演，加深对故事的理解

要求:

(1) 5分钟表演时间。

(2) 自己商量分配角色(鹬、蚌、渔翁、旁白)。

(3) 幼儿分组表演,教师巡回指导。

过渡:刚刚你们已经把故事表现给大家看了,这个故事真是这样的吗？让我们一起来看一看吧！(播放水墨画《鹬蚌相争》的视频)

师:这个故事的名字叫作"鹬蚌相争,渔翁得利",这个故事告诉我们什么道理呢?

小结:原来我们做任何事都不能只顾眼前的利益而不顾身后的危险。

(三) 回归生活,提升经验

师:在我们的生活中,其实也会有类似的事情发生,我们一起来看看,这些小朋友做得对不对。

(1) 情景1:小朋友在马路上骑滑板车。

(2) 情景2:陌生人说要带小朋友一起去超市买糖果。

师:他这样做对不对?为什么不能这么做?应该怎么做?

小结:在我们的生活中还有很多这样的事情,我们回到教室再和自己的好伙伴讨论一下哪些事情是安全的,可以做;哪些事情是存在危险的,不能做。

五、活动反思

1. 提问的开放性

这次活动我通过三个提问"你看到了什么""你听到了什么""你觉得发生了什么,鹬在想些什么,蚌又是怎么想的",让中班下学期的孩子们先观察五幅图片中鹬和蚌之间发生的事情,并引导他们在观察画面时仔细思考图片所要表达的内容,为之后孩子进行合作表演做铺垫。

2. 手偶表演的有效性

在表演故事这个环节中,我采用手偶游戏的方式让幼儿感受《鹬蚌相争》这个故事的想法是很好的。不仅如此,我还请幼儿自由分成鹬组、蚌组,一起演绎故事,大大激发了幼儿活动的积极性、自主性,使幼儿对故事有了更深刻地感受。

3. 回归生活,联系实际

由于孩子年龄小,经历少,单单通过故事他们很难和自己的生活联系在一起。然而,利用几张图片、几个视频,就能帮助幼儿很好地总结经验。因此,在活动中,我请孩子们在观察图片后指出图片中存在的潜在危险,他们就知道在生活中哪些事情有着潜在的危险,是不能做的。

4. 活动调整

在合作表演的环节中，为了能让孩子们在表演时更逼真，我们不仅给孩子们提供鹬和蚌相对应的头饰，教学现场的环境也可以做相对应的调整，如布置一个小池塘，让孩子们有身临其境的感觉；给扮演渔翁的孩子准备一顶草帽，那么孩子们在表演时就会更加有真实感。

小兔的问题（中班）

张荔华

一、设计意图

在这个充满爱意的故事里，母爱的伟大与深情展露无遗。画面以水墨画风呈现，身穿旗袍的兔妈妈温柔婉约，具有浓郁的民俗特色，符合本课题研究主题。

中班幼儿有意注意时间增强，阅读观察能力和理解能力有一定提高。教师设计此活动，希望幼儿通过仔细观察画面，悉心倾听故事，并在说一说、演一演的过程中感受旗袍之美，体会小兔与兔妈妈之间深厚的母女情。

二、活动目标

（1）仔细观察画面，理解故事内容，体会小兔与兔妈妈之间深深的母女情。

（2）初步了解中国特色服饰特点，感受旗袍的美。

三、活动准备

（1）教具准备：PPT 课件。

（2）学具准备：故事情节图示，各类手工材料，蜡笔等。

四、活动过程

（一）观察画面，激发阅读兴趣

师：今天老师带来了一个好听的故事，在这个故事里有漂亮的兔妈妈和可爱的兔宝宝。瞧，这一天它们就是这样静静地待在它们喜欢的花园里。孩子们，这会儿你看到兔妈妈和小兔子在做什么呢？谁来说说？

小结：说得真好，兔妈妈在一针一线缝着新衣服，小兔子在快乐地捏着小泥兔。

(二) 阅读图符，感受民俗文化特色

(1) 你们看看，兔妈妈的裙子是什么样子的呢？

小结：这样的裙子长长的，遮住了膝盖。有着高高领子、高高开衩、精致盘扣的裙子就叫旗袍，这是很多人特别喜欢的衣服。

(2) 第二天早上，还是在这个花园里，兔妈妈一下子挂出了四件新衣服。猜哪件是为小兔改的呢？

小结：你们的小脑袋真灵光，一下找到了兔妈妈为小兔特地做的旗袍，和妈妈身上的一模一样，有高高的领子、高高的开衩，还有精致的盘扣，真的美极了！

(三) 倾听故事，体会深厚母女情

(1) 回忆一下，小兔问了什么问题，兔妈妈又是怎么说的呢？你们猜猜小兔听了妈妈的话心里怎么想？

小结：妈妈要用自己能干的双手为小兔做好多衣服，这样无论小兔走到哪里都能感受到妈妈带来的温暖。

(2) 在这三幅图里，小兔又问了什么问题，妈妈是怎么说的呢？

小结：妈妈实在是太爱小兔了，它要用大大的眼睛看到很远的地方，长长的耳朵听到很远的声音，呼哧呼哧的鼻子闻到很温暖的味道，这样无论小兔离开妈妈多远，妈妈都能找到心爱的小兔。

(3) 你们听了兔妈妈的回答有什么感受？小兔听了妈妈的回答，你们猜猜看，接下来小兔又会怎么做呢？

小结：小兔在妈妈的衣服上亲了一口，这样妈妈的旗袍上也留下了小兔的香味，无论它们离得有多远，都能找到自己爱的人。

(四) 设计旗袍，表达对妈妈的爱

每位小朋友都非常爱自己的妈妈。让我们设计一件漂亮的旗袍当作礼物送给妈妈吧！（幼儿自主选择老师投放的材料来设计旗袍）

(五) 活动延伸

让我们把满满的爱带回家送给妈妈，和妈妈一起讲一讲这个好听的故事，也把自己温暖的味道留在妈妈身上，告诉妈妈有多爱她！

五、 活动反思

幼儿通过此教学活动能够初步了解旗袍的基本特点，也能在说说演演的过程中理解故事内容，体会兔妈妈与小兔子之间深厚的母女情，初步达成教学目标。

活动第二环节，教师把重点放在引导幼儿对画面中旗袍特征的仔细观察和大胆表达上。通过 PPT 的放大功能凸显旗袍有高高的领子、高高的开衩、精致的盘扣等特征，帮助幼儿更清晰地观察画面，鼓励幼儿大胆表达自己的想法。在此环节中有一点需稍做调整，即在选用旗袍照片进行仔细观察时，应出示绘本中兔妈妈身着旗袍的图片，而不是另外找一张现实生活中的图片，这略显突兀。对于中班幼儿而言，一旦从原本的故事情境中出境，就很难再入境。这一点是值得教师在设计教学方案时反复斟酌的。

活动第三环节，教师一边声情并茂地讲述故事，一边与幼儿共同演绎故事内容，营造温暖感人的氛围，引发幼儿共鸣。故事中的小兔其实就和我们的孩子一样是个好奇宝宝，小兔的这些问题并不仅仅显现了孩子天生的求知欲，还有孩子渴望了解妈妈的孺慕之情。所以在教师为幼儿讲述故事的时候，孩子们非常投入，能很快理解故事内容以及故事所传递出来的深切情感。这得益于故事的选材贴近幼儿生活，故事的情感容易引发幼儿共鸣。

活动第四环节，教师为幼儿提供各类手工、绘画材料，引导幼儿为妈妈设计一件专属旗袍。此环节是对故事情感的一种渲染，幼儿在这一过程中加深了自己对妈妈的深厚爱意；同时也帮助幼儿提升经验，进一步加深幼儿对旗袍特征的认识。从作品呈现的效果来看，幼儿设计了各式各样的旗袍，其中盘扣、高开衩等特征也十分明显。

不难发现，幼儿通过本次教学活动已初步了解旗袍的特征，感受到兔妈妈与小兔子间浓浓的母女情。同时幼儿学到了兔妈妈与小兔子间相互表达爱意的方式，也试着向自己的妈妈表达深深的爱。

老鼠嫁女（中班）

黄　伦

一、设计意图

《老鼠嫁女》取材自中国民间传说童谣，讲述了一只糊涂的鼠爸爸想嫁女儿，并决定谁最神气就把女儿嫁给谁。它依次访问了太阳、乌云、大风、高墙和猫，浑然不知老鼠的天敌就是猫，竟然认为猫最神气，最后把女儿送入了猫口。这本书文字简洁明了，图画形象生动，易于理解，让孩子感受到中国人红红火火的传统嫁娶习俗。

中班幼儿已有初步的阅读能力，但是合作阅读的经验还有待提升，所以我借此活动，让幼儿在理解童谣的基础上，尝试和同伴一起共同完成任务，体会合作的快乐。

二、活动目标

（1）有兴趣阅读图画，听赏童谣，体验浓浓的民俗情。

（2）理解童谣内容，在游戏中与同伴合作，体会合作的乐趣。

三、活动准备

（1）PPT课件。

（2）大图书若干套、插图若干套。

（3）花轿、剪纸长卷画等。

四、活动过程

（一）创设情境，引发兴趣

师：今天我们要去参加一个非常热闹的宴会，你们想知道是什么样的宴

会吗？那就请跟我来。（教师提出悬念，让幼儿充满好奇，激发他们活动的兴趣）

带幼儿进入活动室，播放节奏欢快的音乐（《金蛇狂舞》），PPT 播放婚庆画面，将幼儿带入喜庆、热闹的气氛中。

师：这是一个什么样的宴会？你是从哪里知道的？（是一个婚宴，有喜字，有鞭炮，有红包，有喜糖，还有很热闹、很好听的音乐……）

小结：原来这就是我们中国人的婚宴，我们中国人的婚宴非常热闹，张灯结彩、放鞭炮、放烟花、贴喜字、发喜糖、发红包，一派红红火火的景象，真是喜庆！

（二）听赏童谣，理解内容

（1）今天这么热闹，到底是谁结婚呢？（拉开剪纸长卷画）看，迎亲的队伍走来喽，原来今天老鼠嫁女啦！"哩哩啦，哩哩啦，敲锣鼓，吹喇叭，老鼠家里办喜事，有个女儿要出嫁，要出嫁。"

（2）（引导幼儿仔细观察剪纸长卷画）看，它们抬着一个大大的花轿，中国人结婚的时候，大红花轿可是少不了的，里面坐了谁呢？（老鼠女儿）老鼠嫁女啦！"哩哩啦，哩哩啦，敲锣鼓，吹喇叭，老鼠家里办喜事，有个女儿要出嫁，要出嫁。"在这幅画里除了老鼠女儿，还有谁呀？（还有很多迎亲的老鼠，有敲锣的，有打鼓的，有提灯笼的）

（3）对啦，今天就是老鼠嫁女的日子，那老鼠女儿到底要嫁给谁呢？请你们仔细听一首童谣，听完后你就知道了。（播放 PPT《老鼠嫁女》的童谣，配乐《琵琶语》）

根据童谣内容提问：

① 老鼠爸爸一开始想要把女儿嫁给什么样的人？

② 老鼠爸爸要把女儿嫁给最神气的人，"神气"是什么意思？（幼儿模仿神气的样子）

③ 老鼠爸爸前前后后都找了哪些神气的人做新郎？为什么要找它们？（在长卷纸上贴相关角色的剪纸）

小结：这真是一个幽默又有点荒唐的童谣，最后老鼠爸爸居然把自己的女儿嫁给了天敌，真是个糊涂爸爸。

(三) 根据情节，编排顺序

师：老师把这个童谣做成了一本大图书放在了后面的架子上，但是图书的第3、4、5、6、7页里少了这些角色(出示PPT第11张)。要请你们四人一组，和好朋友一起商量合作，这些角色是什么时候出现的，就把它插到相应的页面上，这样大图书就完整了。

播放背景音乐，把握游戏时间。(按照童谣情节：太阳—乌云—风—墙—老鼠—猫)

幼儿分组操作，教师巡回指导。(背景播放童谣录音)

(四) 翻阅图书，学讲童谣

师：每个组都在规定时间内，和好朋友齐心协力完成了《老鼠嫁女》的大图书，我们边讲童谣边检查一下，你们的大图书都编排对了吗？

跟着录音，分组学讲童谣。

(五) 抬着花轿体验民俗情

师：这真是个有趣的童谣：哩哩啦，哩哩啦，敲锣鼓，吹喇叭，老鼠家里办喜事，有个女儿要出嫁，要出嫁。(边读边把花轿拿出来)看，大红花轿都准备好了，让我们一起为她准备一份特别的嫁妆吧！我来用一张纸、一把剪刀变出一份礼物来。(迅速地剪出"囍"字贴在花轿上)这就是我们中国人传统的民间艺术——剪纸，这幅长卷上的花轿、老鼠，都是我们幼儿园的老师和小朋友们一起制作的。

花轿准备好了，我们一起抬着花轿做游戏吧。

交代游戏规则：三个人一组，两个人一前一后抬花轿，剩下一人扮演新娘坐在花轿里面，一起跟着音乐有节奏地向前走。(播放PPT，请一组上来示范)

师：大家都想玩"抬花轿"的游戏，那你们的灯笼提起来了吗？吹喇叭的人准备好了吗？打鼓的人有没有？别忘了还有礼物都准备好！那我们走喽！"哩哩啦，哩哩啦，敲锣鼓，吹喇叭，老鼠家里办喜事，有个女儿要出嫁，要出嫁！"

五、活动反思

"老鼠嫁女"这个活动来源于我们民间童谣选集中的一首民间童谣，我们根据幼儿年龄特点和活动需要，并结合我园特色，融入了"感受婚礼热闹气氛""抬花轿”等情节，让幼儿感受到浓浓的民俗情。

从环节设计来看，在第一个环节中，选择以民族音乐和婚礼 PPT 引入，在营造中国传统婚礼的热烈气氛中，激发幼儿对童谣的兴趣。接着教师通过演示 PPT，引导幼儿欣赏童谣，再根据一系列的提问理解童谣内容。第三环节让幼儿根据童谣情节，编排角色出现的先后顺序，来完善大图书，让幼儿进一步理解童谣情节。第四环节翻阅图书，讲述童谣，让幼儿在活动中初步学会与同伴合作完成任务。当活动接近尾声时，“抬花轿”的游戏又恰到好处地释放了他们参与活动的热情。

对于这个活动，我认为还要在以下方面加以改进：

首先，教师的语言要富有感染力，提问要有效、简洁明了，要落实在对孩子的关注、了解上，在活动前需要多思考。

其次，教师除了要具有良好的语言素质、对文学作品有较高的分析能力之外，还要站在孩子的角度去演绎作品，感情要投入。“老鼠嫁女”有画面的冲击，有音乐的渲染，再加上教师的全情投入，演绎的效果才会更好，孩子也更投入。

总之，这个“有点古老的童谣”，不仅让孩子感受到浓郁的民俗风，还为中班孩子初步尝试与同伴合作提供了机会，这是次不可或缺的学习。

春晓（中班）

俞　航

一、设计意图

古诗是我们中华民族文化的精髓所在，在幼儿园课程中也不乏古诗词教学，但孩子无法真正理解古诗词的内容，体会其意境。此时，我们就可以借助音乐，因为音乐的力量是巨大的，孩子往往能够体会音乐所传达的情感。为了让幼儿更深入地了解古诗词的魅力，同时紧扣中班主题“春天来了”，我设计了音乐活动“春晓”，将音乐与传统文化相结合，让幼儿在节奏替换中感受古诗新唱的快乐。

二、活动目标

（1）在古诗新唱的过程中，感受替换歌词时产生的空拍。

（2）体验与同伴共同表现古诗新唱的快乐。

三、活动准备

（1）经验准备：幼儿已熟悉《咏柳》这首曲子。

（2）物质准备：PPT课件、展示板。

四、活动过程

（一）导入

1. 边听《春野》边进入教室，感受乐曲的优美

清脆婉转的鸟叫声，碧绿的原野，盛开的野花，向我们展示出一幅优美的春雨画卷！

2. 你在春天发现了什么

引导幼儿感受春天，观察春天中的景物，并说一说。

（二）古诗文化

1. 引出古诗

师：春天的景色真美！古时候有位诗人名叫孟浩然，早上被鸟的歌唱声吵醒，他推开窗户，看到被风雨打落的花朵，不由得做起诗来。你听到了什么？

2. 共同朗诵古诗

（三）古诗新唱

1. 复习《咏柳》

描写春天的古诗还有许多，还记得我们学过的《咏柳》吗？这里还有一首好听的歌，我们一起来唱一唱。

2. 感受音乐旋律

动听的古诗配上优美的旋律就能变成一首别出心裁的古诗新唱，那我们的《春晓》能变身吗？听！音乐的旋律响起了。（幼儿尝试哼唱）

3. 个别幼儿尝试（第一句古诗）

4. 分组合作

(1) 3个小朋友一组。

(2) 共同商量，将词贴在展示板上。

(3) 跟着伴奏唱一唱。

5. 交流分享

(每组幼儿进行展示，教师总结幼儿替换歌词产生的空拍)

小结：原来，同样的旋律可以唱出那么多不一样的《春晓》。每个字住进旋律的位置不一样，空的地方就不一样。

(四) 活动延伸

古诗不仅可以吟诵、唱歌，还能用手语来表演呢！(教师表演)那我们去教室和其他小朋友一起来学一学吧！

五、 活动反思

整个活动以幼儿为主体，通过音乐导入、古诗文化、古诗新唱这三个环节来让幼儿感受古诗带来的魅力。

在教学过程中，我运用优美的旋律《春野》进行导入活动，并通过单幅图的绘本画面让幼儿感知春天的美丽，从而学习古诗《春晓》。在“古诗新唱”的环节中，通过复习歌曲让幼儿挖掘其中的节奏元素，并尝试与同伴共同合作进行排图演唱，将五言诗的诗词唱进七言诗的旋律中，体验与同伴共同表现古诗新唱的快乐。在活动延伸部分，我根据古诗内容加上了相应的动作，使幼儿能形象地进行记忆，更好地理解古诗。

不足之处：第一遍音频播放时，部分幼儿就能跟念，说明这首诗对中班幼儿来说比较容易，于是，我就快速推进至“古诗新唱”的环节。其实，这时我忽略了孩子们虽然会背诵，但并不理解诗意。在“古诗文化”这一环节中，我应该抓住孩子们会背诵这一契机，适当地渗透一些诗人写诗的背景、意图以及这首诗所蕴含的内容，然后再进入“古诗新唱”环节。这时，幼儿才能感受到诗中的意境之美，体会到春天的美丽景色和诗人对春天的喜爱之情，并能在节奏替换中再次感受到古诗新唱的快乐。

狐假虎威（中班）

黄　怡

一、设计思路

《狐假虎威》是个有趣的成语故事，主要是让人们懂得不要依仗别人的气势吓唬人，否则最终得到惩罚的是自己这一道理。故事中出现了许多动物形象，每个动物又有鲜明的特点，每张图画与图画之间又有联系，情节有变化，很适合中班的幼儿进行阅读理解，能培养幼儿将左右、前后画面联系起来看，完成对故事重要情节的理解和讲述。

二、活动目标

(1) 理解故事内容，感受故事中动物们的心理变化。

(2) 知道不能依仗别人的气势去欺负人。

三、活动准备

物质准备：PPT课件。

四、活动过程

(一) 情景导入，引起兴趣

(1) 今天老师带来了一本书，我们看看这本书的封面上都有谁？

(2) 你觉得老虎是一只怎样的动物？狐狸呢？

让我们一起来听一听故事《狐假虎威》。

(二) 欣赏故事，理解内容

1. 欣赏故事第一段

(1) 老虎在干什么？它要去哪里？

(2) 森林里发生了什么？如果你是小动物，看到老虎来了，你会怎么样？

(3) 这是谁的尾巴？你怎么知道是狐狸的尾巴？

(4) 此时，狐狸的心情应该是怎样的？

那我们一起来看看，狐狸到底害不害怕。

小结：狐狸摇头摆尾走在前面，老虎半信半疑跟在后面。

2. 欣赏故事第二段

(1) 狐狸和老虎就这样走向森林。小动物们看见了心里会怎么想呢？

(2) 瞧，老虎出现了，又发生了什么事情？

(3) 老虎走了，小动物们出现了，它们在干什么？为什么要向狐狸扔东西？

3. 完整欣赏

师：让我们再一起来看看这个有趣的故事！

小结：这个故事告诉我们依仗别人的威风，最终伤害的是自己。

五、活动反思

活动选材符合中班幼儿的年龄特点，故事中老虎和狐狸之间的故事也描绘得很生动，孩子们通过故事对这两名主角有了深刻的认识。活动的目标达成度较高，孩子们对整个成语故事所要表达的内容有了较好的理解，活动中，孩子们的语言表达能力得到很好的表现，说出了“狡猾”“摇头摆尾”等词语，提升了整个活动的语言表达水平。

但活动需要调整的地方还有很多，特别在细节处理上，比如对于老虎捉狐狸尾巴的这个画面，老师更多的是要给幼儿观察画面的时间和猜想，让他们猜一猜老虎在干吗，它捉住了谁，你怎么知道的。用一系列的问题对幼儿进行追问。在多媒体的制作中，尝试一下是否可以连续性的播放老虎捉狐狸的三个动作，如果出现在一幅画上，孩子们很容易误认为是有三只老虎。在课件的制作中，狐狸骗老虎说自己是天帝的使者这一段话可以用画外音，让幼儿学着说一说，感受狐狸的狡猾，同时又体现出了老虎的愚笨。

小蝌蚪找妈妈(中班)

顾婷婷

一、设计意图

春天是阳光明媚,万物复苏的季节。“小蝌蚪”作为表现“春天”的主要元素之一,早已被幼儿所熟悉。水墨画是我国的传统艺术,具有独特的表现风格,但由于水墨画必须使用特定的笔墨,技法也比较复杂,不易为幼儿掌握,于是我就借助绘本《小蝌蚪找妈妈》,在已事先让孩子们阅读过的前提下通过回忆理解故事,同时欣赏齐白石的水墨画《蛙声十里出山泉》,让孩子对水墨画有粗浅的认识。

二、活动目标

(1) 尝试用毛笔表现小蝌蚪的基本外形特征,感受使用毛笔画的乐趣。

(2) 乐于共同为故事《小蝌蚪找妈妈》画插图,并连贯地讲述画面内容。

三、活动准备

(1) 听过《小蝌蚪找妈妈》的故事,欣赏 PPT。

(2) 齐白石作品《蛙声十里出山泉》,水墨画所需工具。

四、活动过程

(一) 欣赏感受

1. 迁移幼儿经验,导入活动,播放 PPT 图片

(1) 还记得故事《小蝌蚪找妈妈》里的小蝌蚪吗?它们是什么样子的?

(2) 你们知道《小蝌蚪找妈妈》是怎么画出来的吗?

2．出示毛笔

师：毛笔和我们平时用的笔有什么不同呢？

(二) 分享交流

1．欣赏齐白石画的小蝌蚪，了解水墨画的特征

师：蝌蚪长什么样？

小结：蝌蚪是圆圆的身体后面拖着细细的尾巴。

2．探索画蝌蚪的方法

(1) 小蝌蚪圆圆的身体是怎样画出来的？(讨论压笔的力度)

(2) 怎样用毛笔画出小蝌蚪细细的尾巴呢？(讨论如何控制笔尖)

(3) 小蝌蚪的尾巴是一样粗细还是从粗到细的？(由幼儿提示，教师演示，共同体验运笔方法)

小结：原来用一支毛笔能画出这么多粗细不同的线条，这可只有中国人发明的毛笔才能做到。

(三) 探索表现

师：今天我们就学着齐白石老爷爷用毛笔来画小蝌蚪，有没有信心来试一试呢？

(1) 关注孩子运笔的方法。

(2) 同组幼儿分工，按自己的想法确定画小蝌蚪的位置。

(四) 共同分享

(1) 展示各组自制的图画书。

(2) 共同尝试用自己的大图书讲故事。

(五) 延伸活动

(1) 为大图书做封面。

(2) 扮演角色进行故事表演。

五、活动反思

毛笔是画水墨画特有的工具，与孩子以往所使用的炫彩棒、水粉笔不同，小小的一支笔，不仅能勾勒出粗细不同的线条，还能表现出深浅、干湿不同的效果。如何让孩子在尝试使用毛笔的过程中，感受到用毛笔画画的乐趣，从而体验毛笔画的特有美感呢？我在美术活动"小蝌蚪找妈妈"中得到了灵感。

在活动中，我和幼儿先共同回忆了《小蝌蚪找妈妈》的故事情节，再让幼儿欣赏齐白石的水墨画作品。通过说说齐白石老爷爷画画用的笔和我们用的笔有什么不同，以及分享日常积累的用毛笔的经验，孩子们得出了自己的结论。例如，在讨论如何控制笔尖时，幼儿认为："要把毛笔竖起来，轻轻地画。"讨论后，引导大家发现，原来用一支笔能画出粗细不同的线条，这可只有中国人发明的毛笔才能做到，从而激发幼儿大胆表现的欲望。

虽然这是第一次尝试，孩子们的握笔方法尚不标准，控制用笔的能力也存在较大差距。我并不过于强求，最主要的是让幼儿通过尝试发现毛笔画的千变万化，感受使用毛笔画画的乐趣。

那达慕大会（大班）

茅琴美

一、 设计意图

《二十四节气旅行绘本·春夏》中的"大暑·那达慕"讲述了蒙古族人民的故事。"那达慕"大会是蒙古族历史悠久的传统节日，是庆祝丰收的盛会，在每年的七八月份举行。那达慕大会的内容主要有摔跤、赛马、射箭、套马、下蒙古棋等民族传统项目，有的地方还有田径赛跑、拔河、篮球等体育项目。在大班开展"我是中国人"主题活动的背景下组织幼儿共读这本书，一定能丰富孩子们对我国主要少数民族的感性认识，让每一个孩子都以自己是一个中国娃而自豪。为此，我们根据大班孩子的表达表现特点，设计了以那达慕大会为主线的绘本音乐活动，借助于名曲《赛马》用肢体动作来表现蒙古族人民欢乐的节日活动。

二、活动目标

（1）在反复体验中理解乐曲的ABC结构，乐于用肢体语言表现蒙古族欢乐的节日活动。

（2）初步了解蒙古族的民族文化，感受草原生活的乐趣。

三、活动准备

（1）经验准备：幼儿对蒙古族风俗已有初步的了解。

（2）物质准备：PPT课件。

四、活动过程

（一）情景导入，来到内蒙古

1. 观察故事封面

师：大暑节气到了，天气非常热，猜猜贝儿和爸爸妈妈会到哪里去避暑？

2. 观察故事画面

师：内蒙古是个美丽的地方，我们一起跟着导游去参观吧。

（二）多种体验，感受快乐

1. 初步欣赏，感受快乐

（1）每年的七八月份，草原上都会举行那达慕大会，那达慕大会可热闹了，蒙古人喜欢玩什么活动呀？

（2）又有好听的蒙古族音乐传来了，我们一起来听一听。

（3）听了这首用马头琴拉出的乐曲，如果请你到“那达慕”大会上去玩的话，你想玩什么？

2. 分段欣赏，表现快乐

（1）骑马到草原上。

过渡：玩得好开心哟，我要带你们去草原上去玩。

师：怎么去大草原？（骑马扬鞭去大草原）

（2）快乐在那达慕。

1）听辨音乐，用符号记录乐段。

过渡：请你们到草原上来玩，这次你们想玩什么？

① 刚才你们只是玩了一种游戏，那么到底可以玩几种游戏呢？你是怎么听出来的？

② 刚才大家说可以玩三种游戏，我们怎么才能清楚地知道呢？用什么方法又快又方便？

③ 怎么记录呢？谁来试试？（解读记录符号）

2）表现音乐，用肢体语言表现草原游戏活动。

① 现在有三段音乐，可以玩三个活动，你们想先玩什么？再玩什么？最后玩什么？

② 我们听着音乐找个朋友一起玩。（表扬在乐段处变换动作的幼儿）

3）小组合作，参加那达慕大会比赛活动。

① 玩得真开心呀，瞧，那达慕大会马上就要开始了，比赛的是集体项目，有……现在请你们找到朋友练习一下哟。（幼儿自由分组）

② 玩得真好，我们比赛一下吧，看哪一组表演得最棒。（幼儿小组商量后演绎）

（3）庆祝丰收的节日。

① 参加那达慕大会真开心，让我们听着音乐从头玩到尾吧。

② 跟着蒙古族小骑手一起回到那达慕大会上，一起听着祝酒歌庆祝丰收的节日。

五、活动反思

本次活动中教师借助旅行绘本素材，用《赛马》乐曲贯彻始终，围绕贝儿参加那达慕大会展开，以音乐表达表现活动。整个活动中，教师与幼儿积极互动，幼儿与音乐积极互动，能够较好地体现主题经验，体现音乐的特质。

在活动设计上，教师在导入环节中阅读绘本封面，引出话题。然后集体阅读绘本中表现蒙古族风土人情的画面，让孩子们了解蒙古族人的生活习惯。接着用《赛马》乐曲将幼儿引入到美丽的大草原的情境，鼓励幼儿在欣赏中大胆表现，敢于想象，提高对民族文化的认识，激发爱国精神。

在音乐选择和表达上，《赛马》是一首三段体的乐曲：第一段音乐热烈奔放，刻画赛马场上群马飞奔的沸腾景象；乐曲的第二段，曲调兴奋昂扬，表现了人们在节日里的欢乐之情；最后，再现第一主题，热烈欢腾的赛马景象重现在听众眼前。在活动中，教师采用分组表演的方法，分别让不同的幼儿表演不同的乐段，最后进行集体表演活动，使欣赏和表演达到和谐一致。

咕噜咕噜，涮锅子（大班）

马驰瑛

一、设计意图

绘本《咕噜咕噜，涮锅子》把那份火热而宽厚的情谊传递给读者，告诉人们生活中一定会有温暖，人生中定会遇到好人。大班的幼儿已具备一定的阅读理解能力，能根据故事情节或图符线索，猜想故事后续发展，进而续编、创编故事。

二、活动目标

（1）乐意用连贯的语言表达自己的想法，尝试创编故事。

（2）根据图片画面，猜测故事情节，感受人与人之间的温暖。

三、活动准备

PPT课件，音效。

四、活动过程

（一）介绍封面，引发兴趣

（1）这是书的封面，你在上面发现了什么？

（2）驴、猫和狗这三个小动物一起拉着一车的白菜，它们到底要去哪里？要干什么？

(二) 欣赏故事，了解内容

(1) 这是老北京的一条胡同,你看到了什么？想到了哪些事情？

画外音:"今年的冬天好冷啊,伙计们都走光了,没有人擦桌子、端盘子、接送客人。生意越来越清淡了。"

(2) 发生了什么事情？老爷爷遇到了什么困难？

(3) (这是什么声音?)咕噜咕噜,爷爷的锅子热起来了,可以涮锅子了。

(4) (敲门声)咦,这么晚了是谁来了呢？

(5) 门开了,是谁呀？你怎么知道的？原来是小猫,小猫对爷爷说:"爷爷,我……"

(6) (敲门声)这次敲门的会是谁呢？

(7) 你怎么知道的？小狗为什么会来敲门呢？

(8) 咕噜噜,咕噜噜,屋子里的三个人暖暖地涮着锅子,店里越来越热闹了！这时,又有一个客人来了,会是谁呢？

(三) 完整欣赏故事，试着创编故事

(1) 爷爷为动物们提供了暖暖的屋子和锅子,小动物们为了报答爷爷,是不是也想为爷爷做一些事情？

(2) 它们会为爷爷做些什么呢？爷爷有哪些烦恼的事情呢？

请幼儿四人一组创编故事。

五、 活动反思

在第一环节,我们一起解读了封面,通过观察,引发幼儿的思考:为什么这三个动物会在一起？这些动物和故事有什么关系？活动中,孩子们的回答天马行空,但是他们抓住了画面的重点——这是个寒冷的冬天,画面中有三个动物:猫、狗和驴。

第二环节,我重点让幼儿观察图片细节,猜测故事情节的发展。感受第一幅图片中冷清的街道和厚厚的积雪,这些都为下文动物们想来取暖做了铺垫,交代了老爷爷的烦恼,为后文动物想要报恩埋下伏笔。在活动中,我重点分析了小猫变成小女孩的过程,出示小猫的爪子进行猜测:是谁在敲门？怎么最后变成了小女孩在敲门？通过观察得出:原来小猫变成了小女孩,想要进屋取暖。

因为有了小猫环节的详解，幼儿在猜测狗和驴的变化环节时，已经能自己进行找答案了。

第三环节，完整欣赏故事后，幼儿以小组为单位自由创作，把动物会怎样报恩用绘画的方式呈现。活动中，有两组孩子能结合爷爷的烦恼和动物各自的本领进行创编。另一组孩子也抓住了“爷爷很孤单”“天气很冷”这些点进行创编。所以，整个活动环节循序渐进，便于幼儿理解故事，从而达成活动目标。

冰糖葫芦，谁买（大班）

周丽琴

一、设计意图

《冰糖葫芦，谁买》是一本极美且极有情趣的中国绘本。故事讲述了冬天胡同里一位卖冰糖葫芦爷爷和一群可爱小猫之间发生的神奇事件，传递着美好而温暖的人间情谊。大班孩子经历了主题活动“我是中国人”后，对于北京的风貌已经有了一定了解，而此时引导幼儿阅读这一绘本故事，不仅能让幼儿加深对北京的了解，更能帮助幼儿将已有的零碎经验汇集成某一情景下富有更多情感的深入认识，从而理解中国人的优秀品质和美好情感。

二、活动目标

(1) 观察主要角色的神态动作，理解小猫咪热心帮助老爷爷的故事情节。

(2) 知道给予他人帮助是件幸福的事，体会爱与被爱的快乐。

三、活动准备

(1) 经验准备：幼儿有买冰糖葫芦的生活经验。

(2) 物质准备：PPT 课件。

四、活动过程

(一) 了解绘本的内容与名称

师：今天老师带来了一本书，我们一起来看看。看了这个封面，你想象一下会发生什么事情呢。

小结：这是一个关于冰糖葫芦的故事，那会发生什么样的事情呢？我们一起去看看吧，这个故事的名字叫作“冰糖葫芦，谁买”。

(二) 欣赏故事，了解内容

1. 出示图片第一段至“老爷爷的中药处方”

（在此环节引导幼儿通过观察画面细节，了解老爷爷情绪的变化。）

师（播放叫卖声）：老爷爷在干什么？为什么会放鱼骨头饭盒呢？老爷爷今天生意怎么样？老爷爷在干什么，想什么呢？

小结：老爷爷要给老太太配药，可是没有钱，所以这么忧虑。

2. 出示图片第二段至“一群露尾巴的孩子离去”

（在此环节引导幼儿大胆猜测老爷爷的心理变化。）

(1) 看一看，是谁来了？她来干什么呀？老爷爷心里会怎么想？老爷爷蹲下来，他心里会怎么想？

小结：来了一个小女孩，老爷爷心里想终于有人来买冰糖葫芦了。

(2) 老爷爷说：“要是多几个孩子来就好了。”又来了很多小朋友，他们争着说：“老爷爷、老爷爷……”同时把手里拿着的钱币交给老爷爷，老爷爷把一串串冰糖葫芦分给小朋友。老爷爷心里怎么想？

小结：老爷爷心里很高兴，终于有人来买我的冰糖葫芦了。

(3) 他们走后老爷爷惊讶了，怎么每个人后面都有一条尾巴？

3. 出示猫在吃冰糖葫芦的图片

（在此环节引导幼儿理解猫咪买老爷爷的冰糖葫芦的原因。）

师：发现了吗？小猫正在甜滋滋地吃冰糖葫芦呢！奇怪，猫咪们为什么要帮助老爷爷，去买冰糖葫芦呢？

小结：原来是因为老爷爷总是会在胡同的电线杆下放一盒吃的，留给那些在街头流浪的猫咪吃，小猫们为了感谢老爷爷才变成小朋友来买冰糖葫芦的，他们在互相帮助呢！

4. 出示多张图片，请个别幼儿排序

师：故事讲到这里，要请位小朋友帮忙，根据故事内容将图片进行排序。我们来看看，故事是不是这么进展的？

(三) 完整欣赏故事

1. 出示图片，欣赏故事

（在此环节鼓励幼儿验证前面幼儿排的顺序的正确性。）

师：让我们完整地欣赏一遍好吗？

小结：现在在大家的帮助下，故事的顺序也正确了。

2. 联系实际回忆自己身边的好人好事

师：原来这是一群既可爱又懂得感恩的小猫咪，在生活中你是怎么感激帮助过你的人的呢？

小结：我们在获得别人帮助后要学会感恩，这样我们的生活才会更加美好、更加温暖。

五、 活动反思

这是以民俗绘本为载体的语言领域的教学活动，孩子们通过仔细观察画面，把看到的内容结合自己的生活经验用完整的语言来表述。为了引导幼儿更好地看和说，我们精心设计了每个重要画面的提问。例如，在第一环节中，通过引导幼儿观察封面来引出故事内容，孩子们通过对画面的仔细观察后，有的说是猫咪要吃冰糖葫芦，有的说猫咪一定觉得冰糖葫芦很好吃……帮助孩子们对故事中冰糖葫芦和猫咪的内容建立了初步的联系。再如第二环节中，老爷爷拿着中药处方，我引导幼儿去观察老爷爷在做什么。大班幼儿大多有看病的经历，通过观察图片中老爷爷手中的白色单子，大胆猜测老爷爷可能要去医院看病，再通过对处方单细节的反复引导，从而推测出可能是老爷爷的亲人生病了。这样通过提问有效推进了幼儿读图并表述图意能力的发展。

另外，大班幼儿观察细节的能力也很强，能够把前后画面所表达的内容联系起来。当出示图片至“小女孩来买冰糖葫芦”时，孩子们发现老爷爷笑了，面部表情的变化和之前冰糖葫芦没人买的时候形成了对比。当小女孩转身离开时,老爷爷发现她的衣服下有尾巴。孩子们通过在画面中找线索,发现在雪地里有脚印以及小女孩的头上有猫耳朵,于是能说出自己在画面中所看到的内容和老爷爷的发现,有意识地将前后画面联系起来阅读,推进了幼儿逻辑思维的发展,对幼儿真正实现独立阅读起到了积极的作用。

铁门胡同(大班)

周丽琴

一、设计意图

选择绘本《铁门胡同》进行教学,一方面是被绘本画面描绘的极富中国特色的生活场景所深深吸引,另一方面是被故事所传递的浓浓的邻里情和亲情所感动。我希望通过绘本阅读帮助孩子获得更多美好的情感体验,增进对中国文化的认识。

仔细分析大班幼儿已有的图阅读经验,我们将活动分为"聊一聊—看一看—议一议"三步走。根据四季的交替说一说胡同里发生的不同变化,在观察图片的同时去发现老北京四合院与现在城市房子的区别,让孩子们说说他们对胡同的理解以及民间传统节日的风俗习惯。帮助孩子们在图阅读过程中主动获得更多信息,推进孩子们对绘本故事的深入理解。

二、活动目标

(1) 根据画面,愿意用自己的语言表达观察到的内容。

(2) 在生活中体验同伴之间的友情。

三、活动准备

(1) 经验准备:幼儿有图阅读的经验,已了解一些民间传统习俗。

(2) 物质准备:PPT 课件,粽子若干。

四、活动过程

(一) 了解绘本内容，激发兴趣

师:看了这四张图片,你发现了什么?你是从哪里看出来的?

小结:这四张图片分别代表着一年中的四个季节——春、夏、秋、冬。春天的树长出了嫩芽,夏天的树叶变得茂密了,秋天的树上结满了丰硕的果实,冬天的树上积满了厚厚的白雪,四季的变化可真美呀!

(二) 幼儿初步理解故事内容

1. 出示图片至“奶奶生活的地方”

(1) 你看到了什么?奶奶小时候住的地方有什么不一样?

小结:老北京有很多胡同,我奶奶生活的地方叫作铁门胡同。

(2) 你们知道什么是胡同吗?

小结:胡同是用来通向每家每户的比较小的街道,有许多小朋友放学之后会在胡同里玩,真开心!

2. 出示图片至“我和妈妈遇到叔叔”

师:春天到了,小英子的妈妈每天都会送小英子去上学,出门时遇到了叔叔要怎么做呢?

小结:小英子说“叔叔好”,叔叔摸摸小英子的头说:“小英子你好,真有礼貌!”

3. 出示图片至“和妈妈一起去邻居家送粽子”

(1) 日子一天天过去了,转眼端午到了,看看他们在干什么?为什么端午节要包粽子?

小结:他们在包粽子,包粽子是为了纪念我国古代伟大的爱国诗人屈原。

(2) 妈妈和阿姨们包了很多粽子,还会分享给邻居们吃,如果送给你,你会怎么说?(请个别幼儿模仿)

小结:好邻居在一起真开心,你想着我,我想着你,有好吃的、好玩的一起分享。

4. 出示图片至“我和弟弟去祭灶”

(1) 转眼秋天到了,秋天院子里有什么变化?

小结：树叶变黄了，树上都结满了果实，胡同里的人们都去收成了。

(2) 这是奶奶小时候最喜欢吃的，但是奶奶身为姐姐并没有吃，因为妈妈告诉她这是用来祭灶的。你们知道为什么要祭灶吗？

小结：让灶王爷爷多吃点甜的，他到了玉皇大帝那儿就会多说好话，来年就能平平安安。

5. 出示图片至“一家人团圆”

(1) 大年三十，爸爸回来了，孩子们可高兴了，爸爸带他们到处去玩，玩了什么？

小结：放鞭炮和烟花，打着灯笼闹元宵，跟着爸爸妈妈去听戏，戏园子里真热闹，过年真开心啊！

(2) 现在奶奶年纪大了，回忆小时候的事情最开心。小朋友们，你和爸爸妈妈在一起做过哪些快乐的事情呢？

小结：能够和家人在一起做什么事情都是快乐、幸福的。

(三) 完整欣赏故事

师：我们来给这个故事取个名字，一起来完整欣赏一下故事吧。

小结：故事讲完了，小朋友们有机会还可以去老北京的胡同走走、玩玩，会有不同的发现。

五、 活动反思

(一) 细致解读绘本画面，实现主题经验与绘本故事的有机融合

在第一环节，我逐一出示四张图片，让幼儿去观察发现了什么。然后同时出示四张图片，幼儿通过对比发现了区别，孩子们的观察力很强，说出四张图分别代表了“春、夏、秋、冬”，并描述了四季背景下铁门胡同不同的美好。这样的导入成功建立起了主题活动和绘本阅读的链接。有了主题的经验，孩子们的表述变得更丰富、更生动了，而解读绘本又增进了幼儿对主题的认识，两者互为补充，相互推进。

(二) 积极利用民俗图阅读，推进幼儿对中国传统文化的认识

在第二环节，我引导幼儿仔细观察所选择的重点图片，鼓励孩子们说出胡

同的不同之处。幼儿通过共同观察和交流，对胡同的构造，胡同的生活，甚至胡同中出现的各类标记都有了进一步的认识。例如，有的幼儿结合图片发现在胡同的周围有房子，认为胡同就是通往家里的路，从而了解了胡同是用来通向每家每户的比较小的街道。再如一些孩子观察到了胡同里发生的趣事，发现了节日的风俗习惯。出示图片端午节引出话题“为什么端午节要包粽子”，孩子们在互动中知道了包粽子是为了纪念爱国诗人屈原。出示祭灶的图片时，孩子们能够结合自己所知积极踊跃地交流对祭祀活动的了解等，增进了孩子们对民俗文化的认识与理解。

通过实践，我也看到了活动设计需要调整的方面：其一，整个教学活动内容点较多，活动容量过大，孩子难免疲累，下次可以挑选其中一个民俗的点来展开，更易于幼儿理解。其二，这个活动对教师互动有较高要求，教师需要在与幼儿对话过程中自然传递相关的民俗文化，因此建议教师可以围绕绘本出现的内容丰富个人所知，以便更有效地应对幼儿生成的问题。

曹冲称象（大班）

沈 翠

一、 设计意图

《曹冲称象》是一则历史故事，全文围绕“称象”这一中心，运用渲染烘托、映衬对比的方法记叙了称象的全过程，表现了曹冲的聪明才智，给人以深刻启迪。“曹冲称象”原是一则历史故事，作者根据这一传说精心构思，按照“遇难题”“议办法”“点结果”的思路展开。故事中很多图符蕴含着传统文化内容，例如，人物的服饰、装饰品的花纹等。通过对这些图符的观察、解读，了解故事发生的时代背景，认识到曹冲在没有工具的时代，能够用物品替代来解决问题是非常了不起的。幼儿通过绘本阅读、图阅读，了解故事内容，懂得遇事要开动脑筋。

二、活动目标

(1) 观察画面,理解故事中曹冲称象的好方法,并了解称重的过程。

(2) 感受中国的历史故事,并引导幼儿懂得遇事要开动脑筋。

三、活动准备

(1) 经验准备:有仔细观察的能力。

(2) 物质准备:准备12本图书;水桶;自制小船;龙眼或是其他小的水果;苹果或是其他大的水果。

四、活动过程

(一) 激发兴趣,观察画面

(1) 你们都听过历史故事吗?听过哪些历史故事?

(2) 今天我也带来了一个历史故事,这是一个什么故事呢?

小结:这是古代一个关于大象和小男孩曹冲的故事。

(二) 阅读故事,理解内容

1. 集体阅读

(1) 找找曹冲在哪里。

(2) 他在干什么?人们又在干什么?

小结:因为人们都没有见过大象,所以很好奇,大家围着大象,这里摸摸,那里摸摸。

(3) 人们又在干吗?你从哪里发现的?

(4) 那我们来听听他们到底在干吗。

(5) 原来他们想要称大象。那么他们想到了什么办法?这些办法好吗?画面中哪里可以看出来?

小结:古代缺乏工具,大象又大,有人想用大树做杆秤,可是没有人抬得动大象。有人想把大象切成一块一块,可是这样大象就活不了了,这两个方法都行不通。

(6) 如果你在古代,你有什么好办法吗?

2. 自主阅读

(1) 故事中到底有没有想出称大象的办法呢？我们一起来看一看，一会儿把你找到的答案告诉大家。

(2) 谁来说说你看到了什么？找到方法了吗？谁找到的？找到了什么方法？他是怎么做的？

小结：曹冲真聪明，想到了用船和石头来称大象。先把大象引到船上，然后在平齐水面的地方刻上白线，接着把石头抬到船上，最后称出石头的重量就是大象的重量。故事告诉我们，只要肯动脑筋就能解决困难。

(三) 实验操作，体验沉浮

师：今天你们能不能也用曹冲称象的办法帮我解决一下困难。我这里有一个龙眼和一个苹果，不用称，能不能比出谁重谁轻？

1. 幼儿自由叙述

师：请你们试试看，看看谁的方法好。

2. 幼儿操作

幼儿展示自己的记录，讲述称物的过程。

小结：朋友们，你们真聪明！你们能在没有称重工具的前提下，利用浮力的关系，比出苹果和龙眼的重量。

(四) 延伸活动

(1) 你们还能想到其他的办法吗？

(2) 这样的历史故事好玩吗？你们能不能再找出一些好玩的历史故事呢？

五、 活动反思

本次活动是围绕“称象”这一思路展开的，幼儿在阅读、思考、讨论中尝试了自主学习。在理解中悟情明理，在思考中发挥想象，求异求新，大部分幼儿都能利用材料进行“称重”。教学重点和难点通过多媒体课件展示，幼儿一看就懂，既省事又收效好。

活动中，首先指导孩子仔细观察画面和服饰，通过图阅读，了解故事发生的年代、背景。接着观察图片，通过教师的引导了解"先……再……然后……最后……"，理解曹冲称象的几个步骤。其次，在活动中加强重点内容的理解和运用，通过集体阅读、分段阅读等形式，让幼儿充分了解故事的主要内容和称象的步骤、原理，通过 PPT 演示和集体讨论，帮助幼儿理解曹冲当时是如何称象的，引导幼儿初步了解表示先后顺序的词，完整描述称象的过程，为实验打下基础。最后通过实验帮助幼儿进一步了解故事中的重点内容，同时让绘本阅读与科学操作有机结合，让幼儿在做做说说中进一步感知遇事多动脑筋的乐趣。

三个小和尚(大班)

沈　翠

一、设计意图

《三个小和尚》是小朋友喜闻乐见的故事。这个绘本故事很有民俗特色，故事内容在中国可谓家喻户晓。人们常常会说一句话："一个和尚挑水喝，两个和尚抬水喝，三个和尚没水喝。"这句话中透着一定的道理，这个道理对于大班孩子来说，在老师的引导下是能够理解的，同时也体现了天虹幼儿园"民俗绘本阅读"的园本特色。故事图片中，和尚的服饰、寺庙的样子都呈现出传统服饰、建筑的特点，通过这些图的细节观察帮助孩子积累传统文化的知识。

二、活动目标

(1) 仔细观察画面，发现人物表情、动作、背景的不同，理解三个和尚从没水喝到一起快乐生活的故事情节。

(2) 热爱经典民俗阅读故事，体验生活中合作带来的快乐。

三、活动准备

（1）经验准备：幼儿有阅读习惯，有观察画面的能力。

（2）物质准备：准备12本图书，PPT课件。

四、活动过程

（一）观察绘本《三个小和尚》的封面，引起兴趣

（1）今天我带来了一本书，你们从封面上看看，这本书讲的是一个什么故事呢？

（2）你从哪里知道《三个小和尚》的故事的？

（3）我们一起看看，故事和你们说的一样吗？

（二）分段欣赏，了解故事情节变化

（1）这三个和尚到底会发生些什么事情呢？（幼儿交流）

（2）一个小和尚是怎样生活的？

（3）这本书的哪几页说的是一个小和尚的生活？（幼儿阅读绘本）

小结：小和尚一个人的日子一天天过去，有时候他也会觉得孤单，好想有人来做伴。

（4）没几天，来了个怎样的和尚？小和尚和高个子和尚之间会发生什么事情呢？

小结：两个和尚一起看鱼很快乐，一起抬水的日子有快乐也有不快乐。

（5）第三天，又来了第三个和尚。这次你看看故事里的三个和尚又遇到了什么事情？

1）寻找三个小和尚开心的故事情节。

小结：三个和尚生活在一起，他们都开心地认为有人为自己挑水了，自己不用再辛苦地挑水。

2）发现三个小和尚不开心的故事情节。

小结：三个人开始抢水，水打翻，小鱼没水，菜地也没水……生活变得一团糟。

3）发现三个小和尚又开心了的故事情节。

小结：三个和尚想要继续生活在一起，他们决定合作，轮流打水、整修小庙、扩大菜地，还一起合作装了水车引水上山。他们又成了好朋友。

(三) 整体欣赏，完整了解故事内容

三个和尚这下可开心了。这里有他们的小鱼、他们的菜地、他们的荷塘、他们的小猫，还有他们三个朋友。我们也替他们高兴。

小结：三个小和尚生活在一起，他们一起整修小庙，扩大菜园，一起想办法在泉水边装上水车，引水上山。从此过上了幸福快乐的生活。

师：我们生活中还有哪些事情需要大家团结合作，才会变得更快乐、更开心呢？

小结：做游戏时团结合作让我们玩得很开心；困难时团结合作使我们的力量变得更强大。团结合作会让我们的生活变得更美好。

(四) 延伸活动

（1）《三个小和尚》是我们经典的中国民间传说故事。中国民间传说故事还有很多很多，你还知道哪些？

（2）我们班级的语言区里还有很多的中国民间传说故事书，有《鲤鱼跳龙门》《马兰花》等，小朋友有兴趣可以和好朋友一起去看看，也可以回家后和爸妈一起再去网上或书店找找其他的经典民间故事。

五、活动反思

通过故事中不同图符的观察、阅读、解读，让幼儿在故事中一点点了解传统文化和习俗。同时，故事中，一个和尚挑水喝，两个和尚抬水喝，三个和尚没水喝，这是为什么呢？孩子们很难理解。幼儿通过讨论“三个和尚为什么没水喝”，了解了故事内容，知道齐心协力、团结合作才能做好一件事。

本次活动的重点落在了分段阅读、完整阅读上。在活动开始时，请幼儿集体快速阅读，在自己喜欢的地方用书签做上标记。为了能够让孩子们养成阅读的好习惯，在活动中时时刻刻强调阅读的方法，如仔细观察画面，观察人物的动作、表情与故事情节变化的关系等。我在活动中创设积极有效的自由探索

活动空间，灵活运用教育机制，真正关注幼儿的兴趣和需要。教育者要真正做到“和孩子平等”，蹲下来和孩子对话，缩短与幼儿之间的距离，为幼儿创造轻松愉快的学习氛围，让孩子成为学习活动的主人，真正体现教育“以人为本”的精神。

端午节的故事（大班）

吴蔡堃

一、设计意图

在古代，端午节是一个人们非常重视的节日，为了让我们的孩子能重拾对端午节的关注，初步了解我们中华民族源远流长的传统文化，在今年的端午节中，我们拟和孩子们一起开展“快乐的端午节”这一主题活动，其中“端午节的故事”就是这一小主题的第一个活动。

绘本《端午节的故事》以中国水墨画呈现，画面中有很多中国元素，通过这些中国元素，让幼儿去感受“当时”的中国。例如，通过画面中城墙的形状，感受当时的战乱；通过百姓的特殊服饰，了解当时的穷苦；通过龙舟上的花纹，体会人们勇往直前的意志力。让幼儿在画面中走进故事，走进传统。

二、活动目标

(1) 能看懂图中的故事内容，并尝试进行讲述故事。

(2) 了解端午节要包粽子的由来及端午节的传统习俗和传说。

三、活动准备

(1) 经验准备：幼儿前期已经调查过端午节的传统活动。

(2) 物质准备：《端午节的故事》PPT 课件。

四、活动过程

(一) 调查引出——配合调查表，分享自己收集的端午节风俗习惯

(用调查表的方式，激发幼儿对端午节的兴趣。)

师：端午节快到了，你们知道端午节有些什么风俗习惯吗？要吃什么吗？

小结：原来人们在端午节时会进行许多活动，如吃粽子、赛龙舟、挂菖蒲、佩香囊等。为什么会有粽子呢？

(二) 故事导入——配合图片，讲述故事并通过提问帮助幼儿了解故事内容

1. 讲述《端午节的故事》的前段情节

以人物服装及发饰等引出故事发生的时间点，再借由画面中城楼、城墙的特殊造型，让幼儿感知当时的战乱。

(1) 你知道屈原为什么投江吗？(请听老师讲个小故事。)

(2) 人们听到屈原投江的消息，做了什么事呢？(教师可以多说几种情况让幼儿猜猜看，如人们都不理不睬或人们去救他。)

2. 讲述《端午节的故事》的后段情节

(1) 猜猜看，屈原的尸体有没有被人们打捞上岸？

(2) 端午节要包粽子、划龙舟，为什么呢？

(3) 端午节还会在门口插艾草和菖蒲，你们知道为什么吗？

3. 故事读完后，教师与幼儿互动

(1) 你吃过粽子吗？以前你知不知道粽子的由来呢？现在再吃的时候，心情有什么不一样呢？

(2) 读完端午节的故事，你觉得屈原是一个什么样的人呢？

小结：每个节日都有许多习俗和传说，这些习俗和传说不仅代表了我们的文化，也流传下来许多的节庆活动，像现在端午节就会举行龙舟比赛。

(三) 实践感受——通过看看、摸摸、闻闻、尝尝等手段了解中国传统粽子

师：你们见过或者吃过哪些粽子？

小结：粽子有各种各样的口味，里面有不同的馅。

(幼儿分组品尝不同口味的粽子。)

师：尝过了各种口味的粽子，现在请你想一想，粽子到底是怎么做出来的？用到哪些食材？

幼儿观看包粽子的视频，摸摸制作粽子的食材，了解粽子的制作方法。

(四) 活动延伸

1. 亲子制作：香囊

师：我们了解了粽子的制作方法，端午节还有好多风俗习惯我们来不及研究，例如，香囊到底是什么？请你们回家和爸爸妈妈一起收集资料，了解一下香囊是什么，怎么做，然后把你的作品带来幼儿园，我们要举办一个香囊秀，看看谁的香囊最棒。

2. 个别化游戏：赛龙舟

师：个别化区域里，我们也有一个赛龙舟的游戏材料，你可以约上你的好朋友一起去尝试，看看谁的龙舟划得快。

小结：端午节是我们中华民族的传统节日，每年的农历五月初五是端午节，也是一家人团聚的日子。

五、 活动反思

活动中体现了以下这些优势。

(一) 培养了幼儿的各种能力

本次活动是研究性学习，活动中需要收集大量的资料，不是简单了解这些普通的风俗习惯，而是让孩子深入了解这些习俗，如龙舟的造型、古代服饰的特点等，再通过这些细节去引出整个故事的脉络，最后将资料筛选、整理，这样培养幼儿收集、分析与处理信息的能力。再把收集、整理好的资料创造性地展示，这又培养了幼儿的创造能力和表现能力。

(二) 重视幼儿的实践体验

在探究的过程中，孩子们遇到了许多的困难，但他们都能自己想办法克服困难。

(三) 增长了自身的知识

通过本次活动，有很多意想不到的收获。原来我对端午节了解甚少，只知道这个节要包粽子、门口插艾叶，我也是在与幼儿一起收集资料的过程中才深入了解了有关端午的那么多知识，知道了龙舟并不是有龙头轮廓的船，知道了原来从服饰的变化上就可以看出朝代的历史变迁，更从粽子的造型中感受到了古人的智慧之处。

活动中也发现了以下这些不足。

首先，幼儿在对调查结果交流分享时过于书面化，没有真正把收集到的资料内化为自己的东西再交流，反之就会自然些。

其次，这次活动人人参与，平时内向的、被动的幼儿也积极主动参与，但他们表达时会比较紧张。

马兰花与大野猫（大班）

吴蔡堃

一、设计意图

本活动围绕神奇的马兰花展开，情节曲折生动、引人入胜，故事中人物特点鲜明，表演色彩浓郁，正反两组形象具有强烈的对比性和明确的教育意义。通过大野猫与马郎的较量，突出了正义必胜的思想。对比大野猫和小兰，教育幼儿应该成为什么样的人。该故事对马郎、小兰等正直善良的主人公的赞美，正是对真、善、美的歌颂。

画面中通过角色服饰的颜色、款式，来表现人物的性格特点，利用了最为传统的桌椅及建筑造型，来表现角色朴实的生活，激发角色间的鲜明对比，带着孩子走进传统民间故事。

二、活动目标

(1) 分段欣赏，了解马兰花的来历及各个角色间的关系，尝试用较完整的语言讲述故事内容。

（2）在角色的互动中感受善良可以带给我们更多的幸福和快乐，并体验与同伴共同表演的乐趣。

三、活动准备

（1）经验准备：幼儿了解“善良”的含义，并已阅读过类似主题的绘本。

（2）物质准备：PPT课件，绘本，头饰。

四、活动过程

（一）兴趣萌发

（通过中国壁画中花卉的造型，引出今天民间传说故事的主角。）

师：你看到过花吗？你最喜欢什么花？为什么？

小结：我们身边有许多美丽的花，这儿也有这么一朵花，它同样美丽异常，甚至还带着点神奇，让我们看看它有什么故事。

（二）集体阅读

（1）画面中都有哪些人物？

（2）马郎做了一件什么事情？农夫为什么要把女儿小兰嫁给马郎？

（3）马郎送了什么给小兰？马兰花有什么神奇的本领？

小结：马郎不顾危险救下农夫，他的善良让农夫愿意把自己的女儿嫁给他，拥有马兰花的小兰，总是用魔法和身边的动物朋友们分享美食。

（三）自主阅读

仔细观察画面细节，从画面中寻找故事的关键点，感受不同角色的特点。

1. 理解故事第二部分——恶毒的野猫

（1）后来发生了什么？大野猫为什么要抢马兰花？

（2）大野猫想出了什么办法？

小结：好吃懒做的大野猫看中了小兰的马兰花，用了恶毒的办法抢了过去，还想要从马郎那里骗取马兰花的秘密。

2. 理解故事第三部分——赶走野猫，救出小兰

(1) 马郎识破大野猫的诡计了吗？马郎是怎么认出这不是小兰的？

(2) 如果是小兰，遇到这些情况会怎么做？

小结：最终，不懂得分享的大野猫还是被马郎和小动物们认了出来，得到惩罚，而善良的小兰被成功救了出来。

(四) 经验提升

1. 共同梳理故事中的情节及对话

(1) 马郎是个什么样的人？你从哪里看出来的？

(2) 小兰是个什么样的人？她平时都在干吗？

(3) 大野猫是什么样的动物？它做了什么？小动物们做了些什么？

2. 共同讨论故事人物及表演故事内容

(1) 故事中，你最喜欢谁？为什么？

(2) 我们在生活中，你遇到过哪些善良的人？我们可以怎么做一个善良的人？

小结：我们周围有许多善良的人，他们的善良给我们的生活带来了快乐，他们的善良让这个世界变得更美好。我们也要做善良的人，把这种美德传递给更多的人。

(五) 活动延伸

区角活动：手偶表演区

活动名称：马兰花与大野猫

材料准备：故事中的人物手偶、故事录音、美工材料等

玩法一：幼儿根据故事内容，选择自己喜欢的人物手偶进行表演。

玩法二：与同伴合作，分工进行手偶表演。

玩法三：自制喜欢的角色手偶，进行故事创编。

五、活动反思

(一) 巧用提问和预测，引导幼儿探索绘本页与页之间的关联

教师先用提问的方式引导孩子们观察画面，再让幼儿根据画面传递的信息

预测故事内容的发展，接着展示下一页，证实孩子们的预测，并继续观察故事的发展。这样一来，故事的连贯性加强了，幼儿不仅关注到画面，还注意到了页与页之间的关联。

(二) 体验独立阅读，让幼儿主动发现问题

本次活动中，教师设计了独立阅读的环节，孩子会将自己的观察反馈给教师，另外孩子之间也会相互交流，如此一来，对于故事的内容就能够很快地进行交流汇总。这时，教师再抓住重点，引导幼儿观察个别画面上人物的表情动作，就能达到理解寓意的目的。

(三) 分段阅读，提升幼儿的理解能力

本次活动中，故事的重要环节是马郎、小兰和大野猫分别对马兰花这一神物产生的反应。教师先引导幼儿阅读马郎与小兰的相遇，并梳理出善良的小兰与马兰花之间的互动。接着再观察大野猫拥有马兰花的意图及作为，再展示大野猫与马郎、小动物们产生的矛盾。

熟能生巧(大班)

杨昌敏

一、设计意图

《熟能生巧》这个成语故事，是根据宋代欧阳修的笔记小说《卖油翁》改编的。通过描写陈尧咨和卖油翁之间的对话等内容，来说明做任何事情只要熟练了就能找到小窍门。故事内容浅显易懂，但蕴含着“只要勤学苦练就能做好一件事”的深刻道理。

对于幼儿园孩子来说，如此深奥的典故是很难理解的。但在孩子们的成长中，做每一件事，说每一句话都有从不会到会的过程，多做做，多练练就会了，这

就是“熟能生巧”的含义。同时结合我园民俗图阅读的课题研究，及孩子们的生活实际情况或学习来了解其中的含义，会更容易一些。所以我就选择了“熟能生巧”这个成语故事。

二、活动目标

(1) 理解成语“熟能生巧”故事的内容，并用简短语句讲述故事情节。

(2) 培养幼儿勤学苦练的好品质，并知道勤学苦练做好每一件事的道理。

三、活动准备

(1) 经验准备：课前丰富孩子的成语知识，让孩子学会说出一些成语。

(2) 物质准备：成语卡片，PPT 课件，魔方，箩筐。

四、活动过程

(一) 玩玩游戏，进入成语乐园

教师引导幼儿玩游戏“你来比画我来猜”。

师：游戏中出现的盲人摸象、挤眉弄眼、东倒西歪，它们都是什么？

小结：成语是我们中国特有的文化，用简单的几个字就可以表达出很长一段话的意思。

(二) 听听故事，理解成语故事内容

1. 出示 PPT

师：在今天的成语乐园里，我们又认识了一个新的成语叫“熟能生巧”，这个成语是什么意思呢？让我们先来听听它背后的故事吧。

2. 播放视频

师：故事里发生了什么事情？

3. 根据故事进行提问

(1) 故事的名字叫什么？故事里都有谁？

(2) 神射手的射箭技术怎么样？

(3) 卖油郎是怎么评价神射手的射箭的？他又是怎么做的？他又是怎样评价自己的？神射手对卖油郎的评价服气吗？

（4）我们试想一下，如果让神射手来倒油会发生什么事情？

（5）谁来说说“熟能生巧”是什么意思？

小结：“熟能生巧”用来说明不管做什么事情，只要勤学苦练掌握规律，就能找出许多窍门，干起来得心应手。

（三）结合生活，巩固成语故事含义

（播放视频，观察生活中小朋友玩魔方。）

（1）用了多长时间将魔方六面复原？你们能不能在10秒内将魔方六面复原？（教师检验结果）

过渡：那位小朋友为什么能做到10秒就将魔方的六面复原呢？用我们今天学过的成语来说是（熟能生巧）。

（2）你还知道生活或学习中有哪些事情可以做到“熟能生巧”呢？

小结：这些生活中看似简单的事情，熟练后都能找出许多的窍门来。

（四）教师总结

今天我们学习了一个新的成语“熟能生巧”，也知道了这个成语背后的故事。那你现在最希望自己什么事情做到熟能生巧？

小结：相信小朋友只要勤加练习，一定都能做到熟能生巧。

五、活动反思

《熟能生巧》这个成语故事，内容浅显易懂，但蕴含着深刻的道理。所以我在教学过程中，联系生活实际，结合我园课题研究“民俗图阅读”及孩子的生活和学习活动来开展这节课。让孩子们通过此故事内容明白：掌握任何一项本领都需要长期勤学苦练，并且从中找到窍门和巧妙的方法，明白熟能生巧的道理。

整个活动分为四个环节进行教学，一是让孩子们通过玩“你来比画我来猜”的游戏，了解成语由来，进入成语乐园。二是让孩子们听听“熟能生巧”成语的故事，并说说故事里发生了什么事情。过程中我通过一系列的追问，使孩子能够用简短的语句描述故事的情节，从中学会了一个道理：我们不管做什么事情，只要勤学苦练，掌握规律，就可能找出许多的小窍门来，做起来也就得心应手了。三是结合孩子的生活和学习方面的知识来巩固“熟能生巧”的故事内容。实践过程中，应该先让孩子玩玩魔方，再观看视频，这两个教学步骤换一换可能会更好些。四是对成语“熟能生巧”的学习进行总结，了解孩子是否理解了这个成语背后的故事，并培养幼儿勤学苦练的好品质，让幼儿明白只要勤学苦练就能做好每一件事。

山行（大班）

俞　航

一、设计意图

古诗词是中华民族的文化瑰宝，对儿童从小进行古诗词教育可以潜移默化地对孩子进行中华传统美德教育，弘扬民族传统美德。古诗《山行》描绘了深秋时节诗人在蜿蜒的山路上行走看到的景色，四周云雾缭绕，特别是傍晚的枫林景色更加迷人。为了让幼儿感受这一美景，我根据“春夏秋冬”主题，设计了一个音乐活动，将古诗与音乐相结合，让幼儿跟随音乐吟诵古诗，同时让幼儿运用多种方式进行表演，使幼儿大胆地、富有创造力地进行表现与创造。

二、活动目标

（1）尝试运用多种方式表现古诗的美，体验与同伴共同诵读的快乐。

（2）在吟诵过程中感受秋天的美。

三、活动准备

（1）经验准备：幼儿已熟悉《春晓》这首古诗用的旋律以及熟背《山行》这首古诗。

（2）物质准备：PPT 课件，展示板，红绸，彩带，铃鼓，小铃，沙锤，手摇铃。

四、活动过程

(一) 古诗文化

1. 引出古诗

导入:最近我们学过很多关于秋天的古诗,谁来朗诵一首?今天我带来了一幅画,这幅画里就藏着一首你们熟悉的古诗。

师:你从这幅画里想到了哪一首古诗,你从哪里看出来的?

2. 共同朗诵古诗

师:让我们一起用好听的声音来朗诵一下这首古诗,一起感受秋天的美。

3. 欣赏古诗吟唱,感受古诗不同的韵味

(1) 有个小朋友她不仅会朗诵古诗,还会唱呢,我们一起来听一听。

(播放古诗吟唱片段。)

(2) 这个小朋友用唱的方式表现古诗,与我们平时念古诗有什么不一样?

小结:原来古诗配上了有节奏的音乐,变得更加好听了。

(3) 接下来我们再来听一遍,我这里有两条不同的图谱,其中只有一条是正确的,请你们边听边想。

小结:多了一些变化,这首诗更有韵味了。既然找到了节奏,我们一起跟着音乐来试一试。

(二) 古诗表演

1. 探讨多种表现方式

师:除了朗诵,还有什么方法可以表现这首古诗?

小结:我为你们提供了三组材料,一组可以在展示板上变换古诗歌曲的节奏,一组可以为古诗歌曲创编舞蹈动作,还有一组可以利用乐器让这首诗变得更加动听。努力让更多人在看完你们的表演后,感受到秋天的美。

2. 交流分享

(1) 节奏谱:你们编出了几个节奏谱?哪里的节奏有变化?

(2) 乐器:你选择了什么乐器?利用什么方式伴奏?

(3) 表演:你们是怎么表演的?

3. 共同表演

画外音：秋天的最后一阵风吹来了，那是最强烈的风，冬天马上就要来了，所有人都要记住这秋天最后一刻的美。请你们共同合作，一起表演这首《山行》。

(三) 活动延伸

这一刻霜叶红于二月花，冬天就要来了，我期待看到你们冬天不一样的表现。

五、活动反思

古诗对幼儿来说是一种既陌生又熟悉的文学，特别是情感目标中让幼儿体会感受秋天的美。所以在教学中我将古诗与音乐表演结合在一起，帮助幼儿进一步理解和记忆。

活动中，我先通过课件，让幼儿初步感受秋天的美，体验古诗中的意境，并让幼儿用自己学过的其他古诗来诠释对这幅画的理解。然后再从画中景色引出古诗《山行》，并通过共同朗诵、欣赏古诗吟唱、寻找旋律与节奏关系这三个部分来让幼儿感受古诗的不同韵味。而之后的古诗表演是一个分享交流环节，我让幼儿自由分组结伴表演，最后三个小组一起在音乐的伴奏下进行表演，既体现了大班幼儿的合作能力，也能多形式地体验与同伴共同诵读的快乐。

活动后，我也发现了教学中的不足之处：首先，如果在孩子们朗诵古诗后，教师能及时对古诗进行简单分析，对幼儿感受古诗的意境美会起到更大的帮助，能够增加幼儿对中国传统文化的了解和认识，加强幼儿对语言的鉴赏能力和对美的感受能力，培养幼儿良好的文化修养，并能够在活动中体现教师自身的文学素养。其次，在综合表演的排练阶段，由于考虑到乐器及排图演唱这两组是难点，因此我忽略了对舞蹈组的关注，导致舞蹈组幼儿将时间都花在装饰上，在最后古诗表演中未能很好地表现，打击了幼儿的成就感。在今后的活动中，要注意平衡对各组的关注度，努力让所有幼儿都能取得理想效果。

八仙过海(大班)

黄 怡

一、设计意图

《八仙过海》是一个耳熟能详的传统神话故事，故事里面人物众多，形象突出，而且有一样的需求(借助宝物过海的情节)，便于大班幼儿观察理解。我们把这个活动置于主题活动“我自己”中，让幼儿知道我们每个人都有自己擅长的事情，萌发幼儿今后与他人合作的意愿。

二、活动目标

(1) 欣赏故事，能大胆表达自己的理解。

(2) 看看说说“八仙过海”，体验故事传递的美好情感。

三、活动准备

(1) 经验准备：幼儿能够仔细观察画面细节，并用完整的语言进行表达。

(2) 物质准备：PPT 故事图片节选。

四、活动过程

(一) 话题导入，激发兴趣

师：小朋友们，你们知道什么是神仙吗？谁能告诉大家，你都知道哪些神仙？

小结：神仙就是那些无所不能、拥有很多法宝、会法术的人。

(二) 出示PPT，了解八仙特征

1. 请幼儿观察图片，说说图片上的人物特点

吕洞宾——宝剑	铁拐李——葫芦	张果老——渔鼓
汉钟离——芭蕉扇	曹国舅——玉板	何仙姑——荷花
韩湘子——洞箫	蓝采和——花篮	

2. 模仿游戏

邀请幼儿模仿神仙的神态或动作。

(三) 欣赏故事

1. 欣赏故事《八仙过海》

导入：这八位仙人想要做一件什么事情?（过海）

2. 自主观察图片

幼儿发挥想象力猜测一下，八仙会用什么宝物和什么方法来过海。

3. 观看《八仙过海》动画片，加深对故事的记忆

(四) 活动延伸

(1) 在语言区投放《八仙过海》的故事，欣赏完整版的故事。

(2) 回家将《八仙过海》的故事讲给父母听，交流自己的感受。

五、 活动反思

整个活动的目标达成度较高，孩子们能理解这个故事的内容。我觉得如果在设计过程中，将八仙本身的一些神仙特征提出并与幼儿进行讨论，可以提高大班幼儿生生互动的有效性，更加通俗易懂，帮助幼儿提升经验。

改进与调整：设计的第三环节，幼儿自主观察图片，我所提供的图片过于简单，由于答案一目了然，不需要孩子很多的观察就能发现答案。对幼儿来说挑战不大，观察的兴趣也不高，所以要将图片进行调整。

另外，在模仿环节中，孩子们可能由于害羞或是其他的原因，参与的积极性似乎不是很高。下次可以先集体模仿，再个别模仿，这样可以较好地消除幼儿的害羞心理，教师也可以提供一些道具，让幼儿积极参与装扮，进行表演游戏。

小石狮(大班)

茅琴美

一、设计意图

《小石狮》是大班“我们的城市”主题下的一则阅读材料。在收集“老房子新建筑”资料的系列主题活动中,孩子们对中国传统建筑有了初步的认识,他们对建筑物门前的石狮子、桥上的石狮子感到好奇,不禁问老师:“为什么门口、桥上会有石狮子呀?”带着这个疑问,孩子们开始探索,他们发现石狮子其实就在我们的周围,如在电视里、网络上、建筑物门口(庙堂、银行、证券公司、酒店等)能看得到各种各样神气的石狮子。那么,石狮子到底有什么含义,为什么要选择石狮子来镇守大门?这是萦绕在孩子们心中的一个疑问。基于此,我们选择了该素材点进行设计,并组织实施了“小石狮”集体教学活动。

二、活动目标

(1)能将故事分段阅读并完整理解,大胆表达自己的理解。

(2)感受故事中蕴含的故乡之情、亲人之情等中华传统文化之美。

三、活动准备

(1)经验准备:了解家园、故乡的概念。

(2)物质准备:PPT课件,图片,城门背景。

四、活动过程

(一)情景导入,引起兴趣

(出示绘本封面。)

师:看看,它是谁呀?(小石狮)

小结:小石狮是一个小镇上的守护神,它在守护小镇的日子里发生了许多有趣的事情,我们一起去看看吧。

(出示关键的图片,幼儿观察并猜测。)

师:猜一猜,小镇上发生了什么有趣的事情?

(二) 欣赏故事,了解内容

1. 欣赏配乐故事

师:让我们一起来欣赏这个故事,听听看,和你们刚才猜的一样吗?

2. 交流、分享对故事的感受

师:故事讲完了,你听了故事后有什么感觉?

3. 再次欣赏故事

师:小石狮就这样守卫着小镇,小镇上的人们都是这么喜欢它,小石狮也是这么爱着小镇上的每一个人,这个故事令我们很感动。那么,让我们再一起来讲讲这个有趣的故事吧。

(1) 播放故事第一段(封面至"年纪比镇里最老的人还要大许多")。

师:小石狮到底有多大?为什么小石狮要一直守护在小镇上呢?

小结:小石狮爱着小镇上的每一个人,这里是它的故乡,是它的家园,所以它坚定地守护在小镇上。

(2) 播放故事第二段("过年的时候也不会忘了我"至"记得镇上所有的人,所有发生过的事")。

① 人们为什么那么喜欢小石狮?

② 小石狮为什么一直注视着走夜路的小女孩?

③ 小石狮一年又一年地陪伴着人们,它心里是怎样想的?

小结:小石狮一直守护着人们,陪伴着人们,让人们觉得很温暖、很安心。小女孩晚上走路会感到害怕,小石狮一直注视着小女孩,是为了让她感到安心,不害怕。小石狮爱着周围每一个人,能让大家感到安心和温暖,它觉得很快乐。

(3) 播放故事第三段("孩子们长大了,就会离开"至结束)。

① 孩子们会长大,会离开小镇。孩子们离开后,小石狮会怎样?

② 小石狮想到了什么?

③ 小石狮那么爱小镇上的人,人们会对小石狮说些什么呢?

小结：小石狮永远不会忘记小镇的人，因为小石狮很爱他们。

4. 再次完整欣赏故事

师：这是一个多么温馨感人的故事呀，让我们再来欣赏一遍故事吧！

小结：故事中的小石狮关爱着周围的每一个人，一直守护着大家，让大家感到安心和温暖，它觉得很快乐。它是大家心中的守护神，而人们也非常需要它、感谢它。

(三) 经验迁移，结合实际

1. 讨论

(1) 小石狮是小镇的守护神，什么是守护神？

(2) 你们有守护神吗？谁是你们的守护神？

2. 为自己的守护神献爱心

3. 依次说说自己的守护神

师：他们是怎样守护你的？

小结：在我们的身边有家人、朋友、老师，他们默默地守护着我们，希望我们健康成长。

(四) 延伸活动

(1) 我们回去找一找生活中还有哪些守护神。

(2) 这是个温暖的故事，回家和爸爸妈妈一起分享，把你们对他们的爱说出来。

五、 活动反思

本活动通过多次研课，不断调整，特别是对活动中的关键提问进行了反复修改，从活动效果来看，孩子们能够较好地与老师进行互动，整个活动有张有弛。

第一研之后，我们对每一环节的每一个关键问题进行重新梳理，把一些可有可无的问题进行简化，把一些孩子们不理解的提问转换角度重新设计，尽量做到提问简洁明了。

第二研之后，经过第一研的调整，活动中提问设计得更为合理，孩子们的回应比较流畅，每个环节过渡自然，提问循序渐进，孩子们在阅读画面的过程中能大胆想象和表达。但是第二条目标的达成度还略有不足，如何感受故事中蕴含的故乡之情、亲人之情呢？于是我们对每个回应和小结进行改进，更注重情感的渗透和渲染，并增加关于"守护神"的讨论，将感恩的情感迁移到了幼儿的生活中。

经过两次关键提问的调整之后，实施的活动更富有活力。孩子们跟随老师进入了阅读的状态，时而观察、时而沉思、时而喜悦、时而感动，完全沉浸在故事之中；而老师在活动中，时而点拨、时而沉默、时而设疑、时而鼓励，巧妙而不留痕迹地引导幼儿经验的迁移和拓展，真正意义上实现了有效的师幼互动。

磨杵成针（大班）

安嵎敏

一、 设计意图

《磨杵成针》是具有丰富内涵、情节生动和人物形象鲜明的故事绘本。故事意在引导孩子理解"只要功夫深，铁杵磨成针"的含义，从而懂得做任何事情都要坚持，培养幼儿良好的行为习惯。

大班幼儿能够在老师和家长的帮助下完成许多的事情，同时他们也逐渐学会了自己动手去完成一些简单的任务，但生活中越来越多的良好品质却被逐渐忽视。通过此活动，幼儿在故事中受到启发。教师从幼儿已有经验出发，通过绘本阅读引导幼儿懂得做任何事情都要坚持的道理，使幼儿养成良好的学习品质。

二、 活动目标

（1）理解故事内容，知道"磨杵成针"的含义。

（2）懂得只要有恒心，再难的事也能做成的道理。

三、活动准备

（1）经验准备：有阅读绘本的经验。

（2）物质准备：自制图书，PPT 课件，图片，自制跳绳排行榜，绳子等。

四、活动过程

(一) 念古诗，引出故事主人公

导入：今天我念一首古诗给你们听。（《静夜思》）

（1）你们知道这首古诗是谁写的吗？这首古诗是唐代著名大诗人李白写的，他写了很多好诗，是一位很了不起、很厉害的人。

（2）看看这是小时候的李白，他和现在的我们有什么不一样？

小结：原来这个穿着红上衣、绿裤子，梳着桃子头的小男孩就是李白，今天我们一起来听一个关于李白小时候的故事。

(二) 分段欣赏故事，理解故事内容

1. 欣赏故事第一段

提问：

（1）李白小时候是怎样的一个人？

（2）有一天，李白在河边看见了谁？

（3）老婆婆在干什么？

（4）（出示铁棒）这就是铁棒，我们也称它为铁杵。谁来说说看，有什么感觉？

（5）（出示针的图片）你有什么办法把这粗粗的、硬硬的铁棒变成细细的绣花针？你们觉得可能吗？理由是什么？

（6）古时候没有加工绣花针的机器，只能在石头上磨，你们觉得把又粗又硬的铁棒磨成绣花针艰难吗？让我们自己去图书里看看接下来发生了什么事。

2. 分组阅读图书，寻找答案

提问：

（1）老婆婆最终成功了吗？老婆婆是怎么成功的？

（2）李白看见老婆婆在磨铁棒时是怎么说的？老婆婆又是怎么回答的？

（3）李白没磨几下就喊累了，老婆婆对李白说了什么？有谁知道这句话的意思？

小结：这句话是说，只要有毅力、有恒心、肯下功夫，再难的事也能做成。

3. 欣赏故事第三段

师：现在李白在干什么呢？他是怎么想，又怎么做的呢？（回忆故事的名称，说说自己听故事后的感受。）

小结：故事的名字叫“磨杵成针”，它告诉我们，只要有恒心，再难的事也能做成。李白刻苦用功后，成了一位伟大的诗人。我相信，只要你们努力了，也一定能学到很多的本领。

（三）说说生活中自己坚持的故事

师：请你们想想自己有没有什么事情是通过努力、坚持，最后获得成功的？

小结：只要有毅力、有恒心，肯下功夫，无论做什么都能取得成功。到了大班，我们学会了一个新本领——跳绳，今天我带来了绳子，我们来比一比，看看谁更能坚持，跳得最多。

（四）活动延伸

（1）请幼儿回去和爸爸妈妈分享这个故事。

（2）在语言区，提供李白、老师、老奶奶等角色的头饰、道具和服装，供幼儿和同伴共同表演。

五、活动反思

活动中，我从古诗《静夜思》入手，激发幼儿的兴趣，通过图片解析，引导幼儿了解故事内容。当幼儿在教师的引导下，发现了平时未注意到的某些细节时，他们会显得兴奋和好奇，这种学习的积极性将成为他们继续探索的动力。幼儿通过画面解读，对比李白经历这件事前后的变化，懂得了在平时生活中也要学习这种“只要功夫深，铁杵磨成针”的精神。我也为幼儿提供了一个大胆讲述的机会，鼓励幼儿说说自己身边那些需要坚持的事，以及那些自己坚持后成功的故事。

整个环节设计循序渐进，过渡比较自然，思路清晰。教学过程中始终围绕教学目标，面对课堂小插曲，我能够以鼓励为主的沟通方式，针对幼儿的每一句发言，给予鼓励和简评，激发幼儿表现的积极性。我的教态温和，语调高低起伏、错落有致，这是一次有着很大进步的教学活动。

这个活动，让我也意识到自己在教学方面的不足。面对幼儿，自己的语言使用还不够儿童化，还不能做到及时、有效地回应幼儿的各种回复，太怕被孩子带着走而按部就班于自己课前的教学设计，时间安排合理性上也有待提高，欣赏故事的时间稍微有些短暂。

盲人摸象（大班）

陆文珺

一、设计意图

孩子与动物有着天然之缘，他们对动物世界充满着兴趣和好奇。结合大班主题“动物大世界”，我选择了一个口耳相传的成语故事。故事画面中的人物表现方式具有浓厚的民俗元素，有利于大班幼儿观察和理解画面。对于大班的孩子来说，他们在具备了一定的语言学习能力后，通过对语言含义的揣摩，进而尝试对类似语言进行推测。故事中，有“大象的……像……”这样的语句，激发幼儿想象力的同时能扩展幼儿句式，提高幼儿表达能力。

二、活动目标

（1）积极观察、猜测画面，理解故事内容，能用完整的语句大胆表述自己的想法。

（2）初步懂得看事物不能只看一部分的道理。

三、活动准备

（1）《盲人摸象》PPT 课件。

(2) 三个大箱子。

(3) 毛绒玩具若干。

四、活动过程

(一) 猜测局部图片，引起兴趣

(1) 今天，有一位动物朋友来到了这儿，它会是谁？

(2)（出示局部图片）这是谁？你怎么知道的？

(3) 那它到底是谁？我们来看一看！

(4) 刚才你们怎么没有看出来是大象？

小结：原来刚才我们只看到了大象的一部分图片，后来把各个部分拼起来，我们就看到了大象完整的样子了。

(二) 观看 PPT，理解故事

过渡：这里有一个关于大象的故事，让我们一起来听一听。

1. 出示图片 1

(1) 图片里你看到了什么？他们长得怎么样？

(2) 仔细看看，他们和我们有什么不同？

小结：原来眼睛看不见的人，我们称他们为“盲人”，他们手里拿的是导盲棒。

(3) 听，这是什么声音？会是谁？

小结：原来盲人的眼睛看不见，但是他们的耳朵是很灵敏的，能听到各种声音。

(4) 你觉得盲人和大象之间会发生什么事？

过渡：是这样吗？这四个盲人从没看到过大象，有一天听到有大象来，他们很想知道大象的样子，于是他们决定去摸一摸这头大象。

2. 出示图片 2 和 3

(1) 绿衣服盲人在干什么？他会怎么想这头大象？

(2) 他是这么想的吗？他摸到的大象是什么样子？

(3) 大象真的像萝卜吗？

小结：原来他只是摸到了大象的一部分。

3. 出示图片4和5

(1) 蓝衣服盲人摸了大象的哪里?

(2) 他会认为大象是什么样子的?(画外音)蓝衣服盲人怎么说的?

(3)(观察图片)蓝衣服盲人觉得像簸箕,簸箕你们认识吗?

小结:原来这个叫簸箕,就是农民伯伯用来装垃圾的用具。

(4) 那你们觉得像吗?

小结:原来蓝衣服盲人也只是摸到了大象的一部分。

4. 出示图片6和7

过渡:接下来,你们觉得盲人会摸大象的哪里?

(1) 粉红衣服盲人摸到了大象的哪个部位?

(2) 你觉得他又会认为大象是什么样子的? 为什么?

5. 出示图片8和9

(1) 红衣服盲人摸到了大象的哪里?

(2) 你觉得他又会认为大象是什么样子? 为什么?

6. 出示图片10和11

(1) 黄衣服盲人摸到了大象的哪里?

(2) 他又是怎么认为? 为什么觉得像绳子?

(3) 大象真的是他们摸到的那样吗?

(4) 为什么不是?

(5) 大象到底是什么样子?

小结:原来大象的牙像萝卜、耳朵像簸箕、身体像张床、腿像柱子、尾巴像绳子,这才是大象呢。所以这个故事告诉我们,看事物不能只看到一部分,要看全面。

7. 完整欣赏故事《盲人摸象》

(三) 玩游戏,摸摸是什么

师:今天我们也来玩一个摸摸是什么的游戏。

游戏规则:请你带上眼罩,猜猜你摸到的是什么,可以跟好朋友一起来说一说。

(四) 延伸活动

(1) 回家以后可以和爸爸妈妈说说这个《盲人摸象》的故事。

(2) 在区角里，你可以和朋友们一起来玩一玩这个游戏。

五、 活动反思

在活动的第一环节，我选择了出示局部画面来猜测动物，对大班的幼儿来说，难度相对较低，这样的猜谜方式容易激发幼儿的兴趣，同时也是为最后阐述整个故事的寓意做了一个铺垫。

《盲人摸象》的绘本画面有许多具有民俗元素的人物和事物的呈现，当幼儿观察到古代人物的服饰、装饰等时就会和现代人的服饰、装饰做比较，从而感受由古至今人类文化的发展和进步。在观察到民间的一些用具时，幼儿也会表现出对此的兴趣，借此进一步激发了他们对传统文化的认知。

在第三环节参与游戏时，用分组游戏的方式让幼儿摸宝箱内的物品，但是我觉得效果还不够显著。为了让孩子进一步了解这个道理，我觉得可以将原先摸一次宝箱调整为摸两次宝箱，第一次作为初探：摸一个洞口，记住箱号及洞号；第二次再次核实：摸同一箱子所有的洞口。通过反复游戏来提升孩子的经验，更直观地感知故事的寓意。整个活动环节设计清晰、流畅，达到预想的目标，只是宝箱中的物品投放还需要突出特点。

花娘谷(大班)

祝晓隽

一、 设计意图

《花娘谷》是一个以“生命的美”为主题的故事，用作者的话说，是“把最柔情的美丽送给花娘谷”，只要翻过那些画面，谁也抹不掉那一页页的桃红和杏粉，如此美的画面，让人不由得被深深吸引。不仅如此，《花娘谷》的故事也极富中国味，从家乡那一年的喜事说起，讲述了因为一个小家的有爱举动改变了整个村庄的美好经历，充分展现了中国人的勤劳质朴、睿智善良、团结进取，也引发了关于热爱家园、保护环境的重要话题。在大班开展“我是中国人”主题活动的背景下，组织幼儿共读此绘本，一定能让孩子们了解到更多的中国传统文化，为自己是个中国人而感到幸福和骄傲。为此，我们根据大班孩子的阅读特点，设计了以“分段阅读—重点话题讨论—完整欣赏”展开的集体阅读活动。

二、活动目标

（1）欣赏故事，了解茅草谷变成花娘谷的美好经历，愿意交流分享阅读的感受。

（2）看看说说中国传统的“喜事”，体验不同喜事带给人们的愉悦情感。

三、活动准备

1.《花娘谷》PPT 课件，小图书《花娘谷》。

2. 四幅喜事图片，角色图片。

四、活动过程

（一）扉页导入，认识茅草谷

师：很久很久以前，我的家乡就是照片里的模样。（出示图片“扉页”）

（1）看看说说，那时村庄里都有什么？

（2）比一比，老房子和新建筑有什么不一样的地方？

小结：村里长着各种各样的树，唯独没有一棵会开花的树。所以人们叫这里“茅草谷”。在这一幢幢房子里住着一群聪明、勤劳、善良的中国人，而今天的故事也从这里开始了。

（二）分段阅读，理解故事

1. 分段阅读

（1）在这么喜庆的日子，你觉得外婆的妈妈会送她什么礼物？

（2）听到了这儿，你知道了哪些关于外婆外公的事？

小结：村里人也开始向他们学习，家里一有喜事，也在房前屋后种下一棵棵会开花、结果的树。

过渡提问：什么样的事算喜事？谁愿意说说你遇到过的喜事？

2. 图片欣赏

师：那些年我们村子里发生了哪些喜事？（观察图片，幼儿泛讲）

（关于过新年、庆丰收、造新楼、祝寿礼预设分享）

预设提问：

(1) 你的家乡在春节时有什么特别的风俗吗？除了春节，中国还有哪些重要的节日？

(2) 丰收的时候，人们的心情是怎样的？

(3) 造新楼为什么是大喜事？

(4) 照片上，大伙儿在给谁庆祝生日？怎么看出来的？

小结：就这样村里的人不知不觉就在茅草谷种上了很多的树，这些树每年都会开花结果，于是茅草谷就渐渐变了样，会变成什么样呢？下面要请你们读读故事。

(三) 欣赏故事，感受爱与被爱

(1) 教师讲述故事，幼儿翻阅小图书。

(2) 说说自己深爱的人，并鼓励幼儿表达爱。

五、 活动反思

本次活动中教师对绘本素材本身进行了非常大胆的处理，围绕喜事所增加的四幅图非常好地反映了中国人的精神面貌，也增加了可阅读的典型民俗图，使得故事更具体地反映了中国传统文化，对大班孩子感受真善美起到了积极的作用。对故事文字部分，教师也做了专业的修改，结合画面的表现，教师将故事部分情节进行了改编，突出了主题，强调了重点，使得活动节奏变得更加舒服顺畅，让活动更显生动。

此外，本活动教案中的提问设计非常有特点，能从幼儿的视角出发，构建更为生活化的课堂对话，使得活动氛围轻松，幼儿更愿意听，更愿意想，更愿意说，对活动目标的实现起到了很好的作用。

针对活动的设计，我主要有以下几点建议与大家分享。

首先，本次活动中，老师的语言渲染能力是极为重要的一大元素。建议老师在活动前，要加深对作品的体验和理解，反复诵读作品，把握绘本的情感基调，用抑扬顿挫、声情并茂的语言，能传情达意、富有感染力的肢体动作，激发幼儿欣赏的兴趣，渲染故事意境的同时，也把孩子带入到美丽的花娘谷中。

其次，在解读“祝寿礼”图片时，可以采用情景表演的形式，老师扮演爷爷，幼儿来送祝福。在表演中，幼儿能够结合自己的生活经验，加深对故事的理解，在表演的过程中再创造。这种体验会给他们留下极为深刻的印象。

再者，四幅图的解读不要面面俱到，可以根据现场幼儿的回应，有针对地选择两张图片进行解读，老师在活动前要预设回应，延伸幼儿的经验。

咏柳（大班）

黄　伦

一、设计意图

时值春天，万物复苏，在与幼儿的交流中我们捕捉到孩子们对春景变化的关注，而盛唐诗人贺知章写的七言绝句《咏柳》，描写的正是早春二月杨柳婀娜多姿的形态。

古诗对幼儿来说是一种既陌生又熟悉的文学形式，作为一个教学素材点来进行集体教学，一旦组织形式不恰当，就不利于幼儿理解古诗的含义，还会演变成一个枯燥乏味的集体教学活动。所以在这个教学活动中，我充分地运用贴近幼儿生活经验且他们感兴趣的教学方式和有效的师幼互动来进行教学。

二、活动目标

（1）学着按古诗节律吟诵，理解古诗内容，感受古诗的意境美。

（2）用自己喜欢的表现方式表达对古诗的理解与喜爱。

三、活动准备

（1）有关古诗的 PPT 课件、配乐。

(2) 人手一个柳条帽。

(3) 操作材料:舞蹈队的柳条、柳叶、剪刀模型,话剧队的纸箱背景春天剧场、指偶,拼图队的底板、拼块、彩笔。

四、活动过程

(一) 话题导入,引发兴趣

导入:再过几个月,你们就要成为光荣的小学生啦,所以现在就请你们用敏锐的眼睛来看一看周围的环境,动动脑筋猜猜看,今天我会和你们讨论一个什么话题?

(1) 今天我就是要和你们来聊一聊有关春天、有关柳树的事情。

(2) (PPT1)春天来了,最近听说很多小朋友去公园、郊外游玩了,你发现柔柔的春风给柳树带来了什么变化?

小结(PPT2):春天来了,高高的柳树满身碧绿,就像绿色的玉石,柳条下垂着,就像许多绿丝带在风中飘动。这些细细的叶子,不知道是谁的巧手剪裁出来的?哦!原来是二月的春风像剪刀,把这些叶子剪得这么漂亮。

(二) 初步感受古诗,理解内容

1. 朗诵散文,引出古诗

导入:刚才我朗诵的这段散文听起来好美啊!

(1) 今天我还请来了一位诗人,这位诗人还会作更美的古诗呢!什么叫诗人?(诗人就是创作诗歌的人)你们都认识哪些诗人呢?

(2) 今天的这位诗人名叫贺知章(出示 PPT3 图片),看看他的长相和打扮与我们有什么不一样?

小结:原来他是古时候的诗人,是唐代诗人,戴着乌纱帽,留着长胡子。他看到这么美丽的柳树,情不自禁地作起诗来,这首古诗的名字叫《咏柳》。(教师安静地首遍模仿古代诗人朗诵古诗《咏柳》。)

2. 初步感受古诗内容

(1) 这是多么美的一个画面啊!刚才老师在朗诵这首古诗的时候,你好像看到了什么?(幼儿根据古诗内容自由表达。)

(2) 你们说了这么多美丽的景象,那就让我们一起来看一看这幅春天的美景图吧!(出示 PPT4)并且再欣赏一遍古诗,请大家要注意我朗读时的表情和语气语调哦！（教师第二遍配乐朗诵古诗并出示 PPT5。）

（3）你最喜欢哪一句？来学一学。

（三）用多种形式，表现古诗的意境美

师：这真是一首听上去非常优美的古诗！那就让我们行动起来，把这首优美的古诗表演出来吧！

1. 教师提要求

师：等一下我们要分成 3 个队，有舞蹈队、话剧队、拼图队，我给每个队准备了一些材料，你们要用这些材料把故事表演出来。请你们 4 人一组合作完成表演任务，有时间限定。

2. 幼儿自由结伴，分组合作

背景古诗及配乐循环播放。

3. 分组表达表现

大家都在限定的时间完成了任务，那就把你们的成果展示给大家。

（四）用手语表现，进一步感受古诗的美

（1）我发现你们都很了不起，创编了这么好的方法来读故事，我也有一种不同的方法能把这首优美的古诗读出来，想不想来欣赏一下？

（教师结合手语来表现古诗。有背景音乐。）

（2）你们发现我刚才读的时候，手做了哪些动作？（对了，我的手会根据古诗里的话做动作。）

（3）你们想不想跟我一起学？好，那我们一起来学一学这首手语版的古诗《咏柳》。（第一遍）

朗读要求：在朗诵古诗的时候，要学着古代诗人的样子，大声地、匀速而缓慢、有韵律地读，这样才能更好地把柳树美的样子表现出来。（第二遍朗诵）

小结：大家都像古代的小诗人般，把古诗的韵味读了出来，也把柳树美的样子表现出来了。

（五）律动《咏柳》，推向高潮

春风一吹，让柳树变得如此地美丽。柳树姑娘辫子长，随着春风飘动着，好像在跳舞！让我们戴上柳条帽把古诗唱出来吧！

五、活动反思

由于在预设活动时，我们充分考虑到了古诗教学可能会发生的困难和弊端，所以整个活动环节尽可能地运用了孩子们喜闻乐见的教学形式和教学手段。

导入环节通过一系列的提问唤醒幼儿已有经验并集体分享，之后教师顺势而出的小结，精准完美地归纳总结了古诗的含义，让幼儿初步接触到了古诗《咏柳》的雏形。

紧接着教师通过"引出古诗—欣赏古诗—吟诵古诗—表演古诗—手语古诗—歌唱古诗"等一环接一环地把幼儿带入到古诗的优美意境中，感受古诗的美，理解古诗的美，表现古诗的美。

而大班下学期的幼儿已具备较强的合作能力和合作愿望，通过 4 人一组的小组合作方式共同完成任务，对他们来说既是锻炼社会能力的机会，又是考验合作技巧的挑战。教师创设的三种表达方式——舞蹈动作、绘制拼图、手偶话剧，让伙伴们在有限的时间内，根据共同的意愿选择，再分工协商，合作完成。孩子们在合作中成长，收获合作的喜悦。

从整个活动的即时效果看，孩子们个个表现得积极投入，不仅深刻地理解了古诗蕴含的内容，而且全身心地感受到古诗所要表达的意境，更是倾力地展现出了古诗所富有的韵律美。

水牛儿（大班）

张　艳

一、设计意图

水牛儿并非耕地的水牛，它在北京方言中指的是"蜗牛"。唱起这首儿歌，许多老北京人联想到的是一种古老的胡同文化。走进这本书，在微雨蒙蒙的夏季，跟着那缓慢前行的蜗牛，我们会看到什么？雨中行走的母女，她们耳中听到的雨声……也许，胡同连接起的四合院以及地道的老北京建筑已经越来越少。我们把这个活动置于主题活动“我是中国人”之中，想通过这个故事让幼儿了解北京的民俗文化，进而对上海的传统建筑、著名景点、民俗文化感兴趣，为自己是个上海人感到自豪。

二、活动目标

(1) 观察画面、寻找细节，在对比中大胆表达自己的理解。

(2) 感受故事传递的美好情感，对传统文化感兴趣。

三、活动准备

(1) 经验准备：了解祖国风景、名胜，感受中国的地大物博。

(2) 物质准备：PPT 课件。

四、活动过程

(一) 童谣导入，激发兴趣

(观察封面)

(1) 在封面上，你看到谁在干什么？

(2) 她住的地方和我们住的房子有什么不一样？

小结：小女孩住在北京的老房子里。

过渡：这本书的名字叫作《水牛儿》，还有一首关于《水牛儿》的童谣。“水牛儿”是什么呢？让我们一边欣赏故事，一边寻找答案。

(二) 共同阅读，感受故事

1. 播放片段一

(1) 你看到了什么？

(2) 妈妈的服装和你们穿的一样吗？

小结：它是中国传统的服装，叫中式服装。

(3) 听，这是什么声音？雨珠落到叶子上，你看一个个滑下来。

(4) 妈妈和我又来到了哪里？从哪里看出来的？

2. 播放童谣并观察图片

(1)“水牛儿”是什么？

小结：在北京方言中指蜗牛。

(2) 小女孩蹲在地上，她身后的门、窗和我们家里的有什么不同？

小结：门和窗都是用木头雕刻成横线、竖线组合。这图案饱含人们美好的愿望。

3. 播放片段二

(1)“呼”一阵风吹来，猜猜小女孩发生了什么事？(飞起来)

(2) 小女孩飞了起来，她看到了什么？

小结：女孩看到了一些房屋，东南西北围在一起形成一个“口”字，是北京的四合院。

(3) 图片上有什么？

(4) 中国有挂灯笼的习俗，什么时候我们会挂上红灯笼？

小结：荷花是我国的名花，灯笼饱含吉祥的寓意，所以我们每当遇上喜庆的日子都会挂上大红灯笼。

(5) 胡同和我们平时走的路有什么不同？

小结：胡同，是北京特有的一种古老的城市小巷，要是把这些胡同连在一起，不比万里长城短。

(三) 欣赏故事，说说上海

(1) 完整欣赏故事，你们放学是怎么回家的？遇到过哪些好玩的事情？

(2) 说一说上海的特色建筑和著名景点。

(3) 你们喜欢上海吗？为什么？

(四) 延伸活动

回家后，和爸爸妈妈一起找找具有老上海特色的景点。

五、 活动反思

自开展了“我是中国人”主题活动后，幼儿对中国各城市的景点有了初步的概念，很多家长也会带幼儿到不同的城市旅游，部分幼儿还会将旅游的所见所闻与同伴一起分享，整个活动内容比较贴近幼儿的生活。

民俗绘本《水牛儿》中融入了许多关于北京的民俗特色，如北京的四合院、胡同、中式服装等富有中国特色的内容。整个阅读环节比较有针对性，绘本的画面唯美，能引发幼儿的关注点。把蜗牛作为一根主线隐藏在故事中，通过让幼儿仔细观察画面，找出“水牛儿”就是蜗牛。在整个活动中，幼儿阅读兴趣浓厚，能积极大胆表达自己的想法。活动最后，我们把“你放学是怎么回家，遇到过哪些好玩的事情”的问题抛出，然后再聊聊上海特色建筑和有名景点的话题，并在课后延伸出亲子收集上海建筑和景点资料的活动，为主题活动的深入开展打下基础。

“读之享”案例篇

赛龙舟

杨昌敏

一、背景

“赛龙舟”是端午节的主要习俗，也是汉族人民在端午节中最重要的民俗活动之一，在中国的南方地区普遍存在，北方靠近河湖的城市也有赛龙舟的习俗，但大部分是划旱龙舟、舞龙船的形式。所以赛龙舟是一种具有浓郁的民俗文化色彩的娱乐活动，以其激烈性、比赛性赢得大家的喜爱。临近端午节的一个双休日的上午，我班家委会组织了一些家长和孩子观摩了华东理工大学奉贤校区的“赛龙舟”比赛。第二天回到幼儿园，孩子们都围在我身边吵吵嚷嚷地要跟我说昨天赛龙舟的事情，于是我们利用自由活动时间，让他们与大家分享赛龙舟的经过，孩子们听得非常认真，兴趣特别浓，也想一探究竟。于是，“赛龙舟”系列美术活动就这样呼之欲出了……

二、实录

(一) 片段一

观看了比赛的幼儿先与大家讲讲“赛龙舟”的经过，大家你一言我一语，就展开了讨论。

QQ：赛龙舟我也看过，你知道赛龙舟是什么样的吗？

点点：我当然知道，很热闹呀，是用船桨不停地往前划，还要大家一起用力气才对，赛龙舟还要有很多人才好玩。

悠悠：我也知道呀，我看妈妈很着急，因为他们都想得第一，所以就划得很快、很急，不能落后了。

笑笑：还有很紧张，就像我们天虹运动会比赛的时候一样，心脏会咚咚咚跳得很厉害。

琪琪：你是怎么看出这些船划得很快的，很用劲的？

悠悠：我看我妈妈和她同事们都张着嘴，手上的肌肉都鼓起来了，并且水花扬起来，溅得很大！

兜兜：你妈妈他们很厉害，得第一名吗？

悠悠：没有，下雨了，他们穿着雨披，眼睛看不见前面，影响划龙舟了，获得第二名，第二名也已经很棒了呀！

……

看见他们讨论个不停，于是我就说："这样吧，老师请你们把他们刚才讲的赛龙舟的情景用画画的方式表达出来，好吗？请小朋友们自己选择材料来画一幅龙舟比赛的作品。"

(二) 片段二

借助他们讨论的话题进行绘画，我提供了很多不同的材料，供孩子大胆创作，大胆想象。十分钟后，我看到灵灵已经用自己的方式画完了浪花，正在纸的上方画一艘小龙舟……灵灵很快就画完一艘船，但在画水浪的时候有些为难，只画出了一条线。

老师：灵灵，杨老师觉得你龙舟画得真不错，现在你是在画大浪吗？

灵灵：对呀，我在画水溅起来的大浪。

老师：浪花应该是卷起来的吧，往上的。

灵灵(思考了一下)：我知道怎么画了，是向上画卷起的线条。

老师：灵灵真聪明，就是这样的，再多画一些浪花，就更好看了！

我巡视到彩泥组，看到毛豆制作了一艘龙舟后，眼睛盯着船有些发呆。

老师：毛豆，你做的龙舟真不错！你想怎样表现龙舟比赛的激烈？

毛豆：我就想表现他们划船很使劲地样子。

老师：那你想从他们的动作还是表情表现？

毛豆：我想让他们的动作都一样！这样船才划得快。

老师：很好啊！那你想表现他们怎样的动作？你来学一学。

毛豆：老师看！做了一个举起船桨划水的动作。

老师：我喜欢你这样使劲儿的动作，你开始制作吧！

毛豆在老师的提示下，信心十足地开始自制起来了，不一会儿，一个使劲儿划水的小人儿做好了。

我看到水粉组的两个孩子小雨和婳婳迟迟没有下笔。

老师：画水粉画的小朋友今天遇到了挑战吗？想一想，怎样才能在这一张纸上画龙舟，这张纸肯定画不下，怎么办？

小雨：我们可以把龙舟的一部分放大！

婳婳：我们可以只画一个龙头和半截船身。

说着她们就开始动手画了。

十五分钟后，两个画水粉的孩子已经用局部放大的方法和遮挡关系画好了一艘龙舟……

三、分析

端午节是我国最大的传统节日之一，在民俗文化领域中，"赛龙舟"是其中一个传统保留节目，也是最令人期待的活动之一。龙舟赛上那整齐有力的动作，令人振奋的鼓点、口号和进行曲风的音乐有着共同之处。对于有"赛龙舟"这方面相关经验的幼儿，借端午赛龙舟之际来了解民间传统文化精髓，激发幼儿热爱民族文化的情感是我们的教育目标之一。于是，我将这次"赛龙舟"活动，迁移到班级来，以民俗艺术形式开展此活动，让每个孩子对赛龙舟有更深刻的了解，把他们的所思所想全部以美术的方式表达出来。

在启发创作的第一个环节中，有的孩子还是不知道从何下手，龙舟到底是什么样子的，所以我就简单提示并从人物的表情、动作，龙舟的形状，船桨划行的方向等来启发他们，同时还要感受船桨与龙舟划行速度之间的关系，在充分理解作品的基础上，激发起想象和创作的欲望，并鼓励幼儿大胆创作，鼓励幼儿利用夸张的线条、多彩的颜色在想象的基础上创作出龙舟比赛的场景。我观察并支持幼儿大胆表现。对创造性思维发展较好但绘画技能较弱的幼儿，我就通过语言提示或个别示范的方式，引导其完成主要场景。

大班幼儿在想象力、创造力以及对材料的熟悉程度、表现手法方面都有了自己独特的方式，因此我在引导幼儿创作时，为他们提供了蜡笔画、泥塑组(彩泥)、色彩组(彩色水彩笔、彩铅水粉笔等)等三组材料,鼓励他们运用自己喜欢的美术表达方式进行创作,结合民俗图阅读活动内容,让幼儿更深入地体会到"赛龙舟"就像离弦之箭般向终点飞去,群情激昂,水花四溅,你追我赶,紧张处船与船之间距离有时都不到一个龙头,甚是精彩。

陈鹤琴先生所倡导的"凡是儿童自己能做的,应当让幼儿自己做,凡是儿童自己想的,应当让他们想"这一思想,在今天仍然具有非常重要的现实意义。因此,在活动中,凡是幼儿能做的事情我都让孩子自己做,如让幼儿自主选择材料,大胆创作,体验了成功的乐趣,合作的乐趣,在积极投入、全身心参与活动的过程中,其想象力、创造力、动手能力都得到充分的发挥。

开展传统节日的教育活动,能让幼儿了解我国传统节日的由来,知道节日的民间风俗习惯及其象征意义,感受传统节日文化的内涵,体验本民族自强不息、勇于拼搏的精神。这不仅是弘扬传统节日文化,更是保持民族本色,增强民族凝聚力的有效途径,同时也是对幼儿进行爱国主义教育的最佳形式。

大带小逛庙会

黄　伦

一、背景

开学第一天,伴随着浓浓的节日气氛,我们组织了"狗年闹春迎元宵"活动,通过全方位创设"元宵庙会"场景,根据各楼层特点在走廊上设置摊位,在教室里设置各种民间游戏,围绕新年树、愿望卡、装饰红包、制作传统服饰、剪窗花、做灯笼、做鞭炮、盘子豆豆画、写福(春)字、弄堂游戏、元宵制作等,以儿童喜爱的游戏、美工、运动、观影等形式开展系列活动,让幼儿以自己喜闻乐见的方式感受、体验传统文化的魅力,以留下深刻的美好印记。同时我们发现,大带小的混龄活动对于大班幼儿培养责任意识、克服自我为中心、提高自身各方面能力有很大的促进作用。于是我们组织这次"大带小逛庙会"的活动,旨在引导大班幼儿学习体验如何当好哥哥姐姐，小班幼儿体验被照顾和关爱，这样的活动方式对幼儿社会性发展是很有帮助的。

二、实录

(一) 镜头一

在“大带小逛庙会”的方案确立以后，我们就在考虑：如何把这个重要任务交代给大班哥哥姐姐们？是直接以教师口述方式把任务布置给孩子，还把一些需要做的事情，需要注意的事项如数交代下去，还是有其他更好的办法？

经过思考，我们决定当一回“懒”老师，把这个任务抛给孩子，让孩子们自己来讨论，并挖掘其中的一些问题以及注意事项！

下面是大班的哥哥姐姐们在讨论过程中，我记录的一些片段：

源源：幼儿园的三层楼都有好玩的地方，我们千万不可以把弟弟妹妹扔在原地，只顾自己跑过去玩！

呱呱：如果我们不看管好小弟弟小妹妹，只顾自己去玩，万一小弟弟小妹妹乱跑，很容易发生危险的事情！

新宸：我们是大哥哥大姐姐，要做好榜样。不该去的地方就不能去，比如操场上就不能去，如果我们去玩了，说不定小弟弟小妹妹也会跟着我们去玩的，这样就很危险了！

老师：是呀，所以我们在带弟弟妹妹逛庙会的时候，一定要管好弟弟妹妹，紧紧拉住他们的小手，不能离开他们身边！

甜甜：还有，我们个子比弟弟妹妹高，所以一定不能飞快地跑来跑去，因为小弟弟小妹妹个子小，跟不上，很容易摔跤的！

老师：甜甜说得对，我们要带着弟弟妹妹慢慢走，要时刻考虑到弟弟妹妹的安全！

墨墨：我们还要记住自己带的弟弟妹妹是哪个班级的，等逛庙会结束，我们还要把他们送回教室的，千万不能把他弄丢了！

老师：墨墨想得真周到，还想到了要记住自己带的弟弟妹妹是哪个班级的，因为我们这里有三个班级的弟弟妹妹，所以千万不能搞错了哦！那么，万一你的弟弟妹妹不见了，那该怎么办呢？

丁丁：我就马上去找回来，我已经记住了自己带的小弟弟是哪个班级的了！

淼淼：也可以马上告诉老师，请老师帮忙！

琳琳：最好么不要弄丢，要牢牢牵着他的手。如果不小心弄丢了，就马上去找，因为弟弟妹妹人很小，一定不会走远，肯定就在附近的！

（二）镜头二

悠扬的音乐提示大家“大带小逛庙会”的活动结束了，哥哥姐姐们欢欢喜喜地把小弟弟小妹妹们送回小班的教室。回到自己教室之后，我组织孩子们进行了“庆功会”。

老师：今天的庙会你玩得开心吗？说说理由。

诺诺高高地举着手：我今天玩得可开心了！因为我陪着小妹妹成功地做了一幅豆豆画，虽然时间来不及，我只做了一幅，但是我送给了妹妹。

老师：那你自己没有得到豆豆画，是不是有点小小的失望啊？

诺诺：没有呢，因为妹妹很开心，我也很开心！

琪琪：我带的那位小弟弟虽然有点顽皮，但是我紧紧地牵着他的手，没让他走丢，所以我也很开心。

萱萱：我和一个小弟弟在玩“剪窗花”的时候，我发现他不会用剪刀，我就扶着他的手一点一点地剪，我还告诉他用剪刀的时候一定要注意安全，后来我们终于成功了，小弟弟拿着窗花很高兴，我比他更高兴。

老师：你真是个细心的姐姐，会提醒弟弟妹妹使用剪刀的注意事项！

萱萱：因为以前我们在学用剪刀的时候，老师你也是这样教我们的。

老师：我真高兴，你能把老师的话记在心里，而且传授给比你小的宝宝们，你真是个不折不扣的好姐姐，给你竖个大拇指！

三、分析

从镜头一的记录里，我发现这次的“大带小逛庙会”的活动，不仅仅是为了帮助小班的孩子更好地加入到活动中来，其中更重要的一层作用，是在整个活动的过程中，大班的孩子学会了照顾，学会了承担责任！由于在活动前已经组织过集体讨论，所以，在实践的过程中，孩子们都很认真地履行自己的职责，他们牢牢地拉着弟弟妹妹，带着他们开开心心逛庙会，果然没有出现把弟弟妹妹扔在一边，自己独自跑去玩的情况。在逛庙会的过程中，孩子们都充满了热情，尤其是大班的孩子们，一个个充满爱心的镜头，让人倍加感动。在玩"剪福字"的摊位里，洋洋手把手地扶着小妹妹的手在剪，一边还叮嘱说："小心哦，不要剪到了手上哦！"剪完后，先把福字给了妹妹。在将心愿卡挂上新年树的地方时，小弟弟因为个子矮挂不到，源源抱起小弟弟协助他挂上去。楼梯口遇到一对欢乐的组合，小妹妹高兴地告诉我："老师，哥哥已经带我玩了好几个地方了！"

镜头二中，哥哥姐姐们的回答虽然稚嫩朴素，却提供了大量的信息，表明在他们的交往过程中，哥哥姐姐们积极倾听、了解弟弟妹妹们的想法和愿望，并想方设法满足他们的需求，体现了大对小的关怀。

活动结束后，老师及时地开展"庆功会"，进行情感强化跟进。一个活动的结束往往是另一个活动的开始，在活动过程中出现的好现象、好榜样要及时进行表扬和强化，而在活动中出现的不良现象要及时进行讨论和纠正，为下一次活动做好铺垫。所以，这就需要教师在活动过程中，要注意对幼儿的观察，发现了情况要及时地分析，进行反思，然后找出原因，才能够采取适当的措施进行讨论指导，这样有助于幼儿责任心的形成。

四、反思

陈鹤琴提出"儿童是好群的"，不仅喜欢与同年龄的孩子交往，也喜欢和其他年龄的孩子交往。对大班孩子来说，虽然在家里他们总是依赖成人，但对小年龄的孩子，他们是乐意帮助的，这样更能激发他们的自信心。同时，《幼儿园教育指导纲要（试行）》指出，幼儿同伴群体是宝贵的教育资源，应充分发挥这一资源的作用。因而我们设想打破年龄及班界限，更充分地实现这一理念，促进幼儿各项能力的均衡发展。

华爱华的《幼儿游戏理论》一书也对幼儿园"大带小"活动的意义进行了精辟的论述：完美的个体发展离不开同龄伙伴与异龄伙伴的交往。而没有与年长者的交往，将减少幼儿进行知识经验和技能的学习机会；没有与年幼者交往，会使幼儿的责任心、自主感和组织能力的补偿难以实现。

这次"大带小逛庙会"的活动虽然已经结束，但还是留给我们许多后续的思考：

(一) 让幼儿真正融入到活动的设计、组织中来

这次的"大带小逛庙会"活动基本都是教师设计、准备、组织和整理的,幼儿只是捧场者、参与者,游戏中的教育意义可进一步提升。如可以年级为单位承担各项内容:新年树、愿望卡、装饰红包、制作传统服饰、剪窗花、做灯笼、做鞭炮、盘子豆豆画、写福(春)字、弄堂游戏、元宵制作等;再细分为每个班级承担的具体项目进行讨论、组织(讨论游戏项目、所需材料、具体责任人)。在活动结束后,幼儿也应参与到现场的整理工作中。这样,活动成为一个媒介,不仅是热闹的外表,对幼儿来说更是一次非常有意义的学习机会。

(二) 进一步深入实施家园合作方式,让家长融入活动中

现有的活动,家长更多是旁观者,最多也是蜻蜓点水地配合、参与活动,我们可以号召各班家长深入参与到班级的活动组织当中来,出谋划策、贡献力量,同时也是对家庭教育进行指导的良好时机。在活动现场,不仅可以邀请家长作为安全维护者、摄影师、采访记者,也可以根据家长资源邀请家长实际加入活动,如有手工特长的家长可直接参与手工活动的指导,民俗学特长的家长可以开展小讲堂等。

(三) 放手做个"懒老师",给孩子和家长创造机会

要相信孩子们是很能干的,他们有能力带好弟弟妹妹,有能力用他们自己的智慧去想办法解决活动中可能会出现的问题。所以,我们完全可以换个角度处理:活动中适当弱化教师的角色。这样做既减轻教师负担,也赋予儿童更多锻炼、给家庭教育更多机会。在活动中,教师前后操劳非常辛苦,却也剥夺了幼儿的成长机会。教师应当从烦琐的筹备、整理工作中抽身,将更多心思和精力花在对儿童与家长的教育中,思考如何通过这样的活动丰富幼儿的经验,提升家庭教育,这才是活动应有的价值体现。

对幼儿来说,在真实的生活情境中学习,是有效的学习方式。孩子正是在解决这些问题的过程中将"关爱、互助、理解"等体验和感悟内化为自己的日常行为。活动中小班孩子学有榜样,他们会更快、更全面地获得知识经验,大班孩子在当"小哥哥""小姐姐"的同时也是对自己技能再提高的过程,其实这样的活动是"双赢"的。

"大带小"活动记录下了孩子们"胆怯—进步—成功"的经历,孩子们从中收获了快乐,收获了责任。愿我们的孩子永远迈着坚定、自信的步伐,收获人生的每个喜悦。

教育无痕

——我和雯雯的故事

沈 翠

一、背景

在幼儿园里,总有一两个这样的孩子:整天喜欢一个人独坐,不爱说话,不爱活动;或一来园就间歇性哭闹不止、焦躁不安,始终坐不下来,也不愿意和别人交往,对老师、同伴有一种本能的抵触情绪或对某一教师过分依赖……幼儿性格不健全,必将影响其心理的健康发展。在工作中,这种孩子非常值得老师去关注。我就遇到了这样的一个孩子——雯雯。

雯雯,女孩,今年三周岁半。雯雯是一个很特殊的孩子,入园的第一天,雯雯由妈妈、姥姥送来,和其他小朋友一样哭闹着,经历着人生第一次的"分离焦虑"。面对幼儿园这样一个完全陌生的环境,孩子的焦虑自然难免。起初雯雯的行为并没有引起我的特别注意,可和她妈妈的交流过程中,我们逐渐意识到,这个孩子成长的环境很不一样。由于姐姐是自闭症孩子,因此家人把所有希望都寄托在雯雯身上。当她渐渐长大会和家人交流、嬉戏时,所有的人都体会到了拥有一个健康孩子的快乐,所以家人对她非常溺爱,养成了很多不好的习惯。

雯雯适应困难突出表现在生病休息之后的再度入园时,那时其他小朋友都已经逐渐适应了幼儿园的生活,能够开心地与老师和小伙伴学习、游戏。雯雯在早上入园时总是开开心心地和每一个人打招呼,然后一个人找地方去玩耍。可是当小朋友们要进行集体活动时,她会哭着喊着"我要玩""我要妈妈""你们是坏人”“把小偷抓走”。我好不容易强行把她从游戏区中抱出来，可她一个劲地想往外面跑。我试图接近她，抱一抱她，用言语安慰她，却遭到她坚决的拒绝。接下来的一个月，雯雯的情绪不但没有好转，更变本加厉，不但不和老师、小朋友交流，上课不参与，甚至还“绝食”。这一系列的问题，使我头疼不已，但也对这个特别的孩子多了一份心疼和理解。

但是，因为一次“民俗活动”，我找到了“改变”孩子的契机。

二、实录

(一) 实录一

这天，我给孩子们播放《弟子规》和古诗的音频版，原本在吵闹的雯雯一下子安静下来，我引导她回到椅子上，她安静地坐着和伙伴们一起聆听，不吵也不闹。第二天，我试着给他们吟诵古诗并加入了简单的动作，雯雯听到声音后，再次被吸引，还能和伙伴们一起模仿我的动作。

这样的发现，使我一下子兴奋了起来，原来雯雯对此很感兴趣！我何不抓住这样的契机，来培养她良好的规则意识，逐步使她融入集体生活中去呢？

(二) 实录二

故事是幼儿喜闻乐见的形式，于是，我找了关于民俗的一些相关的故事，蕴含着简单规则道理的内容，如《孔融让梨》《小蝌蚪找妈妈》等，使得雯雯能够安静地听，并能在潜移默化中接受规则的教育。在故事中，雯雯了解到了“礼让”。每当雯雯要抢朋友的玩具时，我就说“孔融是怎么做的”，雯雯马上就会缩回小手回答“礼让”。雯雯做事三心二意，不能安静地聆听，我就选择民间故事《小猫钓鱼》，雯雯看后会说“不要三心二意”。短短的故事，精练的语句，使得孩子逐渐意识到了行为中的“对”与“错”。民俗绘本作品向幼儿展示了成熟的语言，还有作者精心展示的词汇，以及十分贴合作品内容的象征性的语言，使孩子记忆深刻。渐渐地，雯雯能够安静地坐下聆听故事了，在其他活动中也能在教师的语言引导下坐着参与活动了，上课时不再看到“玩具扔满地”的现象了。

(三) 实录三

在通过民俗故事培养了雯雯倾听的习惯后，接着我又利用吟唱古诗的形式，培养雯雯积极参与集体活动的能力。

对于简单枯燥的内容，雯雯难以接受，因此在每次欣赏古诗时，我总是刻意地寻找可以配上简单动作，或是能够用吟唱的方式表现的古诗。《春晓》《咏柳》等作为第一批入选的内容，收纳到了我的计划中。不同内容的古诗都配有不同旋律的音乐，如古诗《咏鹅》的旋律活泼轻快，节奏鲜明；古诗《游子吟》《梅花》的旋律缓慢、抒情、节奏流畅，听起来很优美。雯雯特别喜欢吟唱古诗，还能自己摇头晃脑地进行表演，当要求孩子们上来表演时，雯雯也举起了手。我第一个邀请她上来，没想到她能完整地吟唱出古诗，还能根据内容配上自己的动作。我第一个给她鼓起了掌，其他孩子也给予了她热烈的掌声。雯雯看到后露出了笑容，还大声地说“谢谢”。这是孩子第一次在集体面前表现自己，我觉得应该利用这样的机会增加孩子的信心，同时也能促进孩子学习的兴趣、参与集体活动的热情。

(四) 实录四

通过前期的培养，我们开始了雯雯第一次“比赛”的旅程——天虹幼儿园“我爱国学”比赛。知道这个消息后的雯雯妈妈对我说的第一句话是“雯雯行吗”，我说：“参加比赛是为了给她更多的信心。”雯雯妈妈听了这些后，坚定地回答我：“好！”我们的“比赛”旅程就这样开始了。

选择什么内容？对于这个问题我思考了很久。对于雯雯来说要选择易懂易唱，能够一举成功的古诗，才能更好地建立她的信心。《春晓》首先跳入了我的脑海，我先把古诗的内容通过故事讲给孩子们听，帮助雯雯理解古诗的内容，再让她学这首诗也就容易了。

接着我找来了《春晓》的配乐，配上抒情的音乐，不仅给孩子带来听觉感官上的享受，更能使幼儿感受到诗句中所蕴含的意境。雯雯第一遍听的时候完全陶醉其中，安静地坐在小椅子上一动也不动，当音乐结束后，她喊“再听一遍”，一遍又一遍，她不厌其烦地听着。其他孩子慢慢都能跟着一起唱了，可是她还是只是“听”。这可怎么办？于是在角色游戏中，我把《春晓》的音乐放到了小舞台，今天我作为“演员”表演《春晓》。一开场我就结合诗歌内容，通过相应的动作演示和歌曲的演唱，吸引了很多的“观众”。接着，我让小观众们和我一起来表演，还邀请了雯雯参加。通过角色表演或分角色演唱的方法让幼儿掌握了

《春晓》的表演。游戏中雯雯也和同伴一起唱、一起跳，表演结束后和大家一起谢幕。对于她的每一次演出，我总是做最好的听众，给予最热烈的掌声和鼓励，从而激发她再次表演的兴趣，同时也使她掌握了所有的表演内容和动作。

前期准备已经完善，但是每天的巩固练习是最令我头痛的一件事情，雯雯的难以捉摸是不可控的因素。在幼儿园我每天利用游戏活动时间，让雯雯在小舞台表演给观众们看，同时帮助她巩固和练习，但是时间一长或是遇到其他感兴趣的游戏时，她又会不听指令地乱跑。针对这一情况，我抓住时机，组织幼儿一起讨论这种现象：小朋友应该怎样玩呢？通过讨论，我们共同制定了游戏规则，虽然雯雯没有发言，但是她始终坐在小椅子上安静地听着。由于规则是幼儿自己制定的，规则的存在及其重要性已经深入到幼儿的意识深处，活动中他们能主动认同规则，并相互监督。他们看到雯雯不遵守规则时，就会说“雯雯，你不可以”。当雯雯听到后，她会自觉地“退后”，把东西归还或是回到自己的原位。这说明雯雯的规则意识在潜移默化中已经慢慢形成，虽然不能主动遵守，但是别人指出后，她能心甘情愿地改正并遵守，不再为自己喜爱的游戏争吵，这也是成功。接着，我们通过家园配合，利用在家、外出等机会，让雯雯在成人面前进行展示。渐渐地，她喜欢上了表演古诗，《春晓》《咏鹅》《咏柳》等耳熟能详的古诗她都能张嘴就来。为了让雯雯融入集体中，培养良好的习惯，我提供“今天我当小老师”的机会，让她把自己最拿手的古诗吟唱表现给大家，并让她当小老师带领其他孩子一起唱唱、念念。每天这个时刻都是她最自豪的时候，头抬得高高的，声音洪亮极了。在“我爱国学”的比赛中，雯雯获得了二等奖。当雯雯妈妈拿到奖状的那一刻，不敢相信“调皮捣蛋、不听指挥”的雯雯也能参加比赛获得奖项。

三、 反思

“播下行为，收获习惯；播下习惯，收获性格。”根据幼儿的年龄特点，建构积极的互动，在活动中长期持久地对幼儿进行培养，促进幼儿良好规则意识的形成。

雯雯是一个特殊的孩子，她有着特殊孩子的独有特点——固执、不断重复。因此结合这样的一个特点，利用旋律活泼轻快、节奏鲜明的古诗文内容，广为流传的民间小故事等，让孩子不仅习得知识，也能了解规则，再通过生活中不断地重复、巩固核心词语,让幼儿在长久的模仿、重读中掌握一定的规则内容。

我利用幼儿感兴趣的"民俗活动"为突破口,通过"民俗活动"中传统的礼仪道德学习体验,使得孩子明白"礼义廉耻""尊师重道"等基本的做人道理,使得中华美德得以传承和发扬。在这个案例中,我通过文明礼仪故事中人物的榜样示范为雯雯提供了具体的行为标准,不但让她掌握了有关的行为规范,也有效提高了她的规则意识。

借助民间童谣提升幼儿角色游戏的水平

张荔华

一、背景

市教委在全市范围内开展幼儿"唱童谣·诵经典"公益展演活动,这与我园正实施研究的课题"开展幼儿民俗图阅读的实践研究"不谋而合。弘扬民俗文化,传承文化经典,一直以来都是我园民俗图阅读研究的宗旨,也是我园老师通过身体力行来不断影响幼儿的源源不断的动力。借此契机,我根据本班幼儿的年龄特点和学习兴趣,选择了一首朗朗上口的童谣《摇到外婆桥》开展音乐教学活动。经过一个多星期的学唱与练习,本班幼儿都已会唱沪语版童谣《摇到外婆桥》。

二、实录

(一) 片段一

芊芊:药太苦了,所以宝宝不要喝。

熙熙:那就给她喝点奶吧。

听到熙熙这么说,佳佳连忙把拖把一扔,走到乐乐身旁,从灶台上拿走了奶瓶,转身回到熙熙一旁。

佳佳:让宝宝喝点热牛奶吧。

熙熙点点头。佳佳说完便举起奶瓶给“宝宝”喂奶,熙熙则抱着“娃娃”。

芊芊:宝宝不舒服,现在让她睡一会儿吧。

佳佳:在家里,我妈妈就是让我弟弟喝好奶睡觉的。

熙熙听了她俩的话,连忙把“娃娃”轻轻放在摇床里,接着就一蹦一跳走开了。佳佳这时仍坐在“娃娃”的摇床旁,一只手轻轻摇着小床。“摇啊摇,摇啊摇,摇到外婆桥。外婆叫我好宝宝,买条鱼来烧。”不知不觉,佳佳一边摇着小床一边看着“娃娃”高兴地唱起歌来。还时不时向“娃娃家”里的其他人比画“嘘”的手势,示意她们讲话轻一点。“娃娃家”的游戏进行得井然有序,还有轻轻柔柔的童谣相伴,感觉棒极了。

(二) 片段二

骏骏:我现在困了,要睡觉了。

浩轩:好呀,你睡吧!

骏骏:摇啊摇,摇啊摇,摇到外婆桥。外婆叫我好宝宝,买条鱼来烧。

骏骏、浩轩:头勿熟,尾巴焦,抄到碗里跳一跳。尝尝味道看,味道交关好!哈哈哈!

两个小男孩,不知怎的一起唱起歌来,唱着唱着又一起捂着嘴巴哈哈大笑起来。这时心心买菜回来了。

心心:你们在干什么呀?

骏骏:我本来想睡觉的,一边唱《摇到外婆桥》一边睡。

浩轩:我看见他唱我也就唱了。可是我们谁都不是外婆,所以觉得好好笑。

心心:哈哈哈,没有外婆你们还唱《摇到外婆桥》啊!

孩子们就这样在娃娃家里笑成了一片。

三、反思

童谣,其本身就是一种由儿童自己创作,或大人、文人为儿童所创作的,以儿童的理解力和兴趣为依据,适合儿童吟诵念唱的民间歌谣。在实践过程中,教师发现吟唱民间童谣不仅能帮助幼儿感受浓浓的传统文化魅力,而且能促进幼儿角色游戏的开展。

(一) 民间童谣帮助幼儿再现生活场景，推进游戏开展，丰富游戏内容

以往，我们班的幼儿在“娃娃家”游戏中大多会选择扮演爸爸、妈妈、哥哥、姐姐等角色，而很少会想到扮演祖父辈的角色。在学唱经典童谣《摇到外婆桥》后，教师发现了一个明显的变化，即幼儿进入“娃娃家”后会联想童谣所演唱的生活场景，有意识地想到原来也可以扮演爷爷、奶奶、外公、外婆等角色，幼儿对游戏角色、游戏场景的创设也更加丰富与多元。他们会联想到祖父辈日常在家中带自己时做的一些事情，从而创设奶奶为宝宝做饭、外婆陪宝宝睡觉、爷爷带宝宝遛弯等游戏情境。幼儿自主拓展了角色游戏的人物关系，让游戏变得更丰满立体，也更贴近生活。

(二) 民间童谣促进幼儿在角色游戏中收获丰富的情感体验

角色游戏为幼儿提供了模仿、再现人与人关系的机会。如果把角色游戏“娃娃家”比喻为一个舞台，幼儿比喻为这个舞台上的演员，那么民间童谣就是演员在这舞台上最富表现力的台词了。片段一中扮演外婆的佳佳，一边摇着小床一边轻声吟唱起“摇啊摇，摇啊摇，摇到外婆桥……”来，这幅画面一直定格在我的脑海里，实在是太美好、太温暖了。我相信，佳佳小朋友在那一刻是把自己带入到游戏情境中了，真真切切地把自己当作了娃娃的外婆，想要轻声哄睡娃娃。假如没有学习这首民间童谣，那么佳佳很有可能摇了几下小床就走开了，游戏开展得难免有些干涩苍白。由此可见，民间童谣丰富了幼儿的情感体验，帮助幼儿在角色游戏中表达多元、多层次的情感。

(三) 民间童谣促使幼儿提升角色意识，提高人际交往能力

角色游戏促使幼儿表现出积极参与社会交往的主动性，在社会交往的过程中萌发合作意识，提高人际交往能力。而民间童谣在其中起到了很好的助推作用，促进幼儿之间产生情感共鸣，继而加强幼儿与幼儿的互动性、合作性和交往性。如片段二中骏骏在自己哼唱童谣的时候，浩轩不自觉地跟着一起唱起来。浩轩的行为是无意识的，他是在骏骏哼唱童谣的感染下自觉加入的，结果两个小男孩因此开心地唱着、笑着，乐在其中。这无形中促进了两人的互动，提升了各自的游戏水平。

民间童谣以通俗易懂、简洁明了的方式直入人心，将中华传统文化植

根于幼儿内心。吟唱民间童谣，不仅能提升幼儿的生活经验，激发幼儿的情感表达，还在一定程度上提升了幼儿的角色意识，提高了幼儿角色游戏的水平。

面具店游戏

周丽琴

一、背景

在角色游戏中，我们往往会结合主题活动开展游戏，而此时我们正在进行的主题活动是"我是中国人"，这个主题活动也涉及京剧脸谱，京剧又是我国的国粹，更应该让孩子们接触与了解，我园又是以开展民俗活动为特色的幼儿园，所以我设计了一次集体教学活动"画脸谱"，活动结束之后我们把作品展示在柜子上，孩子们时不时会把面具拿下来戴在自己头上给其他孩子看，非常有趣。

有的孩子还会拿着这些脸谱做游戏。张皓轩用它们开了一家面具店，交流分享环节，我请他们介绍了玩法，店员也对在面具店里玩的过程进行了描述，还将老板与店员之间产生的问题是如何解决的一一做了分享，同伴们纷纷为他们出谋划策，幼儿之间的互动丰富了开展民俗文化活动的经验。

二、实录

这天游戏开始了，孩子们分别来到了自己选择的区域进行游戏，张皓轩和陈筱涵开了一家面具店。店员陈筱涵正招揽着客人："快来我们店里看看啊，今天有好看好玩的面具。"老板张皓轩说："你先招揽客人，我来画面具。"陈筱涵笑着说："好的，不过你动作得快点哦，我觉得今天会有很多客人的。"没过一会儿，就有客人来光顾了。

钱言笑说："老板，我来买面具了，有什么好看的面具吗？"张皓轩自信地说：

"这个红色的面具就很好啊，这是我刚画好的。"钱言笑疑惑地看着脸谱说："我觉得这个脸谱不好看，怎么脸上的图案不对称？之前老师给我们看《桃园三结义》中张飞、刘备、关羽的脸谱，他们脸谱上的图案都是对称的，这个我不喜欢，不买了。"正在排队的邢梓悠听了点点头说："钱言笑说得对，脸谱就是对称的才好看。"说完，两人就离开去了别的地方。张皓轩很沮丧，生气地说："我不卖了。"把脸谱扔在地上，坐了下来。陈筱涵走过来，指了指柜子上和主题墙上的脸谱说："你看，脸谱是对称的，我们可以这样画。"张皓轩认真地看着脸谱，捡起了地上的脸谱，画了起来，没画多久，他来到百宝箱，拿了些超轻黏土回来，对陈筱涵说："我们可以把它变成图案贴在脸谱上，肯定好看的。"陈筱涵说："好呀，我们来试试。"张皓轩激动地说："贴好啦。真好看！"陈筱涵看了说："真好看啊。谁来买我们的面具啊？"邢梓悠说："这个面具真好看，我要买。"张皓轩高兴地说："你可以戴在脸上，一定很好玩。"

三、反思

（一）捕捉话题，幼儿自主探讨对开展民俗活动的理解

从上述实录的案例中可以看出，张皓轩和店员陈筱涵开了"面具店"，一开始张皓轩并没有意识到面具要画得对称，直到客人来买面具的时候提出了质疑，钱言笑结合自身经验说出《桃园三结义》中张飞、刘备、关羽的面具脸谱是对称的，示意老板张皓轩对称的脸谱才是好看的脸谱。因为有客人的质疑，以及与店员陈筱涵的对话，激发了张皓轩在游戏中对脸谱的再创造。通过交流分享，我引导孩子们观察京剧脸谱，并问道："你眼中的京剧脸谱是什么样的？"有的孩子回应说"脸谱上有各种线条，花纹"，也有幼儿回应称"脸谱就和我们的脸一样，有五官、不一样的表情，而且要对称"……在自主探讨中，孩子们了解了中国京剧脸谱所表达的对称与平衡以及绘画表现形式的不同。在这个过程中，孩子们相互交流、相互讨论、相互启发。

又如我问张皓轩："你后来用了什么办法让脸谱对称的呢？"张皓轩说："是陈筱涵让我看了柜子上、主题墙上之前我们做的脸谱，让我知道要怎么画，然后我就用记号笔画了对称的线条。"陈筱涵说："对的，因为那个时候张皓轩不想卖脸谱了，我就让他看了。"由此可见，孩子们在游戏中是会互相帮助的。在分享交流中，孩子把自己在游戏中怎么玩的、怎么合作、遇到问题是如何解决的，在

幼儿与幼儿之间的对话中说出来，在这个过程中，我们把孩子推在前面，激发幼儿在探讨中加深对民俗经验的理解，这样才能不断地提升孩子的游戏经验和游戏的水平。

(二) 善于追问，挖掘幼儿对开展民俗文化活动的经验

每一位幼儿对民俗文化有着不同层次的了解，在交流中可以碰撞出智慧的火花，这样教师可以把孩子们的经验进行提炼与概括，有助于幼儿已有经验的提升。例如，在分享交流中，我通过“你怎么想到用超轻黏土的”“除了用超轻黏土，你还能想到什么”等问题来进行追问，张皓轩回应我说“用超轻黏土可以做不一样的五官、也可以做脸的颜色”，其他孩子也动足了脑筋，回应说“可以用手工纸，在手工纸上画好然后剪下来贴在脸谱上，还可以用彩色的扭扭棒”……孩子们能够一直围绕着话题思考，并结合自己的已有经验来进行互动，发现可以用多种材料来装饰脸谱。孩子们在教师的追问下对京剧脸谱可以运用的材料提出了各种想法，从孩子的交流中能看出他们对制作脸谱有着浓厚的兴趣，从而也挖掘出幼儿在活动中获得的民俗文化经验。

(三) 提供材料，提升幼儿对民俗经验的再创造

另外，民俗内容渗透在班级环境里、主题墙上、区域游戏里，孩子们在做游戏的同时往往会忽视，有的问题在游戏中并不能马上得到解决，所以我们利用观察、发现以及分享交流，让幼儿对民俗文化有更清晰的体会与理解。在这次分享交流后，结合孩子们在探讨中想到的一些材料进行收集。我们收集了各式各样的扭扭棒、手工纸、报纸和多种绘画材料等，放到百宝箱，以便让孩子们在制作脸谱时可以有更多的材料选择。孩子们在游戏中可以用收集的各种废旧材料制作特色脸谱，将传统脸谱与特色脸谱相结合来布置环境，这样可以产生强烈的视觉冲击。教师在与幼儿一起制作脸谱的过程中，引导幼儿更好地选择材料，提升幼儿对脸谱上图案对称的理解，同时在材料的使用上激发幼儿的再创造。

我们还为孩子们提供了京剧服装、京剧视频选段，可以让幼儿戴上自己制作的脸谱，跟着视频进行模仿，在边听边看中了解京剧脸谱的多种式样，感受国粹的精华。

看不懂怎么办?

吴蔡堃

一、背景

观察全体幼儿晨间自主游戏时,新创设的民俗阅读角的使用情况。

二、实录

早晨来园的自主游戏中,小潘来到民俗阅读角,很兴奋地拿起一本其他小朋友带来分享的《神笔马良》,从第一页开始认认真真地看了起来,可是过了不久就翻来翻去,感觉没有耐心看了,我走过去问:“小潘,你怎么了?”“书里面字太多了,我看了一半,后面看不懂了。”我走过去告诉他:“在看书的过程中应该尝试探索画面里面的小细节,多看看他们的表情、动作,猜一猜故事里到底发生了什么有趣的事情,等自主游戏结束之后再来和小朋友一起分享你在故事书里面发现的小故事。”之后不时有幼儿加入他的队伍,一起翻看民俗阅读角中的一些民俗绘本。

三、反思

我班的民俗阅读角经常投放幼儿自带的有趣的民俗绘本,如神话故事、民间传说等,有些绘本文字过多,对于大班孩子来说阅读有障碍,识字的孩子会更加关注文字,不去探索画面内容,不识字的孩子则被大段大段的文字吓倒,不愿意去尝试阅读,可以考虑在民俗阅读角中设置“绘本漂流”版块,让个别孩子通过借阅的方式在家进行亲子阅读,等理解了内容后回到幼儿园再和其他同伴一起分享。

对于那些从家里带民俗绘本来的幼儿,其实他们更加熟悉故事内容,爸爸妈妈已经给他们讲了很多遍,带到幼儿园后,幼儿自己就能够成为伙伴们的小老师,所以也可以另外设置“绘本讲坛”,邀请这些孩子为大家讲述,帮助大家阅读，这对于带书幼儿及全体幼儿都会有很大收益。在幼儿相互交流的过程中，语言表达能力及逻辑思维水平都会有提高，而且我们还可以看出幼儿感兴趣的内容，为进一步投放适宜的图书提供依据。

民间游戏伴幼儿成长

——小班“沙包游戏”引发的思考

丁 颖

一、背景

五千多年的中华文化，是我们身为中国人的灵魂，幼儿教育就是人类生命教育的摇篮，如何才能让幼儿在一日活动中感受民俗文化呢？民间游戏就是一个很好的切入口，是当代幼儿接触和学习我国民俗文化的一个重要途径。

二、实录

(一) 片段一

小班下学期开学不久，我们班上每个孩子都和爸爸妈妈一起制作了一个缝有布绳的沙包。

这天早上，孩子们一起把沙包带了来，放在箩筐内。早上的户外运动前，我和孩子们一起观察了沙包，知道了沙包由绳子和沙包两个部分组成，并请小朋友们想一想沙包可以怎么玩，有哪些不同的玩法。马天芮说可以扔着玩，顾翌宸说可以顶在头上玩，薛浩然说可以用脚踢着玩……孩子们想了很多不同的玩法，他们非常想要玩，于是我就让他们按照自己的想法自由探索沙包的玩法。

只见孩子们有的踢着沙包玩，有的用头顶着沙包玩，有的抛着沙包玩，他们一个个都玩得非常兴奋，小小的沙包到了孩子们的手里，好像有了生命似的。

反思：

这次的沙包活动，是孩子们初次接触沙包，他们内心充满了好奇，并且想出了各种各样关于沙包的玩法。活动中我并没有干涉他们的活动，仅仅提醒孩子们要注意安全，小心不要撞在一起，因此这样的活动有着充分的自主性，给了幼儿最大的自由发挥空间。虽然活动的材料很简单，是一个沙包，但是孩子们能将沙包的玩法多样化。

(二) 片段二

沙包的活动让孩子们热情高涨地玩了挺长一段时间，不过毕竟是小班的孩子，当他们再也想不出更好的玩法时，便对这个材料没有兴趣了，除了极少数幼儿还在玩沙包外，其他的孩子开始了其他的游戏。就在这时，有几个孩子的沙包游戏引起了我的注意。

"杨欣彤，这次我来扔沙包，你去捡。"陈奕彤一边把沙包扔出去，一边说道。只见陈奕彤把沙包扔得很远，杨欣彤飞快地跑出去捡。接着又换成杨欣彤来扔，陈奕彤跑去捡。一来一回，她们俩玩得很开心。

看到她们的游戏，我觉得孩子们应该会喜欢这个游戏形式，于是，我将孩子们集中起来，并请了杨欣彤和陈奕彤做了规则的介绍：两个一组，一个孩子扔沙包，另一个孩子跑去捡沙包，之后互相交换。就这样，孩子们玩沙包的积极性重新被调动了起来，沙包游戏又进入了一个新高潮。

反思：

对于孩子们的游戏，我没有规定沙包的具体玩法，因此孩子们玩得也比较宽松自由，但时间久了，孩子没有想到沙包有其他新的玩法，他们自然而然就会感到乏味，对沙包的兴趣也减弱了。幼儿的年龄特点促使他们对事物的注意力极其短暂，体育活动中一成不变的玩法往往会使他们失去兴趣，因此，"一物多玩"必将成为我们探索的方向。在这次的活动中，我及时发现了这一点，改进了游戏的玩法，捕捉到游戏中有价值的点，并把它放大，把个体经验共享给大家。如选取了幼儿比较感兴趣的"扔"的玩法，并设定了游戏的规则，由于游戏中孩子们可以进行大幅度的跑动，因此调动了幼儿参与游戏的积极性。多样的玩法不仅丰富了幼儿对沙包玩法的经验，同时也调动了幼儿的兴趣。

(三) 片段三

玩沙包的游戏再次进行，可是问题又出现了，由于教师预先设定的游戏规则中没有对时间的限定，因此幼儿体力消耗过大，一轮游戏下来，孩子就有点吃不消了，于是，又有小朋友嚷道："哎呀，老师，累死了，我不要玩了！"不久孩子们对扔沙包也没有兴趣了。

这时，阿姨正好在踢沙包，孩子们看到后对于"踢"这个动作很感兴趣，纷纷效仿阿姨的"游戏"，但是明显有些孩子不会踢沙包，只见瞿欣霖的沙包总是掉到地上，不过她并没有像其他孩子一样，放弃不玩，而是锲而不舍，一直在那里踢沙包。这时，瞿欣霖发现沙包上有绳子，于是她就拿着绳子踢起了沙包，虽然总是踢不准沙包，但是她丝毫不气馁，仍然努力地在踢沙包。

反思：

小班幼儿对游戏的持续时间不是很长，往往孩子们发现游戏没有新意时，他们就会失去兴趣，这时就需要老师适当地给孩子一些游戏的提示。在这个案例中，阿姨踢沙包的行为很明显引起了孩子们的兴趣，以至于又激发了孩子们玩沙包的兴趣。不过"踢"沙包对于小班孩子来说难度还是很大的，因此，有些孩子在玩了一段时间后就放弃了，不再玩这个游戏。而瞿欣霖是一个很有毅力的孩子，在她反复的探索中，她发现了沙包上的绳子，于是她拎着绳子开始了"踢"沙包的游戏。因此在游戏中，教师是孩子游戏的支持者，当孩子在游戏中遇到困难时，教师可以给孩子一些台阶与提示，让孩子继续探索游戏。

体育活动的一个重要目的是发展幼儿的体能，促进幼儿身心健康的发展，同时，它也可以满足幼儿娱乐、模仿等兴趣，因此，在调整时，我创设了一个游戏情境，让幼儿在情境中练习技能，如将踢沙包的游戏改编成"小猪踢包子"，我让幼儿扮演成小猪，拎着绳子开始"踢包子"，让幼儿在练习的同时满足了其扮演的欲望。

神话故事所带来的变化

黄　怡

一、背景

在一个明媚的午后，乐乐和宁宁正在阅读角，翻阅《八仙过海》这本图书，这时听见宁宁用略微难过的口气说：“这书里神仙的衣服都好好看，特别是那个何仙姑，裙子真漂亮，我也想做神仙。”乐乐听到宁宁这么说，也立即兴致勃勃地回应道：“那你是何仙姑，我就是吕洞宾，你看白衣服也蛮好看的。”说完，两个人便哈哈笑起来了。

最近我们一直在讲神话故事，孩子们也开始喜欢起神话故事，并有了更强烈的表达表现欲望，于是我有意识地观察起孩子们在一日活动中的行为。

二、实录

(一) 镜头一

我站在一边耐心地看两个孩子的作画过程，发现了非常有趣的一幕，乐乐顺手拿起了一支蓝色的笔涂抹着何仙姑的衣服，舟舟看见了立刻指出：“何仙姑的衣服是粉色的，怎么是蓝色的呢？”乐乐想了想对她说：“可是何仙姑是神仙，她可以自己变化自己衣服的颜色。”舟舟想了想点点头，不一会儿，舟舟在自己的衣服上添加了奥特曼的武器并自言自语道：“今天吕洞宾变了个新武器。”

(二) 镜头二

“你想把大海填满？哈哈哈，那是不可能的！”耳边传来孩子们的对话，我走近一看，原来今天轩轩和朱馨辰在阅读区讲故事呢。我在他们身后，听着他们你一言我一句的精彩对话，两个小朋友拿着老师和幼儿一起合作制成的故事展板，一人分饰多角，不仅能将故事流利地讲下来，而且有比较到位的语音语调和表情。我在谈话活动中请两位小朋友来说说这个故事哪里吸引了他们，可以让他们那么投入在讲述故事的情境中，辰辰说：“以前阅读区里的故事我会的很少，现在有很多我会讲的故事，所以我现在很喜欢去那里。”

(三) 镜头三

今天，彤彤带来了一套他在旅游时买的古代服装，我问他：“你把这套衣服带来是给小朋友看的吗？”彤彤说：“不是的，这个是我这次出去玩的时候，叫妈妈给我买的，我要带到幼儿园，在小舞台用。”我问他：“小舞台我们有服装的啊。”彤彤说：“这个不一样的，这个是古代的衣服，就是很久很久以前的人穿的，我记得上次在《八仙过海》这本书里看到过这种衣服，我想如果把这套衣服放在小舞台，那么我们就可以表演古代的故事了。”果然，这套服装投放在表演区之后，孩子们的热情一下子高涨了许多，而且在表演区我们看到这里不再只是唱歌跳舞的女孩子的天下，还有好多男孩子也加入进来，自己开始表演故事。随着表演活动的深入发展，孩子们还主动向老师提出请求，运用教室里的各种现有材料，制作了许多有特色的服装道具。仔细分析这些出自孩子们之手的创作作品，我们惊喜地发现，许多图阅读出现的符号呈现在道具服饰上，充分表现出了我们中国民俗文化的特色。

三、反思

通过以上三个案例，我们可以发现，神话故事并不是深奥的，而是能将传统文化通过故事的形式传递给孩子们，我们能做的就是支持孩子，顺应孩子，让孩子们能自主地表达表现。以上的案例真实地记录了孩子们在得到支持后自然而有效的发展，当孩子们获得最恰当的学习支持时，他们对神话故事本身就会产生更强烈的喜爱之情，而这样的兴趣无疑增强了幼儿阅读民俗图、了解中国传统文化、获取大量本土信息的热情，也为推进幼儿继续阅读中国神话故事带来了新的契机。

关于墨滴的想象

陆文珺

一、背景

我和孩子们一起阅读故事《滴墨成苍》，阅读中我发现可以用这个故事设计一节小班美术活动。小班下学期幼儿的美术能力由涂鸦期进入到象征期，他们产生了美术表现的意愿，具有笼统的感知，会把线条、图形加以简单的组合来表现事物的大致特征。但是他们能表达的图形很少，所以一形多义是儿童作品的主要特征,相似的图形在儿童不同的作品中可能表现为许多物体。而这个故事从生活的角度去思考,是让我们知道遇到事情不要慌乱,动动脑筋来想办法去解决遇到的问题,而从艺术活动的角度去想,就是初步让孩子们学会借形想象,感受美术活动的多样性。

二、实录

当这节美术活动结束的时候,我没有把故事的结尾告诉他们,而是激发孩子们的想象力,尝试让他们去猜测故事的结尾,也想从他们那儿得到启发,看看小班的孩子们对规则图形或是不规则图形的添画能创造出什么作品,于是在接下来的个别化活动中,我增加投放了滴管、墨汁、水、毛笔和记号笔等。

瞧,在美工区,我和孩子们一起试着把墨汁滴在纸上,此时,孩子们惊奇地发现墨汁会逐渐化开,有的孩子还朝墨汁吹了几下,这下这滴墨变成了像圆又不圆的图案。此时孩子们觉得很新奇,都跃跃欲试地想玩这个滴墨。在玩了好几回后,我发现这样的不规则或规则图案越来越多,于是提示道:"我们能不能学学故事里聪明的杨修叔叔,看看这些被你们创造出来的图案,能变成什么呀?"

这下他们更兴奋了,潘子佑拿了一张他创作的墨滴,他把纸头颠过来倒过去,有点摸不着头脑。

"你看看这个墨滴,你觉得像什么?"我指指他手里那张被他滴成一块一块的图案。

潘子佑:"嗯,我觉得这样看像小汽车。"

"如果是小汽车,这会是小汽车的哪个部位呢?"我问道。

"啊,车子的轮子呀。"在我的提示下,潘子佑有了自己的想法,他拿起了画笔在轮子上进行添画,他在车轮上画了一个大大的圆,说:"陆老师,你看,这就是我的车子呀。"接着,潘子佑又继续在车子的旁边滴墨,我猜他想创造出更多不一样的车子吧。

在看到潘子佑将墨滴变成了小汽车后,孩子们似乎都获得了启发,有的学着潘子佑的样子创造了小汽车,有的孩子则把墨滴变成了葡萄、苹果。

这时,我发现了顾彦哲看着他纸上的墨滴,用手不停地在撸。我当时就在想,他怎么了?是不是不开心了?顾彦哲告诉我:"陆老师,我把墨滴涂成一大片了。”“那你看看这有点像什么呢?”他若有所思起来,突然他拿起红色的拓印工具,在他的墨滴上不停地按起来,看他认真的样子,我也没打断他,先观察其他孩子。过了不久,顾彦哲对我喊:“陆老师,我画好了。”

“你这画的是什么呀? 怎么把你的图案都变成红色了呀?”我也很好奇。

“你看,这样看是不是像火山?”顾彦哲很认真地表达了他的想法。

这么一说,我还真觉得是火山那么回事,我心里也想到了大概这些红色的长短线都是火吧,但是我还是问了问顾彦哲:“那红色的是什么呀?”

“是喷出来的火呀。”顾彦哲很自信地告诉我,而他对自己的创作也是很得意。

三、 分析

小班幼儿的美术活动中,幼儿往往表现为“说”得比“做”得好,他们能够以积极的态度借助语言表达自己的想法,但是却不能以美术的符号表现出自己想表达的东西。所以我选择了用墨汁这个中国元素帮助幼儿运用借形想象的方法进行添画,这能使幼儿在绘画活动中无拘无束,大胆表现自己的理解,获得愉悦感。每一个孩子可以从认识墨到自己尝试添画或者是吹墨汁来帮助想象,从他们的脸上,我看到的是成功感,而不是他们要学会的绘画技能。这和传统的美术教育不同,传统的美术教学是让孩子们被动地等待教师的传授和训练,孩子画得越像老师的就越好,而这种太过沉闷的教学会扼杀孩子的想象力,也会打击孩子的自信心。其实孩子们都有能力主动学习,我们往往只要提供一些简单的材料,他们就会用自己的美术语言表达表现。

看到孩子们一幅幅的作品,虽然有的需要孩子们解释,我才能明白画的是什么,可是在这过程中,我已经看到了这些“艺术家”的才华,不得不感叹孩子们的想象力是如此丰富。同时,我也在思考是否可以多提供一些我们生活中常见的材料进行创作,而不是仅仅局限在只用画笔上。比如,我们可以尝试用纽扣、毛球、轻便黏土等一些触手可及的材料,尽可能地让幼儿们表现画面、丰富画面。当然对于形的想象,不仅是墨汁滴出的形状上的想象,下次我们还可以尝试用剪纸、用生活中的实物来创作想象,让幼儿一同感受美、发现美。

诗启人智，学而思敏

马驰瑛

一、背景

张正是我们班的一个男孩子，他是一个比较安静的小男孩，小班刚入园时，他很少和小朋友说话。别的孩子参加活动时，他就一个人静静地坐在一边。在学本领的时候，遇到感兴趣的活动，他会好好地坐在位子上看着你；遇到不感兴趣的活动，他就会把头转向后面，四处张望；但不管感不感兴趣，他从不举手回答问题。张正的父母都比较忙，平时都是由奶奶接送，奶奶说话做事都慢条斯理的，张正的要求奶奶也基本都满足和迁就，所以，张正做事的时候有自己的节奏和个性，如在玩游戏的时候，张正能自己一个人坐在角落里研究地铁线路图，拿着一张纸就能看半天。在整理玩具的时候，我鼓励孩子们加油，加快速度，但是张正一直慢条斯理的，不慌不忙地做到把每样玩具摆放整齐。对于不感兴趣的事情，他会直接拒绝。

二、实录

(一) 片段一

小班寒假后，幼儿园组织"古诗荟萃迎新春"的活动，让幼儿以轮流接力背古诗的形式进行比赛。活动中，张正沉着冷静，在和小对手进行三十回合的龙虎斗后，张正夺得了第二的好成绩。

"张正，你真厉害，会这么多的古诗，谁教你的呀？"

"我妈妈教我的呀，我还会很多，一下子记不起来了。"

"你妈妈是怎么教你的呀？"

"妈妈每周都会和我一起念古诗，妈妈还教会我认字，现在我已经认识很多字了，我能自己看书学古诗了。我还能自己写诗呢！"

(二) 片段二

中班初，角色游戏开设了留白区。有一次，三名幼儿在留白区里叽叽喳喳地商量。原来，他们想要开一个培训机构，有的想要开跆拳道，有的要开舞蹈班，还有的想开英语班。

在商量了半天之后，他们决定每个人轮流做老师来上课。这时，李西诺跑到了教育机构，说："我想要学古诗，你们这里能报名吗？"

三个孩子说："我们这儿没有古诗班。"

"那我就不能学本领了呀，我好伤心。"李西诺说。

"你等等。张正一定有办法。我去找他。"其中一个孩子说。

她找到张正，问："张正，你能来我们这里做老师吗？你负责教古诗。"

张正思考了一会，点头同意了。

在扮演老师期间，张正认真地教孩子每一首古诗，像模像样，玩得很投入。

没过一会儿，培训班里传来了整齐的朗诵《三字经》的声音……

(三) 片段三

在大班初开展重阳节活动的时候，我介绍了重阳节的习俗。问孩子们："我们学过哪首古诗是关于重阳节的呀？"

张正立马回答："《九月九日忆山东兄弟》。"

"是的，那请你带着小朋友一起来念一念吧。"

张正慢慢地走到教室前，声音响亮地带着小朋友念古诗。

"那重阳节，我们可以为爷爷奶奶做些什么呢？"

"替爷爷奶奶捶背。"有的说。

"替爷爷奶奶端盘子。"

"我要把好吃的让给奶奶吃。"张正说。

"为什么要让好吃的呀？"

"因为奶奶平时不太吃蛋糕，我想让她尝一尝，妈妈说孔融四岁就让梨了，我也要学习孔融。"

三、分析

从片段中，我们可以发现张正的改变：刚入园时，张正独自一个人待在角落，自己玩游戏，对幼儿园的活动缺乏兴趣。小班后期，能积极参与幼儿园组织的活动，并在"念古诗"活动中获得良好的成绩。中班时，张正已经能融入集体，并在小朋友中树立了"古诗达人"的形象。大班初期，张正更是能借鉴民间故事，说出自己对"孝"的理解。在这一段不长不短的时间里，张正的变化令人欣喜，他也从一个羞于表达自己的孩子变成了一个在集体面前自信大胆的孩子。

"读史使人明智，读诗使人灵秀"，学习古诗不仅能使人灵秀，使人变得有气质，更重要的可以使人的志向、情操得到陶冶和升华。而让孩子从小接受经典的滋养，他们会更加懂得爱和珍惜，更加热爱生活和生命。如《三字经》，其中包含了"仁，义，诚，敬，孝"。背诵《三字经》的同时，幼儿就了解了常识、传统国学及历史故事，以及故事内涵中做人做事的道理。张正经常能在日常生活中举出一些例子，如片段三中，孩子们想到为爷爷奶奶敲腿捶背，而张正却能举例学习孔融让梨的方法去孝敬老人，说明"孝"已经深深刻在他的心上。

我们为孩子营造一个学习古诗词的氛围，让孩子在潜移默化、耳濡目染中喜欢古诗词，学习和继承中华民族的传统美德。

美丽的孔雀

俞　航

一、背景

孔雀是孩子们喜欢的鸟类，他们在电视上、图书中以及动物园中见到过孔雀。于是我根据主题"在动物园里"设计了中班韵律活动"美丽的孔雀"，通过活动让幼儿自主地认识动物的特征及其与人们生活的关系，让孩子喜爱动物、关注动物。

二、实录

这是一节中班的律动活动课"美丽的孔雀"，我通过播放视频，让孩子感受孔雀的美，并通过说一说、跳一跳来展现孔雀的基本动作。在这个过程中，我给孩子们看了一个孔雀的视频，并询问“你都看到了孔雀在做什么呀?”小朋友们争先恐后地告诉我“吃东西”“开屏了”“轻轻地走”。让他们学一学孔雀的动作时，每个小朋友都非常乐意地举起小手说:“我来！我来!”

“今天孔雀妈妈也要小试身手，编了一段舞蹈，让你们看看。”我接着说道。当音乐结束后，教室里响起来雷鸣般的掌声，孩子们纷纷说道:“老师，你跳得真美!”“老师，你真像一只美丽的孔雀。”教室里开始沸腾起来。这时，我抛出了一个问题:“你们喜欢哪一个动作?”教室里瞬间鸦雀无声，孩子们刚刚都只关注了舞蹈的美，却没有关注每一个动作。这时，我只能说:“那我们再来看一次。”

第二遍舞蹈结束后，为了避免孩子们的关注点转移，于是发生了如下的对话。

师:你们最喜欢我的哪个动作呀?

幼:我喜欢这个，这个动作。(边说边指手画脚)

师:哎，那这个动作可能是孔雀在干什么呢?

幼:可能……可能在亲亲自己的身体。

师:有可能哦！小鸟也会做这样的动作，那么它们一般都用嘴巴干什么?

幼:理羽毛!

师:对呀，孔雀也在用自己尖尖的嘴巴整理羽毛呢。

第一次也许是孩子们只关注了我的舞蹈，沉浸在音乐中，又或许是没有听明白我的问题，结果导致没有回应。而第二次，在我的引导下，孩子们能够大胆地表达自己的想法并猜测我所表现的动作的含义。

三、反思

(一) 根据幼儿认知发展水平，设计适合的互动

正确地认识幼儿的发展水平，是保证师幼互动有效的前提。教师要充分考虑幼儿的认知发展水平和实际生活经验，理解和预想幼儿可能出现的行为，注重幼儿的个体差异，从而设计适合的互动问题。

实录中让幼儿说一说视频中的孔雀在做些什么，由于之前已学过《金孔雀》这首歌曲，因此幼儿知道歌曲中的孔雀会轻轻地走，展翅开屏；在第一次提出问

题时，幼儿根据生活经验说出了自己的想法，老师再在这个基础上提出让他们学一学的要求。这样的活动设计，充分地考虑到了幼儿已有的认知发展水平和实际生活经验，使互动更有效。

(二) 关注幼儿，采用合适的回应和追问

活动组织的过程中，教师要更多地关注幼儿的反应，学会从幼儿的回答中了解实际发展水平，并从中反思自己的教育行为，灵活调整教育策略。当幼儿在教育活动中出现了更有价值的关注点，教师更应该予以鼓励，并及时调整互动策略。

实录中，幼儿关注到的是老师跳得很美，于是我用了直接提问让幼儿关注"哪一个动作美"。当幼儿说"这个，这个动作"的时候，我追问"这个动作可能是在干什么"，并用动作帮助幼儿理解，得出"亲亲自己的身体"，又通过追问得出"理羽毛"。其实幼儿理解的"亲亲自己的身体"就是"理羽毛"的意思，我没有去否定他们，而是慢慢地引导，让幼儿理解和体会。

(三) 给予幼儿温暖的情感回应

幼儿都喜欢面带笑容、和善、有耐心、喜欢自己的老师，感受到被爱、被关注、被尊重、被支持的积极情感，能够使幼儿产生信赖和安全感，能够产生积极有效的互动效果。

实录中，我充分运用了肢体语言，在让幼儿进行模仿和与幼儿互动的过程中，帮助幼儿理解比较难的"理羽毛"。同样的方法，我也让他们了解了踮脚走路。肢体语言就像一位无声的老师，一直帮助孩子巩固理解，让幼儿完全沉浸在游戏中。所以，以平和正向的态度对待幼儿，营造民主、和谐、轻松、自由的互动环境也是非常重要的。

有效的师幼互动可以促进幼儿在音乐韵律活动中创造性地发挥，而一切高质量的师幼互动都以细致的观察为基础。教师积极观察的同时要选择适应幼儿的方式来回应幼儿。恰当的回应会赋予幼儿行为以某些意义，同时也增进他们对自己行为举止的感知，从而增强幼儿在音乐韵律活动中的探索能力、解决问题能力和创造力。

学会等待，给孩子创作的空间

安喁敏

一、背景

水墨画是我国民族文化的一大瑰宝，它源远流长，历史悠久，有着深厚的文化底蕴，在绘画艺术中，已成为世界公认的艺术流派。

为了让幼儿初步接触多元文化，能发现和感受生活中的美，萌发审美情趣。我在个别化学习活动中投入了中国的“文房四宝”，并向幼儿做了简单的介绍，然后通过视频让幼儿了解毛笔的绘画方法，明确绘画主题，让幼儿自己探究绘画的方法。

二、实录

今天，乐乐来到绘画区，她先把纸和笔等用具都摆放出来。她拿起毛笔准备作画时，我发现她的握笔姿势不对，她握笔的姿势和平时拿筷子的姿势是一样的，所以在我的指导下她改进了握笔的姿势。然后我就离开了，不再打扰她画画。可是过了一会儿我回来看，发现她并没有下笔，她先是看了看左边，然后又看了看右边，我本来想上去再教一教她，正当我打算上前去和她说的时候，我看到她自己拿起笔准备蘸墨汁，于是我停止了自己的动作，没有上前指导而是选择在后面静静观察她。只见她轻轻用毛笔蘸淡墨，在纸上轻轻地横过来按了一笔，作为蝌蚪的腹部，再蘸浓墨在腹部上边向下弯又画一笔，把它变成了蝌蚪的背部，然后又小心翼翼地画出蝌蚪的尾巴，有的是直的，有的她使用曲线画出扭动的尾巴，就这样一条条活灵活现的小蝌蚪出现了。我才发现原来刚才乐乐一直在思考该怎么画，那一刻我庆幸自己没有出现去打断她的思路，我的停步等待让乐乐有了自己创造的空间。

三、反思

我们强调，在个别化学习活动中教师的主要任务就是“观察”和“等待”，首先教师应表现出倾听、微笑、接纳的态度，观察幼儿如何运用已有的经验进行创作，并且鼓励幼儿大胆、积极地表现自己的创意。其次是观察幼儿需要什么，幼儿绘画活动的活力在于不断求新求异地创新，我们随之为幼儿提供的材料也应该是不断增加的，这个时候就需要教师提供多种适宜的材料。最后，我们需要的是等待。艺术的生命力在于不断地创新，幼儿时期是最富有创新精神的阶段，放手让他们大胆、浪漫、无拘无束地表现童心、童趣，让幼儿在创作中插上想象的翅膀，按自己的意愿来表现，努力拓展他们的创造力，最大限度地挖掘孩子的创造潜力。

水墨画教育的价值，并不在于孩子的绘画技能有多么熟练，或画出了什么惊人的杰作，而是通过水墨画教学活动，使幼儿发现自己的能力，建立起大胆创造的信心，让幼儿在动手操作的过程中把自己潜在的创造力充分表现出来。这个时候我们老师需要做的就是给孩子多一点时间、多一分耐心、多一份鼓励，我们可以退后一点，沉下心来观察孩子们的表现，了解他们运用毛笔绘画的方法以及绘画中碰到的困难，再给予指导。

针对幼儿活动中的一些问题，我也做出了如下的调整。

1. 材料方面

(1) 由于中班幼儿能力有限，墨汁容易打翻，我将宣纸改为水写布，便于表现。

(2) 组织家长一起收集水墨画的作品以及材料，鼓励家长在收集材料的过程中，引导幼儿了解新的知识，拓宽幼儿的知识面，为幼儿累积丰富的活动经验。

2. 绘画经验方面

(1) 结合幼儿的兴趣爱好与活动主题，提供更多的水墨画作品，让幼儿进行欣赏，提高幼儿的审美情趣，以便幼儿充分发挥主观能动性，创作出属于自己的美术作品。

(2) 鼓励幼儿对生活资源进行自由创造，将材料的通用性与可塑性相结合。例如，教师可以开展“创意水墨画”的活动，让幼儿收集生活中常见的花、草、树叶等简单易携的材料，并利用多媒体为幼儿展示如何用花草和树叶与水墨画结合创作出不一样的美术作品，进而引导幼儿充分大胆地发挥想象力进行创作。

总而言之，教师需要为幼儿创设富有情趣的审美环境，在激发幼儿创作兴趣的同时，提高幼儿的审美情趣，充分发挥幼儿的想象力与创造力。

民俗绘本漂流记

王晓红

一、背景

在开展民俗绘本阅读活动中，家长们对活动很支持，为孩子购买了一些民俗绘本，也鼓励孩子自带民俗绘本到班级进行分享阅读活动。家长和孩子对阅读民俗绘本的热情触发了我们开展班级图书漂流的活动，我们的想法得到了家长们的大力配合。家长志愿者们主动进入班级，收集书籍并协助教师登记整理编号，就这样民俗绘本顺利在我班的图书漂流区开始一轮又一轮的漂流之旅。

二、实录

自由活动的时候，明明来到图书区，很兴奋地拿起了《孙悟空大闹天宫》，他坐在图书区开始认真地看了起来，边看边自言自语地讲述书中内容。这时浩浩吃好点心进来，他看到明明在看有孙悟空的绘本，对明明说："我最喜欢孙悟空，我和你一起看好吗？"在得到明明的同意后，两人一起看起《孙悟空大闹天宫》，两人从第一页开始一起看了四页后，开始发生分歧。坐在一边的乐乐听见了，对他们说："这本书我带回去过，我爸爸给我讲过，我来讲给你们听。"乐乐来到图书区，坐在明明和浩浩旁边一页一页地讲起来，他们边讲边交流："孙悟空会腾云驾雾。""孙悟空本领可大了，一个筋斗可以翻十万八千里。""孙悟空有火眼金睛。"浩浩说："这本书真好看，我要借回去和爸爸妈妈一起看。"乐乐说："我家里也有一本孙悟空的书，下次我再带来给大家看。”整个自由活动，他们都在一起看这本书，不时有其他小朋友加入他们的队伍，一起阅读图书。

三、反思

在图书漂流过程中，种类丰富的书籍，自由宽松的阅读氛围，使幼儿兴趣倍增。兴趣是最好的老师，利用这个契机，我们引导幼儿去读更多民俗绘本，培养他们的学习能力，增长知识。尤其在图书漂流过程中，孩子们都能找到自己喜欢的图书。因为是“漂”来的图书，很快还要“漂”走，孩子们在阅读的时候会更用心，阅读质量大大提高。

开展了图书漂流活动后，在班级的图书区里，有一些图书幼儿拿回家去和爸爸妈妈一起阅读过，他们比较熟悉图书的内容，所以和同伴一起阅读的时候自然就成了伙伴们的小老师，为大家讲述，帮助大家阅读，这对幼儿来说会有很大收益。通过“图书漂流”活动，幼儿更加喜欢阅读民俗绘本了，阅读活动也成了孩子们每天必不可少的活动内容。幼儿的语言表达能力、理解能力和思考能力也都有了很大的提高。家长们也纷纷表达了对图书漂流活动的喜爱和肯定。在图书漂流活动中，我们教师也可以接触到更多的民俗绘本，了解幼儿对民俗绘本感兴趣的内容，继而成为我们进行民俗绘本阅读教学活动的素材，丰富了我园的民俗绘本资源库。

班级里的“嘎三胡”

孟丽君

一、背景

随着城市的快速发展，民间传统文化不断流失，很多上海孩子讲上海话的本领已基本缺失，偶尔能听到一句话里跳出一两个“洋泾浜”的上海话词语已经实属不易了，更别说用上海话来表述。即使是上海本地出生的学生，也只有极少数孩子基本会说上海话。在家庭日常生活中，平时习惯说上海话的只占一半。针对这样的情况，我们在日常活动中引导孩子学习上海话，用上海话“嘎三胡”，学习简单的沪语童谣。我们发现，孩子们对学说上海话特别感兴趣，无论是本地孩子还是外地孩子都能够很快学会，表现出浓浓的兴趣。

二、实录

(一) 镜头一

青青来到语言区，看到语言区张贴的一张图片，若有所思地用小手指着那张图片上的几个小孩子喃喃地说道：“这些都是‘小巴拉子’。”这时在一旁看书的可可听到青青的自言自语，她放下手里的书，走到那张图片前，看了看。

随后，可可一边用小手指着图片一边看着青青说：“落雨了，打烊了，小巴拉子开会喽……”青青听着可可念出的这首童谣，自己不禁也跟着可可一起说：“落雨了，打烊了，小巴拉子开会喽……”说完，青青看了看可可，用小手捂着自己的小嘴对可可说：“你是‘小巴拉子’。”可可听青青喊自己“小巴拉子”，对着青青也说：“你也是‘小巴拉子’，我们都是‘小巴拉子’。”随后，两人面面相觑，哈哈大笑起来……

通过学习沪语童谣，让孩子们学上海话，把所学的一些上海话运用到生活中，能用上海话“嘎三胡”。就如上述的片段，青青和可可在学习了沪语童谣“落雨了，打烊了，小巴拉子开会喽……”之后，能在日常生活中想起，每每运用，彼此称呼。

(二) 镜头二

户外游戏时，孩子们会自发自觉地玩一个叫“木头人”的游戏，“三、三、三，山上有个木头人，不许讲话不许动！……”在玩这个游戏的时候，孩子们说的上海话总是十分自然，自然到在游戏过程中全程用上海话表述游戏内容，“轻一点，轻一点”，“勿要动，勿要动”。

别看只是几个简单的上海话词语，也会被孩子们使用得“神乎其神”，恰如其分。每当教室里有人大声喧哗，一些孩子会用上海话对那些喧哗的孩子讲“轻一点，轻一点”，而大声喧哗的孩子听到后也会点点头，并用上海话回应“好额，好额”。

(三) 镜头三

早上来园时，孩子们会玩一个叫"哎哟哇啦"的游戏。这个游戏需要两位小朋友双手互相交替放在手背上，然后由手放在最下面的那位小朋友用上海话对另一位小朋友说"哎哟哇啦"，另一位小朋友用上海话问"做啥啦"，对方回答"蚊子咬我呀"！小朋友接"快点上来呀"！如此循环。孩子们除了爱玩这个游戏之外，平日里还喜欢说"做啥啦"；在喊名字时会说"做啥啦"；玩游戏时会说"做啥啦"；甚至晚上放学回家前都要说"做啥啦"。因为这是一个有"魔性"的词语，"嘎三胡"的时候时时能用到。

三、反思

上海话是生动的、鲜活的、具有生命力和创造力的"海派文化"的载体，"海纳百川，有容乃大"，时至今日，上海话依然被认为是最有影响力及代表性的方言之一。为了让幼儿学说上海话，我们是这样做的。

1. 开展"打擂台"活动

在推广上海话的时候，我们选取一些具有上海民俗特点的图片，搭配通俗易懂的沪语童谣，把这些图片张贴在阅读区，适时地开展民俗图阅读活动。再从这些阅读活动中延伸出用上海话"嘎三胡"，利用一日活动中的零星时间进行上海话"嘎三胡、打擂台"，用竞赛的形式鼓励幼儿收集上海话，学说上海话。

2. 渗透一日活动中

为了鼓励孩子们主动讲上海话，从幼儿早上入园时的见面，午间的问候，晚上的告别皆用上海话。还在班级开设头脑风暴，对想说想问的问题进行头脑风暴，和小朋友一道即兴使用上海话"嘎三胡"，老师以欣赏、鼓励的态度观察幼儿表达语言的能力，适时进行介入推动，激发幼儿说上海话的积极性。

一段时间以后，在班级里能用上海话"嘎三胡"的上海"小人儿"越来越多了，一早见面"侬好，早上好"；午睡"困觉"；吃饭"切饭"……经常能听到用上海话"嘎三胡"，声音此起彼伏，不绝于耳。我们的"嘎三胡"活动也得到了家长的支持，通过家园共育邀请"老克勒"讲述上海滩的怀旧与复古，同孩子们一起感受这份浓浓的乡情！

图书在版编目(CIP)数据

民俗之韵 阅读之乐：幼儿民俗图阅读活动的研究与实践 / 茅琴美主编. —桂林：广西师范大学出版社，2019.6
(幼儿园优秀课案集锦)
ISBN 978 - 7 - 5598 - 1703 - 7

Ⅰ. ①民… Ⅱ. ①茅… Ⅲ. ①风俗习惯 - 中国 - 教学研究 - 学前教育 Ⅳ. ①G613.3

中国版本图书馆 CIP 数据核字(2019)第 058333 号

出 品 人：刘广汉
责任编辑：李 梅
助理编辑：孙 洁
封面设计：许 涛
内文设计：李婷婷
广西师范大学出版社出版发行
(广西桂林市五里店路 9 号 邮政编码:541004
网址:http://www.bbtpress.com)
出版人:张艺兵
全国新华书店经销
销售热线：021 - 65200318 021 - 31260822 - 898
北京东君印刷有限公司印刷
(北京市大兴区黄村镇三间房工业区 邮政编码：102600)
开本：720mm × 1 000mm 1/16
印张：20 字数：330 千字
2019 年 6 月第 1 版 2019 年 6 月第 1 次印刷
定价：49.00 元